श्रीराम कृपा अमृत
प्रेरणायें एवं अनुभूतियाँ

संपादक
लल्लनप्रसाद व्यास

बी.आर. पब्लिशिंग कार्पोरेशन
दिल्ली-110052

Cataloging in Publication Data--DK
Courtesy: D.K. Agencies (P) Ltd. <docinfo@dkagencies.com>

Śrīrāmakṛpā amṛta : preraṇāyeṃ evaṃ anubhūtiyām̐ / sampādaka, Lallanaprasāda Vyāsa. -- 1. saṃskaraṇa.
p. cm.
In Hindi; passages in Sanskrit.
Collection of miraculous personal experiences of various personalities, who overcome in life due to praying the hymns of Rāmacaritamānasa of Tulasīdāsa.
ISBN 10: 8176466662

1. Tulasīdāsa, 1532-1623. Rāmacaritamānasa. 2. Hinduism--Prayers and devotions. 3. Miracles (Hinduism)--Case studies. I. Vyāsa, Lallana Prasāda, 1934-

DDC 294.592 22

मुद्रक एवं प्रकाशक :
बी.आर. पब्लिशिंग कार्पोरेशन
425, नीमड़ी कालोनी, अशोक विहार - 4
दिल्ली - 110 052
फोन : 011-2325 9196, 011-2325 9648
ई-मेल : brpc@vsnl.com

प्रथम संस्करण 2009

आई.एस.बी.एन. 10: 81-7646-666-2

SRIRAMAKRIPA AMRITA : Preranayen Evam Anubhutiyam
— *Lallanaprasada Vyasa*

अनुक्रमणिका

खण्ड-1 : जीवन में रामायण की प्रेरणा

खण्ड-2 : विदेश में रामायण के सूत्र

खण्ड-3 : तारक मंत्र 'राम' की दिव्यता

खण्ड-1

जीवन में रामायण की प्रेरणा

'रामचरित मानस' की अलौकिक मंत्र-शक्ति का आत्मानुभव

शब्द-साधना और मंत्र आराधना की जुगलबन्दी

- डॉ. किशोर काबरा

मेरे लिए 'कविता', सत्य के शिवत्व को सुन्दर रीति से अभिव्यक्त करने की अलौकिक कला का नाम है। 'हृदय सिन्धु-मति सीप समाना' से लेकर 'रामचरित बर ताग' तक फैली सृजन-प्रक्रिया और 'वर्णानामर्थ संघानां' से लेकर 'कवित बिबेक एक नहिं मोरे' तक फैली कवि के व्यक्तित्व की झांकी मेरे अन्तःकरण में जन्म से ही अंकित हो गई थी। मेरे पिताश्री कवि थे; कवि क्या थे, भजनिक थे। लय का बोध था, गला अच्छा था और भक्त हृदय मिला था। मुझे ये सब गुण रक्त के साथ ही उत्तराधिकार के रूप में मिल गए।

मैं बचपन से ही कविता करने लगा था। मेरे शिक्षक श्री मदनलाल जी जोशी ने कहा था, 'नन्दकिशोर, तुम कवि बन सकते हो।' बस; यही बीज मंत्र, बस, यही भविष्य कथन। आज जब अपनी काव्य-समृद्धि देखता हूँ तो पिता के दाय और गुरु के आशीर्वाद को याद करके भीग जाता हूँ।

मुझे सदा ऐसा लगा कि काव्य-कला ईश्वर की कृपा का फल है। यह किसी लौकिक भागदौड़ या छल-प्रपंच का परिणाम नहीं है। प्रभु की कृपा मेरी कविता को और बाद में मृत्युपर्यन्त मेरी सांसों को सर्वदा मिलती रहे - इसके लिए मैं किसी मंत्र की खोज करता रहा। बहुत हाथ-पैर मारने के बाद श्री रामचरित मानस के किष्किंधा काण्ड में सुग्रीव का कथन मुझे अपने लिए महामंत्र लगा। वह श्रीराम से प्रार्थना करता है :

'अब प्रभु कृपा करहु एहि भाँती।
सब तजि भजनु करौं दिन राती॥'

इस अर्द्धाली की अपनी कई विशेषताएँ हैं और ज्यों-ज्यों मैं गहराई में जाता हूँ, उनमें वृद्धि होती जाती है। प्रथम तो यह कि इसमें प्रभु से कोई भौतिक वस्तु नहीं माँगी गई है। दूसरे, इसमें उनसे ऐसी कृपा मांगी गई है कि उनका भजन किया जा सके, वह भी सब कुछ छोड़कर और दिनरात-अविरल। जीवन में इससे बड़ी उपलब्धि और क्या हो सकती है कि व्यक्ति से निरंतर प्रभु-स्मरण होता रहे। फिर मेरे लिए मेरी कविता भी ईश-भजन की तरह रोम-रोम में गुंथी हुई थी। मैं अविरल सब कुछ छोड़कर उसके नाम की कविता करता हूँ - यह भाव पूरी तरह उक्त मंत्र से निकलता था। यह मंत्र मेरे जीवन में अन्त समय तक भी चल सकता है - यह विश्वास था, क्योंकि जब कविता बन्द हो

जाएगी, तब भी प्रभु-स्मरण दिन रात चलता रहेगा। इस मंत्र में प्रभु के लिए 'एहि भाँती' और मेरे लिए 'सब तजि' का बड़ा रहस्यात्मक महत्त्व था। वह अपने तरीके से सब देता चला जाए और मैं अपने तरीके से सब छोड़ता चला जाऊँ। 'अब' परमात्मा के लिए वर्तमान काल था, और 'दिन राती' मेरे लिए वर्तमान काल था। अतीत और अनागत से छूटने का जो गुह्य रहस्य इन पंक्तियों में छिपा है, उसे याद करता हूँ तो रोमांच हो जाता है। जब सब कुछ छोड़कर मेरे दिन को रात्रि में परिवर्तित होने का क्षण-अंतिम क्षण आएगा तब भी भजन चलता रहेगा - यह विश्वास भी इन पंक्तियों में झलकता है। मुझे तो चिन्तामणि मिल गई - जीवन की सार्थकता और मृत्यु की निर्भयता के रूप में। बस, उसी दिन से मैंने अन्य सभी मंत्रों, स्रोतों को लौकिकता से जोड़ दिया और इस मंत्र को अलौकिकता से अभिमंत्रित कर दिया।

इस मंत्र-साधना और शब्द-साधना को एकाकार करने के लिए सर्वप्रथम 'सब तजि भजनु करौं दिन राती' को मैंने सब लेखकीय प्रपंच - छोड़कर केवल रामायण, महाभारत और भागवत को केन्द्र में रखकर प्रबन्धकाव्य लिखने की मूल प्रेरणा के रूप में लिया। मैं यह जानता था कि यह लेखन परमात्मा का भजन ही है और जब लेखन समाप्त होगा तो मृत्यु पर्यन्त उसका नाम स्मरण भी भजन ही है। मेरे लिए इस प्रकार का भजन भोजन की तरह अनिवार्य हो गया। सुबह-शाम 'अब प्रभु कृपा...' अर्द्धाली का जाप करता और प्रबन्धकाव्य लिखने के पूर्व इसको रक्षा कवच की तरह अपने पास रखता। जब भी मेरी कलम रुकती या कल्पनाशक्ति जवाब दे देती तो मैं इसी मंत्र को जोर-जोर से जपता और रोते-रोते प्रार्थना करता - न केवल परमात्मा से या आत्मदेव से, बल्कि उस पात्र से भी, जिसको केन्द्र में रखकर खण्डकाव्य या महाकाव्य लिखा जा रहा होता। इस दृष्टि से देखा जाए तो 'परिताप के पांच क्षण' खण्ड काव्य में भीष्म और अम्बा ने, 'नरो वा कुंजरो वा' में द्रोण और द्रौपदी ने तथा 'धनुषभंग' में सीता औन निमि ने मेरी बड़ी सहायता की। ये पात्र स्वयं उपस्थित होकर जैसे मेरे कानों में अपनी कथा कहते और जब कलम ठीक तरह से चलने लगती तो हँसते हुए तिरोहित हो जाते। कई बार लिखते-लिखते मैंने ऐसा अनुभव भी किया कि पात्र मुझे सतर्क कर रहे हैं। द्रौपदी तो अपने केश खोले तथा आँखों में अंगारे घोले मुझे डाँटते हुए कहती कि यदि एक भी शब्द मेरी मर्यादा के विपरीत लिखा तो मैं तुम्हारी लेखनी खा जाऊँगी, तुम्हारे भोज पत्र चबा जाऊँगी। बड़ा भय लगता था मुझे द्रौपदी से, क्योंकि वह मेरे तीन प्रबन्ध-काव्यों में फैली हुई थी। तुलनात्मक दृष्टि से सीता बड़ी ही सौम्य और शान्त लगती और मेरी लेखनी पकड़कर मुझे तथा मेरी कविता को आगे बढ़ाती, जैसे माँ शिशु का हाथ पकड़कर उसे आँगन में चलाती है।

लगभग एक दर्जन काव्य-संग्रहों एवं तीन खण्डकाव्यों के बाद मैंने सर्वप्रथम 'महाभारत' को हाथ लगाया। उसकी उत्तर कथा पाण्डवों एवं द्रौपदी के महाप्रस्थान एवं

स्वर्गारोहण को षड्विकारों से मुक्ति के मिथक से जोड़कर आत्मालोचन का एक मनोवैज्ञानिक महाकथानक खड़ा किया, जिसमें हिम-उपत्यका में गिरने वाला प्रत्येक पात्र अपने जीवन का पुनरावलोकन करता है और क्रमशः काम, क्रोध, लोभ, मोह, मद और मत्सर से मुक्त होकर स्वर्ग की प्राप्ति करता है। महाभारत के इस महाकथानक को संभालने में मेरे मंत्र ने बड़ी सहायता की।

उत्तर रामायण महाकाव्य के प्रणयन के पीछे भी जनकात्मजा सीता और दाशरथि राम की युगलकृपा का प्रबल प्रभाव रहा है। माँ सीता को वन में भेजते समय मेरे शब्द हवन कुंड की तरह जलते थे, मेरे भावों का धुआँ आँखों में ऐसा घिरता कि रोते-रोते हिचकियाँ बंध जातीं। क्या करूँ, क्या न करूँ? रथ खड़ा है, लक्ष्मण सिर झुकाए आत्म ग्लानि में बह रहे हैं, सीता वन विहार एवं ऋषि दर्शन की लालसा से प्रफुल्लित हैं और मुझे उन्हें रथ पर बिठाकर निष्कासन का कथानक रचना है। ऐसी कठिन घड़ी में 'अब प्रभु कृपा करहु' ने ही मेरी सहायता की है एक अन्तर्प्रेरणा बनकर। स्वयं श्री लल्लनप्रसाद जी व्यास ने 'उत्तर रामायण' महाकाव्य की भूमिका लिखते हुए कहा है, 'डॉ. किशोर काबरा ने सीता जी के निर्वासन सम्बन्धी मेरे एक लेख को अपने प्रबंधकाव्य का आधार बनाकर अपनी गुण-ग्राहकता का परिचय दिया है। उक्त लेख एक अलौकिक प्रेरणा के अंतर्गत लिखा गया था, अतएव काबरा जी की काव्य-रचना के पीछे भी वही प्रेरणा मानता हूँ।' वे आगे लिखते हैं, 'इस नाजुक विषय को उन्होंने एक सीमा तक कुशलतापूर्वक निभाने का प्रयास किया है और वह इस सीमा तक भी निर्वाह इसलिए हो सका, क्योंकि उन्होंने बुद्धि की प्रखरता का नहीं, बल्कि अन्तःकरण के अश्रु बिन्दुओं का सहारा लिया है। करुणा सागर का दर्शन अश्रु बिन्दुओं के बिना कैसे हो सकता है? गहनतम करुणा की अमर-कथा का एक अंश भी बिना रोए-रुलाए कैसे लिखा या पढ़ा जा सकता है? मेरी दृष्टि में इस प्रबंधकाव्य की यही साधारण-सी, किन्तु अनिवार्य विशेषता है।'

रामकथा-परंपरा में तो राम पर, सीता पर कई आक्षेप लगाए गए हैं, पर मुझे इस ग्रंथ में उन सभी से राम और सीता को मुक्त करना था। यदि प्रभु की कृपा मुझ पर नहीं होती तो मैं सभी आक्षेप कथाओं, क्षेपक कथाओं और कलंक कथाओं से अपने सीता राम को मुक्त कैसे कर पाता? 'उत्तर रामायण' में मेरे प्रभु ने ही उत्तर कथा के माध्यम से सभी प्रश्नों के उत्तर भोजपत्र पर स्याही से उतारे हैं। मैं तो उन्हें निमित्त बनकर निखार रहा था।

'उत्तर भागवत' की कहानी तो इससे भी अधिक रोमांचक एवं अलौकिक है। मुझे ऐसा लगने लगा था कि जिस प्रकार वेदव्यास जी ने श्रीमद्भागवत लिखकर अपनी लेखनी रख दी थी, मैं भी अब भागवत की उत्तरकथा लिखकर लेखन से विरत हो जाऊँगा। बद्रीविशाल की यात्रा के समय व्यास गुफा में, फिर शुक्रताल में 128 वर्ष के तपोनिष्ठ

महर्षि श्री कल्याणदेव जी के सान्निध्य में उस स्थान पर, जहाँ शुकदेवजी ने राजा परीक्षित को श्रीमद्भागवत महापुराण सुनाया था, मुझे लगा कि प्रभु की कृपा मुझ पर शक्तिपात की तरह उतर रही है और मैं भीतर तक अपने नए महाकाव्य के पूरे कथानक को जैसे विराट रूप में देख रहा हूँ। पुरुषोत्तम कृष्ण को आज के युग के लिए प्रासंगिक बनाकर पूरी गरिमा एवं उदारता से प्रस्तुत करने की जैसे शक्ति मुझमें आ गई। उसके पश्चात् अन्य सभी गौण लेखन बन्द करके मैं पूरे बारह वर्ष तक केवल भागवतमय रहा, कृष्णमय रहा। श्री कृष्ण मेरी लेखनी पर आरूढ़ होकर तथा प्रेमाश्रुओं में घुल-घुलकर भोज पत्र पर बिखरने लगे थे। किसी नटखट को बाँधना या उसके बन्धन से मुक्त होना मेरे लिए अत्यंत कठिन था, पर जब वह स्वयं ही कविता की डोरी से बँधकर मुझे मुक्त कर रहा था, तो मैं क्या करता? इस ग्रंथ-लेखन के मध्य मैंने अनुभव किया है कि मेरे भीतर ही नैमिषारण्य है, गोमती नदी है, शौनक हैं, शुकदेव हैं, व्यास हैं, परीक्षित हैं। कृष्ण स्वयं ही अपनी कथा कह रहे हैं और मैं गणेश की तरह लिख रहा हूँ, बल्कि यों कहें कि वही कह रहा है, वही लिख रहा है, मैं तो मात्र दृष्टा बनकर खड़ा हूँ।

'उत्तर महाभारत' की सर्जना को मैंने कर्त्तव्यबोध की तरह लिया था, 'उत्तर रामायण' की संवेदना को मैंने आत्मबोध की तरह जिया है, पर 'उत्तर भागवत' की संचेतना को मैंने परमात्म बोध की तरह जिया है। उस प्यास और इस पान का संतुलन साधते-साधते बारह वर्ष बीते। 2004 में वह ग्रंथ प्रकाशित हुआ, तब मैं उस ऐन्द्रजालिक सम्मोहन से मुक्त हुआ।

अब 'सब तजि भजनु करौं दिन राती' का अर्थ बदल गया है। अब सब माया मोह छोड़कर अहर्निश प्रभु भजन में, नाम-स्मरण में, नाम चिन्तन में जब तक रात्रि नहीं होती, तब तक डूबे रहना है। लेखन में थोड़ी लोकेषणा भी थी पर अब भजन में कोई एषणा नहीं है। मेरा काम पूरा हुआ। अब तक शब्द की यात्रा करता था, अब निःशब्द की यात्रा करूँगा। अब तक वह मुझसे कविता लिखवाता था, अब कविता मुझे लिखेगी और मैं मौन अंतर में उसे प्रणव की तरह सुनूँगा। अहंकार से ओंकार तक की यात्रा का यह अंतिम पड़ाव है :

गीत लिखे, गजलें लिखीं, लिखे छन्द-स्वच्छन्द।
जब मैंने खुद को लिखा, कलम हो गई बन्द॥

❑ ❑ ❑

श्रीरामचरितमानस का मर्म और उद्देश्य

– राधेश्याम बंका

सन् 1980 के मध्य की बात होनी चाहिये। सूर्यास्त हो चुका था। पूज्य बाबा स्नान करके भिक्षा करने के लिए अपने आसन पर विराज चुके थे। पत्तल में भिक्षा के परोसने की तैयारी हो रही थी। उस समय लगभग दस-पन्द्रह व्यक्ति पूज्य बाबा के पास बैठे हुए थे। उनके शान्त और प्रसन्न मुखमंडल को देखकर एक व्यक्ति ने हाथ जोड़कर निवेदन किया – बाबा ! मेरे मन में एक जिज्ञासा है।

पूज्य बाबा ने कहा – पूछिये, क्या जानना चाहते हैं।

उस सज्जन ने कहा – बाबा! तुलसीकृत श्रीरामचरितमानस का प्रतिपाद्य तथ्य क्या है?

इस प्रश्न को सुनकर पूज्य बाबा थोड़े चौंके। प्रश्न तो जटिल अवश्य था, किन्तु था बहुत सुंदर। प्रश्नकर्ता का परिचय प्राप्त करने की भावना से पूज्य बाबा ने पूछा – आपका परिचय क्या है, आप क्या करते हैं?

उन सज्जन ने हाथ जोड़े हुए विनम्रतापूर्वक कहा – मैं इलाहाबाद का रहने वाला हूँ और श्रीरामचरितमानस की कथा कहा करता हूँ।

वे आगे कुछ बोलें, उनको रोककर बीच में ही पूज्य बाबा बोल पड़े – यह तो बड़ी अटपटी बात है। श्रीरामचरितमानस की कथा कहने वाले पंडितजी को मानस के प्रतिपाद्य का ज्ञान नहीं हो, यह बात समझ में नहीं आती।

उस कथावाचक जी ने कहा – यह बात आपकी या किसी के समझ में भले न आये, पर सचमुच मेरे मन में यह प्रश्न बहुत दिनों से बना हुआ है।

पूज्य बाबा ने एकदम सीधा प्रश्न किया – जैसे अन्य कई कथावाचक अपने पाण्डित्य का प्रदर्शन करने के लिए कुछ प्रश्न करते हैं, कुछ कुरेदते हैं, कुछ कहते हैं, क्या आप भी वही कर रहे हैं?

कथावाचकजी ने पुनः कहा – बाबा ! सचमुच मैं वह प्रतिपाद्य जानना चाहता हूँ, इसीलिये ऐसा प्रश्न किया है।

बाबा तो उनके मन की भीतरी बात जानना चाहते थे, अतः उन्होंने फिर पूछा – क्या आप मेरी परीक्षा ले रहे हैं?

कथावाचकजी ने कहा – परीक्षा नहीं, शिक्षा लेने आया हूँ।

बाबा ने पुनः उलटकर तीखे स्वर में प्रश्न किया – क्या आप मेरी वंचना कर रहे हैं?

उन कथावाचक जी ने विनम्रतापूर्वक कहा - मैं एक साधारण ब्राह्मण हूँ। मानस की कथा कहकर अपने परिवार का भरण-पोषण करता हूँ। अब आप सोचें कि क्या कथा कहनेवाला एक साधारण ब्राह्मण किसी तपस्वी संन्यासी की वंचना करने का साहस कर सकता है? यदि मुझे वंचना ही करनी होती तो मैं किसी अन्य की करूँगा। आपकी वंचना करके मुझे कहाँ ठहरने की ठौर मिल पायेगी? क्या मैं आपकी वंचना करने की बात कभी सोच सकता हूँ? मैंने आपकी कीर्ति सुनी है। आपके संतत्व पर मेरा पूरा विश्वास है। मुझे मेरी जिज्ञासा का सही-सही समाधान मिलेगा, यह आशा लेकर मैं आपके श्रीचरणों के समीप आया हूँ। आप विश्वास करें, मैं आपकी न वंचना करने आया हूँ और न परीक्षा लेने आया हूँ, अपितु मैं अपना वह प्रश्न आपके समक्ष रख रहा हूँ, जिसका उत्तर मुझे कहीं मिल नहीं पाया है। मेरे साथ तो दीपक तले अँधेरा वाली उक्ति चरितार्थ हो रही है।

उन कथावाचक जी के सरल सत्य निवेदन से पूज्य बाबा द्रवित हो उठे। सच्चे और सरल प्रश्न का संत सदैव स्वागत किया करते हैं। पूज्य बाबा ने कहा - सर्वप्रथम, आपकी सच्चाई की मैं हृदय से जय-जयकार मानता हूँ। अब जो भी समझ में आ रहा है, उसे बतलाने का प्रयास कर रहा हूँ। यह बात सिद्धान्ततः सही है कि मरते समय व्यक्ति झूठ नहीं बोलता। अंतिम क्षणों में उसके भीतर सत्य के लिये आग्रह रहता है। अब गोस्वामी श्रीतुलसीदास जी महाराज के श्रीरामचरितमानस के अंतिम काण्ड अर्थात् उत्तरकाण्ड के एकदम अन्तिम अंश को देखें। उत्तरकाण्ड के एकदम अन्त में गोस्वामी जी ने तीन कवित्त लिखे हैं। इन तीन कवित्तों के बाद उन्होंने दो दोहे लिखे हैं।

मो सम दीन न दीन हित तुम्ह समान रघुबीर।
अस बिचारि रघुबंस मनि हरहु विषम भव भीर।।
कामिहि नारि पिआरि जिमि लोभिहि प्रिय जिमि दाम।
तिमि रघुनाथ निरंतर प्रिय लागहु मोहि राम।।

इन दो दोहों में श्रीगोस्वामीजी ने अपने जीवन आराध्य भगवान श्रीसीतारामजी से अपनी आंतरिक प्रार्थना और वास्तविक कामना का निवेदन किया है। वह आराध्य और आराधक के मध्य होने वाले व्यक्तिगत और आंतरिक सम्बन्ध की बात है। इन दो दोहों में गोस्वामीजी ने अपनी निजी भावना का उल्लेख किया है। इन दो दोहों से पहले जो तीन कवित्त लिखे गये हैं, उनमें तीन बातें कही गयी हैं। प्रथम कवित्त है -

पाई न केहिं गति पतित पावन राम भजि सुनु सठ मना।
गनिका अजामिल ब्याध गीध गजादि खल तारे घना।।
आभीर जमन किरात खस स्वपचादि अति अध रूप जे।
कहि नाम बारक तेपि पावन होहिं राम नमामि ते।।

इस प्रथम कवित्त में भगवान के नाम की महिमा बतलायी गयी है। जिसने भी

भगवन्नाम का आश्रय लिया, चाहे वह कोई हो और कैसा भी हो, उसकी सारी बात बन गयी और उसके लोक-परलोक-परमार्थ सभी सुधर गये। भगवन्नाम के आश्रय से नितांत पतित भी परम पावन हो जाता है। अब दूसरा कवित्त है -

रघुबंस भूषन चरित यह नर कहहिं सुनहिं जे गावहीं।
कलिमल मनोमल धोइ बिनु श्रम राम धाम सिधावहीं॥
सत पंच चौपाईं मनोहर जानि जो नर उर धरै।
दारुन अबिद्या पंच जनित बिकार श्रीरघुबर हरै॥

इस दूसरे कवित्त में भगवान के चरित्र की महिमा बतलायी गयी है। जो मनुष्य भगवान की लीला का कथन-श्रवण-गायन करते हैं, उनके मन की सारी मलिनता दूर हो जाती है, पाँचों प्रकार की अविद्या के विकार नष्ट हो जाते हैं और अंत में उसे भगवान के परम धाम की प्राप्ति होती है। तीसरा कवित्त है -

सुंदर सुजान कृपा निधान अनाथ पर कर प्रीति जो।
सो एक राम अकाम हित निर्बानप्रद सम आन को॥
जाकी कृपा लवलेस ते मतिमंद तुलसीदास हूँ।
पायो परम बिश्रामु राम समान प्रभु नाहीं काहूँ॥

इस तीसरे कवित्त में भगवान की कृपा की महिमा बतलायी गयी है। दयासिंधु भगवान की अनाथों पर बड़ी प्रीति होती है। उन कृपा-मूर्ति भगवान की कृपा के बिंदु मात्र से संसार-सिंधु ही सूख जाता है और मुक्ति सहज सुलभ हो जाती है। उन सदा निष्काम और पूर्ण कृपाधाम की कृपा का आश्रय लेने से परम विश्राम मिलता है।

पूज्य बाबा बड़े प्यार भरे शब्दों में उन कथावाचकजी महाराज को मानस का मर्म बतलाते जा रहे थे। पूज्य बाबा ने कहा - प्रथम कवित्त में भगवन्नाम, दूसरे कवित्त में भगवल्लीला और तीसरे कवित्त में भगवत्कृपा महिमा का वर्णन है। बस, यही भगवन्नाम, भगवल्लीला और भगवत्कृपा ही श्रीरामचरितमानस का प्रतिपाद्य है और विभिन्न रीति से इन तीनों की महिमा का बखान करते हुए मानस में यही गहा गया है कि इनका आश्रय लेने से मानव-जीवन को पूर्ण सफल और पूर्ण सुंदर बनाया जा सकता है। मानस के सभी पात्र, चाहे वे सुंदर हों या असुंदर, निकृष्ट हों या उत्कृष्ट, सभी इसी तथ्य का अपने क्रियाओं से परिपोषण करते हैं। श्रीरामचरितमानस के सारे पात्रों का, सभी संवादों का और आद्यन्त कथाप्रवाह का एकमात्र यही संदेश है कि भगवन्नाम-भगवल्लीला-भगवत्कृपा, इन तीनों के आश्रय से जीवन में ऊँची-से-ऊँची वस्तु की प्राप्ति सहज संभव है और श्रेष्ठ-से-श्रेष्ठ आध्यात्मिक स्थिति की भी उपलब्धि हो सकती है।

इस सारे निवेदन को हाथ जोड़ते हुए वे कथावाचकजी दत्तचित्त होकर सुन रहे थे। उनके दोनों कपोलों पर उभरती हुई भाव-रेखाएँ तथा उनके दोनों नेत्रों की भीगती हुई स्थिर-पुतलियाँ उनके परम संतोष, उनके परम आनंद और उनकी परम तृप्ति व्यक्त कर रही थीं।

ये तीनों कवित्त हमारे मानस-पाठ के मध्य नित्य आते हैं और सदा सभी के सामने रहते हैं, पर सदा सामने रहकर भी उनका मर्म अव्यक्त ही रहता था। व्यक्त रह करके भी अव्यक्त रहना, ऐसे रहस्यात्मक भ्रम को दूर कर पाता है कोई मर्मी ही। उस अव्यक्त रहस्य का मर्मोद्घाटन हो पाता है उसके द्वारा, जिसे उस मर्म की पहचान हो और जिसकी उस रहस्य तक पहुँच हो। पूज्य बाबा के श्रीमुख से श्रीरामचरितमानस के प्रतिपाद्य को सुनकर सभी विस्मित थे, पुलकित थे और आनन्दित थे। ('वाटिका वीथी' से)

मानस ने उसे आत्महत्या से विमुख किया

- डॉ. अम्बाशंकर नागर

बात समझ में आए ऐसी नहीं है, पर है सच। पच्चीस वर्ष पहले आगरे के एक कॉलेज में एक प्राध्यापिका थी। मेरा-उसका परिचय केवल इतना था कि मैं उसका पी.एचडी. का परीक्षक था। मौखिक परीक्षा के समय उसे देखा था। परीक्षा के पश्चात् भी वह मुझे पत्र लिखती थी, भावुक लड़की थी, मेरे प्रति उसके मन में अपार श्रद्धा थी।

कालेज के ट्रस्टी-अधिकारी उसे तरह-तरह के कष्ट दे रहे थे। वह रहती थी उस कॉलेज के कैम्पस में ही। अपने पत्रों में वह प्रायः उसे दिये जा रहे कष्टों का वर्णन करती थी। वह चाहती थी कि किसी दूसरी जगह नियुक्ति करवाने में मैं उसकी सहायता करूँ। आगरे से दूर रहने के कारण मैं न तो उसकी मदद कर सकता था और न मिलकर उसे सांत्वना ही दे सकता था।

सहसा, एक दिन मुझे उसका पत्र मिला। पत्र में लिखा था : 'यह पत्र आपको मिलेगा, संभवतः तब तक मैं इस संसार में नहीं हूँगी। आप मेरे माता-पिता को दिये पते पर सूचित कर दीजिए कि मैंने जान-बूझकर आत्महत्या की है।'

पत्र पढ़ते ही मैं विचलित हो उठा। विशेष यह सोचकर कि उसने माता-पिता को सूचित करने की जिम्मेदारी मुझ पर डाल दी थी। काफी देर तक मैं सोचता रहा, क्या करूँ, क्या न करूँ?

काफी मनोमंथन के पश्चात् यह सोचकर कि शायद उसने आत्महत्या न की हो, मुझे उसको पत्र लिखने की प्रेरणा हुई। मैंने लिखा : 'पत्र मिला। ईश्वर ने चाहा तो मेरा पत्र मिलने तक तुम इस संसार में होगी। तुमने रामचरित मानस पर शोध कार्य किया है। मौखिकी में मैंने तुमसे लंकाकांड के 'धर्म-रथ' प्रसंग पर प्रश्न किया था। मेरी सलाह है कि तुम रामचरित मानस के धर्म-रथ प्रसंग का नित्य पाठ और उसके तत्त्वार्थ का चिंतन-मनन करो। ईश्वर ने चाहा तो तुम्हारा सब दुःख दूर होगा।'

लगभग पंद्रह दिन बाद मुझे उसका पत्र मिला। उसने लिखा था, 'मैं आत्महत्या करने के लिए उन्मुख थी, तभी आपका पत्र मिला। धर्म-रथ के पाठ से चमत्कार हुआ। मेरे मन से हताशा और आत्महत्या के विचार जाते रहे। मुझमें आत्मविश्वास उत्पन्न हुआ। कॉलेज के ट्रस्टी और आचार्य जो मुझे दुःख देते थे, मेरा साहस देखकर डर गए। अब मैं प्रसन्न हूँ। चिंता न करें। कष्ट के लिए क्षमा।'

मैं स्वयं नहीं जानता कि मैंने उसे 'धर्म-रथ' का पाठ करने के लिए क्यों कहा और ऐसा करने से उसके सब दुःख कैसे दूर हो गए। किन्तु यह घटना सच है।

श्री हनुमानजी का वह निर्देश

– रामचन्द्र शुक्ल

सन् 1976 की घटना है। उन दिनों मैं उत्तर प्रदेश न्यायिक सेवा में मुंसिफ के पद पर कार्यरत था। इलाहाबाद से निकलने वाली पत्रिका 'रामदूत' के संपादक ने श्री चक्रधर नलिन से पवनपूत हनुमान विषयक लेख मांगा था। यद्यपि उस समय तक साहित्य में मेरी कोई गति नहीं थी किन्तु श्री नलिन की अधिवक्ता बुद्धि इसमें संपर्क सूत्र का आधार खोजती दिखाई पड़ी। वह मुझसे मिले और हनुमान पर लेख लिखने का आग्रह किया। मैंने सहर्ष स्वीकार तो कर लिया पर लिखने बैठा तो हाथ पांव फूल गये। कुछ भी नहीं लिख सका। श्री हनुमान जी के विभिन्न विग्रह पर कलम उठाया। असफल रहा। अंतरंग तरंगें उठती बुद्धि उन्हें पकड़ नहीं पाती थी। 'निज मन मुकुर, मुकुर निज पानी। कहि न जाय अस उदभुत बानी।' मन दर्पण हो गया था जिसमें श्री विग्रह छवि प्रतिबिम्बित थी। मनरूपी दर्पण भी अपने हाथ में था। छवि दिखाई पड़ रही थी, पकड़ में नहीं आ रही थी। इसी भाव भूमि पर खड़ा हनुमत चिन्तन करता रहा। दिन, सप्ताह, महीना बीत गया। एक दिन स्पंदन, कम्पन, पुलक भरा स्वप्न देखा।

निस्तब्ध निशा में शान्त सरोवर तट पर बैठा हनुमान विषयक विभिन्न प्रकरणों पर लेख लिखता और मनोनुकूल न पाकर उन्हें फाड़कर फेंक देता। यह क्रम घंटों चला। दुग्ध धवल चाँदनी छिटकी हुई थी। सरोवर तट पर सोपान पर लगी स्फटिक शिलाएं सुरम्य थीं। जल शान्त था। प्रकृति अपने रूप रंग में सद्यः स्नात प्रतीत होती थी। पवन प्रकम्पित नहीं था। लगता था सभी मोदमग्न हैं। सहसा सिर के ऊपर पवन के प्रबल प्रवाह की अनुभूति हुई। दृष्टि बंद हो गई। प्रज्ञा चक्षु खुल गये। देखा पवनपूत एक हाथ में गदा, दूसरे हाथ में संजीवनी बूटी सहित विशालकाय पहाड़ उठाये तीव्रगति से आकाश मार्ग से चले जा रहे हैं। मैंने लिखना-पढ़ना बंद कर दिया। किसी अज्ञात शक्ति से प्रेरित होकर अंतरिक्ष मार्ग में उनका अनुगमन करने लगा। हमारे और हनुमान जी के बीच 1-2 फीट की दूरी थी। मैंने अनुभव किया कि संपूर्ण शक्ति संजो कर भी मैं उनका स्पर्श नहीं कर सकता। हनुमान जी अपनी गति को बढ़ाकर निकल भी नहीं रहे थे। मैं मन ही मन हताश होने लगा, तब देखा हनुमान जी पीछे मुड़े। कहा "समझे?" मैंने कहा – "देख रहा हूँ समझ कुछ नहीं पाया।" उन्होंने कहा 'लौट जाओ सूर साहित्य में रामतत्व की खोज करो' सहसा मेरी निंद्रा भंग हो गई। उठकर बैठा। घड़ी देखा। प्रातःकाल 4.00 बजा था।

रहस्य-रोमांच से परिपूर्ण स्वप्न जिस आनंद की अनुभूति दे रहा था वह वर्णनातीत है। संज्ञा लौटने पर विचार करने लगा सूर कृष्णभक्त कवि हैं ऐसा सुना है। राम साहित्य पर भी सूर ने लिखा है इसका ज्ञान उस समय तक मुझे नहीं था। मैं विज्ञान का विद्यार्थी

रहा हूँ। साहित्य का मेरा अध्ययन लगभग शून्य है। जिस परिस्थिति में स्वप्न आया था वह अविस्मरणीय तो है ही, मिथ्या नहीं हो सकता यह विश्वास जगाता था। उंस काल तक मेरे पास साहित्यिक पुस्तक कोई नहीं थी। क्या करें यह प्रश्न बार-बार उठ रहा था। जिज्ञासा जागृत होती चली जा रही थी। डूबते को तिनके का सहारा एक कहावत है। उस दिन इसकी सार्थकता का ज्ञान मुझे हुआ जब यह सोचकर श्रीमती जी के पूजाघर में गया कि वह हनुमान चालीसा का पाठ करती हैं। शायद हनुमान चालीसा में कोई संदर्भ मिल जाए। आश्चर्यजनक रूप से मुझे उनके पूजाघर में सूर सागर के नवम् स्कन्ध की एक प्रति मिली, जिसे उसके पहले मैंने कभी नहीं देखा था। पुस्तक को खोला, जिस पद पर मेरी दृष्टि पहले पड़ी वह पद लिख रहा हूँ। इसके बाद 32 पन्ने का आलेख तैयार हो गया जिसे रामदूत पत्रिका में दो अंकों में प्रकाशित किया है।

इस स्वप्न के बाद मेरी जीवनधारा बदल गई। माँसाहारी तो मैं कभी नहीं था। अण्डा खा लेता था। वह भी छूट गया। शराब कभी नहीं छुआ। सभी व्यसनों से दूर हूँ। एक पत्नीव्रत का निर्वाह कर रहा हूँ। झूठ-पाखंड से बचने का प्रयास करता हूँ। साहित्य सृजन में लगा हूँ। साहित्यकार कल्याण परिषद हिन्दी मासिक पत्रिका का संपादन के द्वारा सात्विक वृत्तियों को प्रोत्साहन का कार्य कर रहा हूँ। 'रामकथा कानन के संशय विहग' राम साहित्य के विभिन्न पक्षों पर ललित निबंध प्रकाशित हैं। सूर साहित्य में रामतत्व पर कार्य कर रहा हूँ।

रामकथा जीवन की कथा है। जीवन के आदर्श की कथा है। हम सभी को रामकथा में रमना चाहिए। डूबना चाहिए। इसी में जीवन का उद्धार है। समाज का कल्याण है।

सूर का उपर्युक्त वर्णित पद

रघुपति, मन संदेह न कीजै।
मो देखत लछिमन क्यौ मरिहै, मोको आज्ञा दीजै।।
कहौ तो सूरज उगन देऊ नहिं, दिसि दिसि बाढ़ै ताम।।
कहौ तो गन समेत ग्रसि खाऊ, जमपुर जाइ न, राम।
कहौ तो कालहि खण्ड-खण्ड करि टूक टूक करि काटौं।।
कहौ तो मृत्युहि मारि डारि कै, खोदि पतालहि पाटौ।।
कहौ तो चंद्रहि लै आकास तै, लछिमन मुखि निचौरौ।
कहो तो पैठ सुधा के सागर, जल समस्त में घोरौ।
श्री रघुवीर मोसो जनजाके, ताहि कहा संकराई।
सूरदास मिथ्या नहिं भाषत, मोहि रघुनाथ दुहाई।।

मानस के दौहा-चौपाई मंत्र हैं, असाध्य रोग दूर होते हैं

- डॉ. आर. के. करोली
हृदय रोग विशेषज्ञ

रामचरितमानस की हर दोहा-चौपाई मंत्र है और उनके नियमित जप से अनेक संकट दूर हो जाते हैं। यह कहना है भारत के सुप्रसिद्ध हृदयरोग विशेषज्ञ डॉ. आर. के. करौली का। डॉ. करौली भारत के अनेक राष्ट्रपतियों जैसे डॉ. सर्वपल्ली राधाकृष्णन, डॉ. वी.वी. गिरि, डॉ. फखरुद्दीन अली अहमद, श्री वेंकटरमण, ज्ञानी जैलसिंह आदि के हृदय रोग विशेषज्ञ रह चुके हैं। उन्होंने यह भी कहा कि उनके कई निकट संबंधियों के रोग 'रामरक्षा स्रोत' एवं रामचरितमानस की 'दैहिक दैविक भौतिक' चौपाई के जप से नष्ट हो गए। डॉ. करौली अत्यंत व्यस्त रहते हुए भी नियमित रूप से हनुमान मंदिर जाकर हनुमान चालीसा का पाठ करते हैं एवं रामचरितमानस पढ़ते हैं। अंतर्राष्ट्रीय रामायण सम्मेलनों के अध्यक्ष श्री लल्लन प्रसाद व्यास से गत दिनों हुई अपनी भेंट में उन्होंने उक्त बातें कहीं। इसके अतिरिक्त उन्होंने कुछ संत-महात्माओं के बारे में भी अपने संस्मरण सुनाए जो इस प्रकार थे -

हरिबाबा भक्तों के अनुरोध पर तीन महीने रुके

हरिबाबा के बारे में बताते हुए उन्होंने कहा कि हरिबाबा से उनकी भेंट माँ आनन्दमयी के माध्यम से हुई थी। बाबा अपने अंतिम समय में किडनी रोग से पीड़ित थे तथा दिल्ली के सिविल लाइन्स क्षेत्र में श्री सी.डी. मिश्रा के घर पर थे। बाबा सदैव 'श्रीराम जय राम, जय-जय राम' का जप करते थे। बाबा गंभीर रूप से बीमार थे और उस हालत में भी उक्त मंत्र का जप कर रहे थे। बाबा की हालत बेहद खराब थी। मैंने ई.सी.जी. की मशीन लगाई, परंतु मशीन लगाते ही हृदय ने काम करना बंद कर दिया। पेसमेकर भी लगाया, परंतु सब बेकार। मैंने शिष्यों से कहा - "बाबा गए। माँ को बता दो।" मैंने जैसे ही कालकाजी स्थित माँ के आश्रम में माँ को फोन किया, उन्होंने कहा - "बाबा अभी नहीं गए।" वह बोली "मैं आती हूँ, तुम लोग हनुमान चालीसा पाठ का कीर्तन करो।" कालकाजी से सिविल लाइन्स पहुँचने में माँ को 40-50 मिनट लग गए। इस बीच मिश्रा जी ने यमुना के किनारे उनके अंतिम संस्कार की तैयारी भी कर ली थी। माँ जब वहाँ पहुँची तो उन्होंने कमरे में बैठे भक्तों से कहा कि तुम सब बाहर निकलो, मैं बाबा से बात करती हूँ।" यह कहते हुए उन्होंने अंदर से दरवाजा बंद कर दिया। आधे घंटे के बाद दरवाजा खुला और उन्होंने सबसे कहा कि आप लोग अंदर आ जाओ, बाबा

हमारी बात मान गए हैं।'' हम सब हतप्रभ हो गए। बाबा अंदर बैठे हँस रहे थे। उनका हृदय, नाड़ी आदि सब ठीक-ठाक काम कर रहे थे। तीन महीने के बाद बाबा काशी जाने की हठ करने लगे। सभी भक्त चाहते थे कि उन्हें अभी वहाँ नहीं जाना चाहिए। मैंने भी उनसे कुछ दिन रुकने के लिए अनुरोध किया, परंतु वे अपनी जिद पर अड़ गए। माँ ने कहा कि तीन महीने का समय बीत गया है, उन्होंने हमें तीन महीने का ही समय दिया है। अत: उन्हें जाने दीजिए। मैं मान गया। उनके लिए दवा लिख दी। उनके साथ डॉक्टर भी काशी भेज दिया। वहाँ पहुँचने पर डॉक्टर का फोन आया कि बाबा ठीक-ठाक काशी पहुँच गए हैं। परंतु रात में ठीक 3.00 बजे डॉक्टर का पुन: फोन आ गया कि ''बाबा गया।'' बाबा ने बैठे-बैठे काशी में अपना शरीर छोड़ दिया।

नीबकरौरी (नीमकरौली) बाबा का भी आशीर्वाद

एक बार नीबकरौरी बाबा दक्षिण दिल्ली में रुके थे। मेरा उनसे मिलने का मन हुआ और मैं वहाँ चला गया। रास्ते में बाबा के लिए केले ले जाने का मन हुआ, किन्तु असमंजस की स्थिति में नहीं ले जा सका। मैं उनसे इससे पहले मिला नहीं था। वहाँ पहुँच कर अन्य भक्तों के साथ बाहर दर्शनों की इच्छा से बैठ गया। थोड़ी देर में एक गाड़ी आई। उसमें बिरला जी थे। वे हमारे मरीज थे, वे सीधे अंदर चले गए। मन में विचार आया कि एक उद्योगपति आया तो बाबा उनसे मिल रहे हैं, बाकी सब बाहर इंतजार कर रहे हैं। यह विचार भी आया कि थोड़ी देर रुकूँगा और बिना दर्शन किए चला जाऊँगा। यह सोच ही रहा था कि एक आदमी अंदर से आया और बोला डॉ. करौली आप ही हैं, आपको बाबा बुला रहे हैं। मैंने सोचा शायद बिरला जी की नजर जाते हुए पड़ गई होगी। इसीलिए बुला रहे हैं। जैसे ही अंदर बाबा के पास पहुँचा, बाबा ने कहा क्यों तुम्हारे दिमाग में मेरे लिए केले लाने का विचार था, किन्तु नहीं लाया। जा एक केला ले जा और खा। सब ठीक होगा। यह कहते हुए आशीर्वाद दिया। साथ ही यह कहा कि मेरे लिए सब बराबर हैं। बिरला जी से अब मिलूँगा।

पिताजी के गुरु ने मामी को कैंसर से मुक्ति दिलाई

हमारे पिताजी के गुरु बहुत ही सिद्ध संत थे। उनका नाम पं. जौहरीलाल शर्मा था जो एक गृहस्थ थे तथा गवर्नमेंट हाईस्कूल में प्रिंसिपल थे और अपने पुत्र के. डी. भारद्वाज के साथ रहते थे। उन्हें भूत, वर्तमान एवं भविष्य का सब पता रहता था। एक बार हमारी मामी को कैंसर हो गया। हमारे पिताजी ने उन्हें पत्र लिख कर उनके बारे में बताया। उनका पत्र आया कि चिंता मत करो। रोग यद्यपि बहुत भीषण है, किन्तु मैंने भगवान से प्रार्थना कर दी है, सब ठीक हो जाएगा। कुछ ऐसा चमत्कार हुआ कि वह थोड़े दिनों के बाद ठीक हो गई।

मंत्र पढ़कर 106 डिग्री बुखार से मुक्ति दिलाई

मैं बहुत छोटा था। एक बार मुझे अत्यधिक तेज ज्वर आ गया जो 106 डिग्री था। मैं बुखार में गुरु जी को बुलाने की जिद करने लगा। जब वह आए तो बोले ठीक हो जाओगे। उन्होंने कुछ मंत्र पढ़े और सिर से लेकर पैर तक पूरे शरीर में हाथ फेरते हुए पीछे के दरवाजे से हाथ झाड़ दिए। थोड़ी देर बार बुखार एकदम ठीक हो गया।

बाबा नागरीदास की राष्ट्रपति को फटकार

वृंदावन में यमुना के किनारे बाबा नागरीदास रहते थे। बाबा स्वतंत्रता सेनानी थे, परंतु बाद में यमुना के किनारे झोंपड़ी बनाकर रहने लगे। हमेशा भक्ति की बातें करते थे। मेरा उनके पास बराबर आना-जाना लगा रहता था। कभी कोई आध्यात्मिक समस्या होती तो वे उसका निराकरण कर देते थे। परंतु नेताओं एवं व्यापारियों से चिढ़ते थे। मैं उस समय कार्यवाहक राष्ट्रपति श्री बी.डी. जत्ती का चिकित्सक था। महीने में एक बार मैं वृंदावन जाता था। जत्ती साहब ने भी एक बार वहाँ चलने की इच्छा व्यक्त की क्योंकि वे नियमित राष्ट्रपति बनना चाहते थे। मैंने उनसे कहा कि बाबा सांसारिक बातों में नहीं पड़ते, इसके बावजूद उन्होंने वहाँ जाने का अपना कार्यक्रम बना लिया। मुझे आशंका थी कि कहीं उनको डाँट न पड़ जाए। एक दिन प्रदेश के पुलिस महानिदेशक, मुख्यमंत्री, राज्यपाल आदि के साथ डॉ. जत्ती वहाँ पहुँच गए। थोड़ी देर की भेंट के बाद कार्यवाहक राष्ट्रपति ने अपने नियमित राष्ट्रपति बनने की इच्छा बाबा के सामने रख दी। बाबा को बहुत गुस्सा आ गया और उन्होंने उसी समय उन्हें बाहर निकाल दिया। कार्यवाहक राष्ट्रपति पूरे लाव-लश्कर के साथ बारिश में भीगते हुए वापस आ गए।

ठाकुर जी को प्रसाद चढ़ाते-चढ़ाते बाबा का ब्रह्मलीन होना

बाबा अंग्रेजी भी अच्छी बोल लेते थे। सर्दी में भी सिर्फ लंगोटी में रहते थे। एक दिन हमसे बोले कि हमारा ट्रांसफर होने वाला है। थोड़े दिन के बाद मैंने अपने मित्र के. एन. राव से कहा कि बाबा की तबियत ठीक नहीं है, हमें वहाँ जाना चाहिए। उन्होंने कहा कि होली के बाद चलेंगे। कुछ दिन के बाद अचानक खबर आई कि बाबा नहीं रहे। बाद में एक सेवानिवृत्त स्टेशन मास्टर का पत्र आया कि आप पर बाबा की विशेष कृपा है इसलिए मैं आपको बताना चाहता हूँ कि एक दिन उनका एक भक्त आया जो दो आम लाया था। बाबा उस प्रसाद को ठाकुर जी को चढ़ाते-चढ़ाते ही ब्रह्मलीन हो गए। कृष्णभक्त थे और कहते थे कि जो भी काम करो, भगवान से डोरी जोड़ कर रखो।

हनुमान जी के दर्शन

राम मनोहर लोहिया अस्पताल से स्वैच्छिक सेवानिवृत्त होने के बाद मैं पटेल नगर

स्थित अपने क्लीनिक पर बैठा था। परंतु काफी देर तक कोई मरीज नहीं आया। मैंने मन ही मन हनुमान जी से प्रश्न किया कि सरकारी अस्पताल में तो कुछ पल की भी फुर्सत नहीं थी किन्तु यहाँ पर अभी तक कोई नहीं आया। थोड़ी देर में एक व्यक्ति अपना ब्लड प्रेशर नपवाने आया और वह मुझसे ही नपवाने की जिद करने लगा। मैंने उस व्यक्ति को बैड पर लेटने के लिए कहा और जैसे ही उसके पास गया एक तरफ छः फ़ीट के शरीर पर सुनहरे बालों वाले हनुमान जी के दर्शन हुए जो वरद मुद्रा में थे और 10-15 सेकेंड के अंदर ही गायब हो गए। उसके बाद निरंतर भीड़ बढ़ती गई और क्लीनिक अच्छा चलने लगा।

जय श्री राम, जय हनुमान

- *प्रस्तुति*

चमन सिंह

श्रीरामचरितमानस का चमत्कार

– इफ्तिखार अहमद खाँ ''राना''

मेरे बाबा कृष्णभक्त कवि अब्दुर्रशीद खाँ 'रशीद' 'आधुनिक रसखान' के नाम से प्रसिद्ध थे। कृष्ण भक्ति परम्परा से जुड़ी उनकी आस्था ने उन्हें जीवन में रससिक्त कर दिया।

'मानस संगम' कानपुर ने 1980 में उन्हें ही 'रामकथा और मुस्लिम साहित्यकार' नामक ग्रंथ समर्पित किया तथा बृहत् समारोह में उन्हें सम्मानित भी किया। इसी संस्था से मुझे भी रामभक्तिपरक काव्य सृजन करने की प्रेरणा प्राप्त हुई।

मैं अपने पूज्य बाबा रशीद जी की ही गोद में पला और भक्तिरस से सराबोर दोहे गाते हुए उनके नयनों से प्रवाहित अश्रुओं को देख कर मेरे मन में भक्ति-भावना का उदय हुआ। वे राम भक्त भी थे। उनकी अमिट छाप ने मुझे भक्ति मार्ग पर प्रारंभ से ही चलने की प्रेरणा दी। मैं बचपन से ही रामकथा पर मोहित हो गया और श्रीरामचरित मानस का पाठ करना तथा मानस सम्मेलनों में जाना तथा गृहस्थों के यहाँ जो अखण्ड रामायण का पाठ होता है, उसमें भाग लेना मेरे जीवन का क्रम बन गया। इस भक्ति-भावना से सतत् बनाए रखने के लिए मैंने राम साहित्य का अध्ययन किया। शनैः शनैः काव्य रचना की प्रेरणा मुझे मिलती रही और 'हनुमत राग' काव्य कृति अपने आप श्री हनुमान जी की कृपा से रची गई, जिसका प्रकाशन 'मानस संगम' से किया गया। विद्यार्थी जीवन से ही प्रतिदिन श्रीरामचरित मानस के पाठ करने से मुझे सरस्वती जी की कृपा प्राप्त हुई और मेरी काव्य प्रतिभा का विकास होता गया।

एक बार मैं गंभीर रूप से बीमार हो गया और काफी परेशान रहा। मेरी बेचैनी बढ़ती जाती थी। जी बहुत घबराता था। लेकिन श्रीरामचरित मानस के प्रतिदिन नियमपूर्वक पाठ करने से मैं स्वस्थ हो गया। वैसे मैं दवाएं भी खाता रहा, लेकिन श्रीरामचरितमानस के दोहे-चौपाइयाँ भी मंत्र की तरह मुझे लाभ पहुँचाते रहे। हनुमान चालीसा तो मेरा प्राणाधार है।

'राम नाम के लेत ही, मिटत हैं पाप पहार।
याही सों हम करत हैं, उनहीं केर गोहार।।'

तथा

'रामदूत तुम धन्य हो, पवन-पुत्र हनुमान।
भक्तों के सिरमौर तुम, अंजनि-सुत बलवान।।

महापुरुषों का सत्संग और मानस प्रेम

– आचार्य पं. चन्द्रभूषण मिश्र

प्रभु ही प्रेरक बनता है किसी न किसी माध्यम से। अस्तित्व जिसको जो बनाना चाहता है वैसी ही प्रेरणा प्राप्त होने लगती है। आध्यात्मिक जगत् में व्यक्ति का अर्थ मात्र आदमी नहीं वरन् अभिव्यक्ति होता है। 'एक्सप्रेसन ऑफ गॉड' सबके द्वारा परमात्मा ही अपने को व्यक्त करता है पर 'अहंकार विमूढ़ात्माकर्त्ताऽहं इति मन्यते' के कारण परमात्मा का अनुभव प्रत्यक्षत: नहीं हो पाता।

प्रभु कृपा से ब्राह्मण परिवार में जन्म हुआ। घर का वातावरण पूजा-पाठ मंडित था। पूज्य दादाजी पं. विश्वेसर दत्त मिश्र परम शैव थे परंतु शंकराचार्य मतानुसार शिव, विष्णु, गणेश, दुर्गा व सूर्य की उपासना विधिवत होती थी। दादाजी की गोद में हनुमान चालीसा सहित अनेक संस्कृत श्लोक याद कर सुनाने का सुभावसर अक्षरारंभ के पूर्व ही हो गया था। संतों का आगमन घर में होता रहता और याद श्लोकों को सुनाकर उनकी महती कृपा प्राप्त करता। घर में अन्य पुस्तकों के साथ लाल कपड़े में बंधी पं. ज्वालाप्रसाद मिश्र की टीका सहित श्री रामचरित मानस भी थी। अक्षर ज्ञान के साथ-साथ उसका पढ़ना भी प्रारंभ हो गया था। गाँव में प्राय: लोग रामचरित मानस के पुष्प वाटिका प्रसंग का गायन ढोलक झांझ के साथ करते थे, मेरे ही पूर्वजों द्वारा निर्मित शिव मंदिर में। वह प्रसंग तो प्राय: याद ही हो गया था। दादाजी उनका अर्थ बताते। एक बार घर में पधारे अयोध्या के संतों के सामने तो लगातार सात-आठ दिनों तक सायं एक घंटा चौपाईयों का अर्थ सहित पाठ सुनाता रहा। संतों का सान्निध्य और कथा श्रवण का लाभ बचपन से ही मिला परिणामत: विद्यालय महाविद्यालय में आयोजित होने वाली तुलसी जयंतियों में चौपाई गायन और भाषण प्रतियोगता के माध्यम से सहभागी बन पुरस्कार प्राप्त करने लगा।

मेरे गाँव के समीप उलार्क नामक प्रसिद्ध सूर्य मंदिर है जहाँ परम वैष्णव संत अलबेला बाबा रहते थे। मैं प्राय: दादाजी के साथ वहाँ जाता था, उन्हें मानस की चौपाईयाँ दोहे सुनाकर प्रसाद पाता था। वहाँ सायं प्रात: होने वाली विनयपत्रिका की सूर्य स्तुति तो बचपन से ही याद थी।

पूज्य बंगाली बाबा (डॉ अवनीकान्तराय) जो सद्गृहस्थ संत थे पटना विश्वविद्यालय से उन्हें निराला विरचित 'राम की शक्ति पूजा' सुनाने को भेजा गया। यह संबंध अटूट बना और अयोध्या सहित भारतवर्ष के प्राय: सभी तीर्थों में उनके साथ भ्रमण का शुभ अवसर मिला। श्री अवध में श्री नृत्य गोपालदास जी महाराज महंत छोटी छावनी का

सान्निध्य एवं आशीर्वाद मिला। उस समय छोटी छावनी अयोध्या जी में जगन्नाथपुरी के परम वैष्णव संत श्री गंगादास जी महाराज विराजते थे, उन्होंने मानस की बाल बोधिनी टीका भी लिखी है। बंगाली बाबा के साथ वहाँ गया तीन दिनों तक मानस की कथा सुनाकर तीन खंडों में छपी टीका सहित आशीर्वाद मिला - 'सूझहिं राम चरित मनि मानिक, गुपुत प्रकट जहँ ज़ो जेहि खानिक'। पं. रामकुमार दास जी मणिपर्वत, स्वामी सीतारामशरण लक्ष्मणकिलाधीश अयोध्या, श्री नारायणदास जी भक्तमाली बक्सर, श्री श्रीनाथ मिश्र वाराणसी आदि की कथा सुनकर व आशीर्वाद प्राप्त कर कथा की ओर प्रेरित हुआ। डॉ. श्रीनाथ मिश्र रामायणी (वाराणसी) अपने पटना प्रवास में सायंकाल गंगा किनारे बैठकर मानस को कथा रूप में प्रस्तुत करने की कला सिखाते थे।

पुनः पूज्य गुरुदेव स्वामी अखण्डानन्द जी सरस्वती की कृपा दृष्टि हुई। वात्सल्यपूर्ण बातचीत क्रम में उन्होंने पूजा पाठ करने से ज्यादा भारतीय ग्रंथों को पढ़ने-समझने पर जोर दिया। कभी-कभी आसन के पास बिठाकर मानस की कथा सुनते थे। उन्होंने श्रीमद्‌भागवत भी पढ़ने को प्रेरित किया और उन महापुरुष की पुस्तकों को पढ़कर कथा करना प्रारंभ किया। भारतीय वाङ्मय के प्रति मेरी रुझान के प्रेरक पूज्य स्वामी अखण्डानन्द जी सरस्वती (वृंदावन) ही हैं। मानस की प्रतिमूर्ति पं. रामकिंकर जी उपाध्याय को मैंने पहली बार मानस संबंधी लेख पढ़ने को दिया। पढ़ने के बाद उन्होंने मेरे सिर पर हाथ फेरकर आशीर्वाद दिया और हनुमत् आराधना सहित मानस में निष्ठा रखने को कहा।

कालान्तर में भगवत्कृपा स्वरूप संत शिरोमणि श्री मोरारी बापू सरकार की कृपा दृष्टि मिली। मैंने उनकी कथाओं का संकलन प्रारंभ किया 'मानस संकट मोचन' का प्रकाशन भी हुआ। बापू सुंदरकाण्ड संबंधी कैसेट प्रसाद रूप में भिजवाने लगे। मैं सुन-सुनकर संकलन करता था। बापू कहते हैं कि गुरु जब प्रसन्न होता है तो ग्रंथ देता है। मैं अल्पज्ञ भला उनकी नित्यनवीन कथाओं का संकलन क्या कर पाता। पर बापू सरकार की कृपा छाया में कथा पुस्तक तथा उनकी मनोहारी दृष्टि के सहारे मानस में उतरना प्रारंभ किया। मेरी कथा यात्रा का एक पड़ाव हिमाचल प्रदेश भी है। जहाँ मैं लगभग बारह वर्षों से लगातार कथा करने जाता रहा हूँ। वहाँ से 'केवट अनुराग' का प्रकाशन हुआ। मैंने डरते-डरते श्री मोरारी बापू सरकार के कर कमलों में प्रस्ताव समर्पित किया। कुछ माह बाद जब दूसरा प्रकाशन 'भरत चरित्र' का हुआ तो वह भी समर्पित किया, बापू ने कहा केवट अनुराग मैंने पढ़ा है, अच्छा है।' यह आशीर्वादात्मक वाक्य पूर्णतः प्रेरणाप्रद है।

जो भगवान पर भरोसा करता है उसके जीवन में ऐसी घटनाएँ प्रायः घटा करती हैं जिससे उसका भरोसा पुख्ता हो जाता है। विद्यार्थी जीवन में मैं एक मकान में रहता था। मकान मालिक मुझसे किराया नहीं लेते थे पर अन्य किरायेदारों से किराया वसूलकर भेजने का काम अवश्य लेते थे। एक छात्र प्रायः शराब के नशे में धुत रहता था। दो तीन

माह का किराया बाकी था। मैंने उसे निकालने की धमकी दी। एक अर्धरात्रि में दरवाजा खटखटाया और कहा किराया देने आया हूँ। मैंने दरवाजा खोला, हाथ में छुरा लिए वह मेरी ओर गाली देते बढ़ा, अचानक मुझे भगवान् नारायण की स्मृति आई और 'मंगल भवन अमंगलहारी' पंक्ति बरबस मन में घूमने लगी। मेरी बगल में सोया व्यक्ति अचानक जगा तथा उस नशेड़ी को मारकर भगाया। इसी तरह पैरों के नीचे सांप का आना, बस से टकराना आदि विपत्ति में मानस की पंक्तियों ने मुझे पग-पग पर बचाया है, विस्तार रूप से चर्चा नहीं कर पा रहा हूँ।

मेरे ग्रामीण एक बार रामचरितमानस खरीदकर लौट रहे थे। चलती ट्रेन में चढ़ते समय अचानक पटरी के नीचे आ गये पर बाल-बाल बच गये। उन्होंने मुझसे कहा कि मानस हाथ में था तो बच गये। अगर पाठ करते हैं तो सदा रक्षा होती रहेगी। घटना उनके साथ घटी पर प्रेरणा मुझे मिल गई।

बाबा कालीचरणदास पढ़े लिखे नहीं थे पर रामचरितमानस उन्हें कंठस्थ था, पूछने पर उन्होंने बताया कि जब मैं साधुओं के साथ भ्रमण में था तो एक रात्रि सिर के नीचे रामचरित मानस रखकर सोने का अवसर मिला, उस रात्रि नींद अच्छी आई, प्राय: मैं ऐसा करता था और सुबह में रामचरित मानस को खोलकर घंटों से निहारता था यह सोचते हुए कि मैं भी पढ़ पाता। कथा सुनने तथा पारायण गान में हिस्सा लेता था। देखते-देखते मैं चौपाई बोलने लगा। मुझे तो पता ही नहीं चला कि कब मानस याद हो गया।

एक बार गया जिले के गांव में कथा करने गया। वहाँ एक पढ़े-लिखे व्यक्ति ने कहा कि आप मेरी माँ को समझा दें वह रामचरितमानस की पोथी पर लोटे से जल गिराती है। मैं जब उस बूढ़ी अम्मा को समझाने लगा तो उन्होंने कहा कि हम पढ़े लिखे न हैं पर जब लोटे का जल चढ़ाते हैं तो लगता है सभी देवताओं की पूजा हो गई। अपनी धन संपत्ति तथा परिवार को उसी पूजा का फल मानती थी। मैंने उनकी निष्ठा को प्रणाम किया।

वर्तमान आस्था संकट के युग में मानस का केवट प्रसंग सर्वाधिक प्रिय है जहाँ भोले भाले भक्त का भगवान के साथ अद्‌भुत सामंजस्य हुआ है। सरलतम भी है और कठिनतम भी। गीता की तरह मोह से प्रारंभ होकर नष्ट मोह तक स्थिति बनती है। 'रामायण सत कोटि अपारा' पर रामचरित मानस मुझे प्रिय है। नाना पुराण निगमागम सम्मत तो है ही सबके लिए कुछ न कुछ है।

संतों में प्रचलित है कि रामचरित मानस समझ में तब आता है जब चित्रकूट की यात्रा (कामद की परिक्रमा) होती है। मैंने संत आज्ञा अनुसार यात्रा किया और लाभ प्राप्त किया।

प्रभु प्रेरणा से उत्पन्न यह अनुष्ठान हनुमान जी की कृपा-छाया में पूर्णता प्राप्त करें - यही मेरे राम की मंगलकामना है।

रामनाम सर्वकल्याणकारी

- त्रिलोकचन्द्र सेठ

हमारे जीवन में रामायण का प्रवेश तब से हुआ जब मेरी धर्मपत्नी ने मेरी दैनिक प्रात: प्रार्थना में किसी अन्य ग्रंथ के पढ़ने के स्थान पर श्री रामचरित मानस को पढ़कर नित्य एक या दो दोहे का अर्थ कहने का अनुरोध किया। इससे पूर्व मेरे जीवन में शिशुकाल में ही मेरे पूज्य पिता जी ने अपनी गोद में लेकर मुझे श्रीमद्‌भागवत गीता के आठ अध्याय कंठस्थ कराने की कृपा की थी। तत्पश्चात् मुझे संयोगवश मेरी बड़ी बहिन श्रीमती भगवती देवी कपूर ने अपनी माता जी को श्री योगवाशिष्ठ नित्य सुनाने की प्रेरणा दी थी जो प्रात: प्रार्थना में ही अनेक वर्षों तक सुनाकर मैंने लगभग दस वर्षों में पूर्ण किया। अधिक शिक्षा का अभाव होने के कारण तथा व्यवसाय में कुमारावस्था में ही प्रवेश करने के कारण मेरे जीवन में संतों की ही कृपा-सत्संग एवं अनुग्रह प्रेरक बना - क्योंकि माता एवं पिता एवं परिवार सदैव से ही संतों की कृपा एवं उनकी चरण सेवा से परिपूर्ण रहा। उन विशिष्ट संतों में पू.पा. श्री स्वामी सुखदेवानन्द सरस्वती, स्वामी भजनानन्द सरस्वती, स्वामी नारदानन्द सरस्वती, स्वामी पथिक जी, स्वामी रामदेव जी, स्वामी परमात्मानन्द सरस्वती, स्वामी विष्णु आश्रम जी एवं मेरे सद्‌गुरुदेव परमपूज्य श्री स्वामी चैतन्य प्रकाशानन्द जी महाराज के साथ-साथ भारत के प्रसिद्ध रामकथावाचक पूज्यपाद श्री रामकिंकर जी उपाध्याय एवं मानसरत्न डॉ. श्रीनाथ जी मिश्र जी प्रमुख हैं।

मेरा यत्किंचित रामायण का अवलोकन 'श्री रामचरितमानस' ही रहा है और उससे पूर्ण संतोष का कारण रहा है उसका श्रीमद्‌भगवद् गीता जी के सिद्धांतों का समीकरण। दोनों में सर्वत्र साम्य मिलता है। श्री गीता जी मात्र सिद्धांतों का ही निरूपण करती है एवं श्री रामचरितमानस उन सिद्धांतों के आत्मसात् करने वाले चरित्र को प्रस्तुत करता है।

श्री रामचरितमानस का 'नाम वंदना' का प्रसंग अतुलनीय प्रतीत होता है। वर्तमान में भी श्री राम नाम ही प्रत्येक व्यक्ति एवं समाज का कल्याण करने में पूर्ण समर्थ है। इसके अतिरिक्त श्री रामचरितमानस का कोई भी प्रसंग ऐसा नहीं है जिसमें हमारे जीवन के लिए शिक्षा एवं प्रेरणा न हो। चाहे शिवपार्वती संवाद को पढ़े, चाहे श्री रामविवाह का कोई भी प्रकरण, श्री भरत जी का चरित्र, श्री हनुमान जी की सेवायें, श्री काकभुशुण्डि-गरुड़ संवाद, सभी में व्यक्ति एवं समाज के जीवन के पूर्ण उत्थान एवं जीवन के लक्ष्यप्राप्ति का संदेश भरा पड़ा है।

मेरे व्यक्तिगत जीवन में मेरे दो बड़े भाई रहे। अत: श्री रामायण जी से भाईयों का प्रेम कैसा होना चाहिए - इसका जीवन के हर पल-पल पर मार्गदर्शन मिलता रहा। श्री

मानस की निम्न चौपाई को मैंने जीवन की प्रत्येक कठिनाई का हल करने का सूत्र अनुभव किया – ''जहाँ सुमति तहाँ संपति नाना – जहाँ कुमति तहाँ विपति निधाना'। श्री रामचरितमानस का यह सूत्र जीवन की प्रत्येक समस्या को सुलझाने में समर्थ है।

पूर्व निवेदन किया है कि मेरा अधिक अध्ययन भी नहीं है परंतु जितना अध्ययन मुझसे बन पड़ा उसमें उपर्युक्त सूत्र ही प्रधान लगा तथा श्री रामायण के प्रारंभ में वर्णित 'मुदमंगलमय संत समाजू – जो जग जंगम तीरथराजू' का जो सूत्र दिया है वह समस्त तालों की एक ही कुन्जी है। इसीलिए शुभारंभ के दूसरे दोहे में श्री तुलसीदास जी ने भगवान भोलानाथ की कृपा से वर्णन किया कि –

''सुनि समुझहिं जन मुदित मन, मज्जहिं अति अनुराग।
लहहिं चारि फल अछत तन, साधु समाज प्रयाग।।

दास तुलसी ने मुझे जगाया

– संत नारायणदास भक्तमाली (मामाजी)

इस शरीर के पितामह पं० श्री मेघवर्ण चतुर्वेदी जी अपने समय के तथा अपने क्षेत्र के अप्रतिम कथावाचक थे अत: घर में श्री वाल्मीकीय रामायण, श्री मद्भागवत इत्यादि आर्ष ग्रंथों के अतिरिक्त श्री रामचरितमानस एवं भक्तमाल इत्यादि सभी सद्ग्रंथ प्राय: सुलभ थे। साक्षरता के पश्चात् यदा-कदा इन ग्रंथों के अवलोकन-मनन का अवसर मिलता रहता था तथा बचपन से भक्तिभाव की ओर अभिरुचि भी थी। इस शरीर की जननी श्रीमती रामदेई देवी तथा पिता जी पं० श्री मधुसूदन चतुर्वेदी जी समय-समय पर इन भक्तिपरक ग्रंथों का पठन एवं गायन किया-कराया करते थे, यह प्रभु की विशेष कृपा का ही परिचायक है।

उच्च विद्यालय के पश्चात् उच्चतर विद्यालय वाले छात्र जीवन काल में राँची निवासी श्री रामचरण जी भाला के परिवार से संपर्क हुआ और उस परवार के नन्हें-नन्हें बच्चों की श्री रामचरितमानस के प्रति प्रगाढ़ रुचि देखकर अपनी विशेष प्रवृत्ति हुई श्रीरामचरितमानस के अवगाहन की दिशा में। पहले तो इस ग्रन्थरत्न में यत्र-तत्र के प्रसंगों को यदा कदा देख लिया करते थे, जो विशेष मनोरम लगते, किन्तु लगनपूर्वक गहराई में उतरकर लाभान्वित होने वाली तत्परता अब आई और जीवन बाबा श्री तुलसीदास जी के प्रति न्यौछावर हो गया। बरबस वाणी गुनगुना उठी –

सोया था निश्चिन्त, मोह निद्रा का होकर चेरा।
काम क्रोध लोभादि चोर थे, लूट रहे घर मेरा॥
लुटता देख, दयावश मुझको दिया जगाय किसे ने।
"किसने मुझे जगाया" उत्तर मिला दास तुलसी ने॥
अखिल लोक-संपत्ति समग्र, एक श्वाँसा सम नहिं होवै।
अस अनमोल श्वाँस क्यों सोकर मोह निशा में खोवै॥
कामादिक तस्कर नित करते श्वाँस श्वाँस की चोरी।
तू अचेत सो रहा बाबरे, माया में मति भोरी॥
उठ 'नारायण' वत्स ! सजग हो निज कर्त्तव्य सम्हालो
चिन्ता छोड़, गई उसकी, जो बाकी उसे बचा लो॥

अतीत, वर्तमान एवं भविष्य के प्रत्यक्ष, द्रष्टा आदि कवि महर्षि वाल्मीकि जी की रामायण भी पंचम वेद एवं इतिहास संज्ञा धारण करने के नाते रुचिकर एवं हितकर रही है किन्तु श्री रामचरितमानस का तो वैभव ही कुछ विशेष विलक्षण सा है। इस संदर्भ में काशी नरेश के राजगुरु श्री "काष्ठजिह्वा" वासुदेव तीर्थ स्वामी का कथन है कि –

अशरन के शरन दास तुलसी के चरन हैं।
श्री राम भक्तिदायक और ज्ञान-मान हरन हैं॥
भाषा में राम चरित कियो ललित बरन हैं।
अगम अर्थ सुगम कियो पढ़त परन परन हैं॥
व्यास-वाल्मीकि वाक्य यद्यपि फलित फरन हैं।
इतनो रस कहाँ जो कि चुवत पर्न पर्न हैं॥
"देव" ऋषि की आदि कवि की वेद रूप धरन हैं।
जिनके वश सियाराम लखन तारन-तरन हैं।

समस्त पुराण-शास्त्र एवं निगमागम का सार, जहाँ से आस्वादन करें, रस-सिद्धांत-कथानक-चरित अथवा सद्गुण-आधान की दृष्टि से समग्र उपयोगी ही उपयोगी है, रमणीय ही रमणीय है। अपना मन तो रस एवं उपासना की दृष्टि से बालकाण्ड के मिथिला प्रसंग में परम रमणीयता का अनुभव करता है। चारित्रिक गांभीर्य एवं मानवता का आदर्श श्री राम-भरत के प्रेम पूर्ण व्यवहार को व्यक्त करने वाले अयोध्याकाण्ड एवं उत्तरकाण्ड से प्राप्त होता है। तात्त्विक निर्णय के लिये बाल काण्ड में श्री शिव-पार्वती संवाद तथा उत्तर काण्ड में श्री कागभुसुण्डि-गरुड़ संवाद अतिशय उपादेय प्रतीत होते हैं। शरणागति एवं सेवकाई की दृष्टि से सुन्दरकाण्डगत श्री हनुमत् चरित्र एवं श्री विभीषण-शरणागति विशेष रूप से ध्यान देने योग्य है। कहाँ तक कहा जाय, श्री रामचरित मानस में जो कुछ है, सभी उत्तमोत्तम आदर्श हैं।

परिवार और पत्रिका का रामायण से जुड़ाव हुआ

- डॉ. गणेशदत्त सारस्वत

मेरे जीवन में रामायण का प्रवेश जन्म के साथ ही हुआ। हमारे घर का वातावरण ही कुछ ऐसा था जहाँ नित्य राम-कथा हुआ करती थी। रामायण का सस्वर पाठ हुआ करता था तथा घर के प्रत्येक सदस्य से रामायण के किसी न किसी प्रसंग को सुनाने के लिए कहा जाता था। इस गोष्ठी में अधिकांश तो मूक ही रहते थे किन्तु मेरे पूज्य पिताजी कीर्तिशेष पं. उमादत्त सारस्वत 'दत्त' तथा बड़ी बुआ जी श्रीमती जयदेवी सारस्वत की वार्ताएँ अवश्य प्रभावित करती थीं। मेरे चाचा स्व. पं. लक्ष्मीदास सारस्वत कवि थे। वे राधेश्याम कथावाचक की शैली में रामायण के प्रसंगों को जब प्रस्तुत करते थे तो सभी लोग मंत्रमुग्ध हो जाते थे। उन गोष्ठियों में शैशवावस्था में ही जिस आनंद की अनुभूति होती थी, वह अब दुर्लभ है। इसका कारण मेरी समझ में जो आता है वह यह है कि जब तक तर्कबुद्धि का प्रवेश नहीं हुआ था, हृदय-पक्ष प्रबल था। इसलिए प्रसंग के साथ सहज ही तादात्म्य हो जाता था।

पूज्य पिताजी, बुआजी तथा चाचाजी ही प्रारम्भिक अवस्था में मेरे प्रेरक बने। कालान्तर में श्री रामायणीशरण जी 'चंद्रमणि' जी, 'पथिक' जी तथा रामकिंकर जी की रामकथाओं ने आत्मविभोर किया। विश्वविद्यालयी जीवन में डॉ. भगीरथ मिश्र, डॉ. हरिकृष्ण अवस्थी तथा डॉ. मुंशीलाल शर्मा 'सोम' के व्याख्यानों ने रामकथा के साथ समरस किया। उसी का परिणाम है कि रामायण मुझे अत्यंत प्रिय है, रामकथा अच्छी लगती है तथा रामलीला देखने के लिए मन ललकता रहता है।

वैसे तो मैंने हिन्दीतर कई रामायणें पढ़ी हैं किन्तु जो बात मुझे तुलसी के 'श्री रामचरितमानस' में मिली वह उनमें नहीं दिखी। इसमें संबंधों की पवित्रता का जितना सुंदर रूपायन हुआ है, मर्यादा का जितना कुशल निर्वहन हुआ है, आदर्शों की जितनी प्रकृष्ट प्रतिष्ठा हुई है तथा अभ्युदय और निःश्रेयस का जितना सरस सामंजस्य हुआ है वह अन्यत्र दुर्लभ है। उसे पढ़ने पर ऐसा नहीं लगता कि राम हमसे दूर हैं। प्रतीत होता है कि वे हमारे रोम-रोम में रमे हुए हैं। उठते-बैठते सोते-जागते प्रत्येक क्षण हमारे साथ हैं। वे हमें सही काम करने की प्रेरणा देते हैं तथा गलत काम करने से रोकते हैं। 'मानस' के प्रति आकर्षण के हेतु के निदर्शक इन छंदों का उल्लेख अप्रासंगिक न होगा -

आसुरी-दैवी का द्वन्द्व ही युद्ध-भयंकर रावण-राम का है।
व्यंजित रूप अरूप अनूप का, दर्शन आनंद-धाम का है।
संसृति सागर के लिए सेतु, बना शुचिनाम अनामक का है।
काम तमाम रहाकर काम का, 'मानस' से बड़े काम का है।

चित्रण भायप-भावना का भला, त्याग का ऐसा प्रमाण कहाँ है?
धैर्य, उदारता, सेवा, सुशीलता, राग का ऐसा-प्रमाण कहाँ है?
भस्म कुवृत्तियों को कर-भूमि दे, आग का ऐसा प्रमाण कहाँ है?
निर्मल दृष्टि समष्टि को देकर, स्वस्थ समाज का खींचता खाका।
आसुरी-आपदा-नाशिनी शक्ति, बनी नभ-मंडल धर्म-पताका।
जीवन-जीवन-जीवन-दायक 'मानस' है घटपूर्ण सुधा का।
संकट के क्षणभक्ति की प्रेरक, इष्टदा है बनी 'रामशलाका'।

रामायण का चित्रकूट-प्रसंग मुझे सर्वाधिक प्रिय लगता है। इसमें श्री भरत का चरित्र जिस रूप में उभर कर सामने आता है, वह उन्हें राम से भी श्रेष्ठ सिद्ध कर देता है। आज रामतत्त्व के साथ भरत-तत्त्व अपेक्षित है। आज के भोगवाद के अतिरेक को भरत-तत्त्व ही नियन्त्रित कर सकता है। इसी प्रसंग में कैकेयी के कलंक का भी प्रक्षालन हुआ है।

आज आतंकवाद से त्रस्त है न केवल अपना देश वरन संपूर्ण विश्व। इस समस्या का समाधान समझौता-वार्ताएँ नहीं हैं, शान्ति-यात्राएँ भी नहीं हैं। समाधान है आतंकवाद की जड़ पर प्रहार। इसके लिए शक्ति का आह्वान अपेक्षित है। इस दृष्टि से रामायण का वह प्रसंग अत्यंत प्रेरक एवं प्रासंगिक है जहाँ भगवान राम लक्ष्मण से कहते हैं - 'लछिमन बान सरासन आनू, सोषौं बारिधि बिसिख कृसानू।'

आज स्त्री-स्वतंत्रता के नाम पर जिस स्वेच्छाचरिता को बढ़ावा मिल रहा है उसे नियंत्रित करने की दृष्टि से अनुसुइया के द्वारा सीता को उपदेश वाला प्रसंग अधिक सार्थक प्रतीत होता है। परिवार-नियोजन, पर्यावरण-संरक्षण तथा योग और भोग के बीच संतुलन की दृष्टि से अरण्यकाण्ड तथा किष्किन्धाकाण्ड वाले प्रसंग प्रासंगिक हैं।

'मानसचन्दन' रामकथापरक त्रैमासिक पत्रिका के प्रकाशन के मूल में तुलसी की सूक्ति 'जहाँ सुमति तहँ संपति नाना' ही विशेष रूप से विद्यमान है। हुआ यह कि जब मैं सेवा से निवृत्ति हुआ तब मेरे सुपुत्रों को (मेरे दो सुपुत्र हैं, एक नेत्र चिकित्सक तथा दूसरे अध्यापक) चिंता हुई कि सेवा-निवृत्ति के बाद मैं क्या करूँगा? एक दिन सायंकाल दोनों सुपुत्र, उनकी बहुएँ तथा श्रीमती जी बैठी हुई थीं, तब इसी विषय को लेकर चर्चा प्रारंभ हो गयी। बड़े सुपुत्र ने कहा कि पत्रकारिता में इनकी रुचि है तथा इसके पूर्व 'मानसमाधुरी' का ये प्रकाशन तथा संपादन भी कर चुके हैं, इसलिए इन्हें इसी क्षेत्र में लगना चाहिए। अब प्रश्न हुआ कि इसके लिये धन कहाँ से आएगा?

इसी बीच मैंने पुत्र से प्रश्न किया कि 'यदि तुम्हारे बहन होती तो उसकी शादी करते यां नहीं?' उत्तर सकारात्मक था। बड़े पुत्र ने कहा कि 'दो-ढाई लाख तो मैं खर्च ही कर देता।' छोटे पुत्र ने कहा कि मैं अध्यापक हूँ, इसलिए इतना तो नहीं फिर भी

एक-डेढ़ लाख खर्च अवश्य करता'।

ईश्वर की कृपा से सेवा-निवृत्ति के तुरंत बाद मुझे चार लाख भविष्य निधि के मिल गए थे। मैंने पुत्रों से कहा कि समझ लो जो पत्रिका निकलेगी वह तुम्हारी बहन है। पत्रिका का प्रकाशन हो सकता है। पत्रिका क्योंकि तुम्हारी बहन है, इसलिए उसकी सुरक्षा और संरक्षा का दायित्त्व तुम्हारा ही है।

प्रसंग ही कुछ ऐसा चल निकला कि उसमें 'किन्तु-परंतु' की कोई गुंजाइश ही नहीं थी। पुत्रों ने पत्रिका को सहर्ष अपनी बहन मान लिया। तब मैंने अपनी पत्नी से प्रश्न किया कि क्या तुम पत्रिका को अपनी बेटी मानने के लिए तैयार हो? उस वातावरण में 'न' कहने का कोई प्रश्न ही नहीं था। उन्होंने भी सहर्ष उसे अपनी बेटी मान लिया। बहुओं ने भी उसे 'ननद' स्वीकार कर लिया।

इसी सहमति किंवा सुमति का ही यह परिणाम है कि पत्रिका विगत दस वर्षों से निर्बाध रूप से प्रकाशित हो रही है। लगभग साठ हजार रुपए वार्षिक उस पर व्यय हो रहे हैं किन्तु परिवार में इस विषय को लेकर कभी कोई विवाद नहीं हुआ। यह सब तुलसी की सूक्ति 'जहाँ सुमति तहँ संपति नाना' का ही सुखद परिणाम है, 'श्री रामचरितमानस' का ही चमत्कार है।

इसी क्रम में एक घटना और। मैं प्रातःकाल जल्दी उठने का आदी हूँ। साढ़े तीन-पौने चार बजे तक बिस्तर छोड़ देता हूँ। फिर नित्यक्रिया से निवृत्त होकर स्नान-ध्यान करने के उपरांत टहलने जाता हूँ। मेरी आदत है कि रास्ते भर रामायण की चौपाइयों का पाठ करता चलता हूँ।

जिस घटना का मैं उल्लेख करने जा रहा हूँ वह दिसम्बर के उत्तरार्द्ध की है। उन दिनों पौने पांच बजे प्रातःकाल काफी अँधेरा होता है। एक दिन मैं 'जयजय गिरिवर राजकिसोरी, जय महेस मुख चंद चकोरी' जोर-जोर से गुनगुनाता हुआ चला जा रहा था। 'महावीर पार्क' के पास एक बालिका का स्वर सुनाई दिया जो कह रहा था 'लगता है पगलाय गये हैं।' मुझे आश्चर्य तो हुआ उस नितान्तनिर्जन में बालिका का स्वर सुनकर, किन्तु अपनी धुन में आगे चलता ही चला गया। वापसी में मार्ग में पड़ने वाले 'मानस मंदिर' में जाने का मेरा नित्य का नियम था। उस दिन भी गया। जैसे ही मन्दिर के लोहे के फाटक को खोलने के लिए हाथ बढ़ाया वैसे ही उस बालिका ने पीछे खींच लिया। उधर पुजारी अपने निवास से ही जोर से चिल्लाया कि फाटक छूना नहीं, उस पर बिजली का 'करंट' उतर आया है। जब तक मैं कुछ समझूँ तब तक पुजारी जी भी वहाँ आ गए। मैंने पीछे घूमकर देखा तो बालिका अदृश्य हो चुकी थी। वहाँ उसका कोई पता तक नहीं था।

मुझे लगता है कि गिरिवर राज किशोरी ही मेरा रक्षा-कवच बनकर वहाँ आ गयी।

हनुमान जी ने प्राण रक्षा की

- स्वामी अखंडानंद सरस्वती

अब हम आपको अपने जीवन की एक-दो घटना सुनाते हैं। ये उस समय की हैं, जब हम घर में ही रहते थे। एक बार हम गाँव के पास के ही गाँव में रहने वाले एक महात्मा का दर्शन करने गये। दर्शन करके लौटने में देर हो गयी। रात के नौ बज गये। गंगा किनारे-किनारे चल रहे थे कि मन हुआ कि गंगा-स्नान कर लें। घुस गये गंगाजी में। तो हमको तैरना नहीं आता था। बस, डूबने लगे। बिल्कुल स्पष्ट हो गया कि अब हम मर जायेंगे। उसी समय, कोई लम्बा-सा-हाथ, पता नहीं किसका आया और हमारी गर्दन पर लगा और उसने हमको ढकेल कर सूखे पर खड़ा कर दिया। जब हमने देखा - वहाँ कोई नहीं था। विश्वास ऐसा हुआ कि हनुमान जी ने हमारी रक्षा की।

एक दूसरी बात ! एक बार मैं किसी बीमारी के कारण बेहोश हो गया। बेहोशी की हालत में हमारे एक मित्र ने मुझको पानी के टब में बैठा दिया। उसी अवस्था में मैंने देखा कि एक बुढ़िया माई, जिसके बाल सफेद, दाँत टूटे हुए, चेहरा विकराल, हाथ में तलवार लिये, मुझे मारने के लिए, मेरी ओर दौड़ी आ रही है।

उसका नाम मौत था। इतने में मेरे पीछे से जैसे गदा लेकर हनुमानजी उसके पीछे दौड़े। पर उनको गदा नहीं चलानी पड़ी, उनके डर से ही वह भाग गयी और मैं होश में आ गया।

भरत जी का चरित्र विशेष अनुकरणीय

– डॉ. श्रीनाथ मिश्र 'रामायणी'

हमारे जीवन में रामायण जी में प्रवेश गोस्वामी बिन्दु जी महाराज के कारण हुआ। उनके मुख से श्रीराम कथा सुनकर रामकथा के प्रति आकर्षण हुआ। और विभूतियों में धर्म सम्राट स्वामी करपात्री जी महाराज थे और मानसराजहंस पं. विजयानन्द जी त्रिपाठी थे। धर्म सम्राट स्वामी करपात्री जी महाराज ने भारतीय संस्कृति के लिए जीवन भर संघर्ष किया एवं रामचरितमानस के प्रति भी आपकी अटूट श्रद्धा थी।

मानसराजहंस पं. विजयानन्द जी महाराज तो रामायण के मूर्तिमान स्वरूप थे। रामायण पर आपका विशेष अधिकार था। आपकी रामायण पर 'विजया टीका' एक अद्भुत ग्रंथ है, रामायण प्रेमी इस ग्रंथ से बहुत ही लाभान्वित होते हैं।

मुझे गोस्वामी तुलसीदास कृत रामचरितमानस विशेष प्रिय है। इस ग्रंथ में 'छहों शास्त्र सब ग्रन्थन को रस' है – इस शब्द को स्वामी रामसुखदास जी महाराज हमेशा कहा करते थे और हमको इसलिए विशेष प्रिय है कि हम M.B.B.S. डॉक्टर को इस आध्यात्मिक जगत में रामचरितमानस से बहुत कुछ प्राप्त हुआ।

रामचरितमानस से ही मुझे लोग भारतवर्ष में जानते हैं। रामायणी जी, रामायण जी कहकर के सम्मान करते हैं।

रामायण में सभी चरित्र विशिष्ट स्थान रखते हैं। प्रभु श्रीराम का चरित्र तो पूरे रामचरितमानस में है लेकिन प्रभु श्रीराम के चरित्र के साथ गोस्वामी जी ने पाँच चरित्र और लिखे हैं –

(1) उमा चरित सुंदर मैं गावा।
पार्वती जी का चरित्र

(2) सुनहु संभुकर चरित सुहावा।
शंकर जी का चरित्र

(3) भरत चरितकर नेम तुलसी जो सादर सुनहि।
सिय राम पद प्रेम आवसि होई भव रस विरति।।
भरत जी का चरित्र

(4) पवनतनय के चरित सुहाए।
जामवंत रघुपतिहि सुनाए।।
हनुमान जी का चरित्र

(5) सुनु भुसुंडि के बचन सुहाए।
हरषित खगपति पंख फुलाए।।

भुसुन्डि जी का चरित्र

भगवान राम के चरित्र के साथ-साथ पांच चरित्र इसलिए जैसे पंच लोग होते हैं - कोई निर्णय लेते हैं तो मान्य हो जाता है उसी तरह से ये पांचों चरित्र के माध्यम से गोस्वामी जी बताना चाहते हैं कि प्रभु श्रीराम ईश्वर है ईश्वर है।

तो भरत जी का चरित्र मुझे विशेष प्रिय है - एक तो जो आजकल समय चल रहा है वहां प्रेम भाई-भाई में नहीं रह गया है - भरत जी का भाई श्री राम के प्रति कितना प्रेम है ये भरत जी के चरित्र में देखने को मिलता है।

जब भरत जी ननिहाल से अयोध्या आए, पता लगा श्री राम का वनगमन हो गया। सीता जी और लक्ष्मण भी साथ में गए - भरत जी ने उसी समय सोच लिया कि हमको प्रभु से मिलना है चित्रकूट में और भरत जी अयोध्या से चले। अधिकतर अयोध्यावासी भरत जी के साथ थे। वे प्रभु श्री राम से मिलने के लिए चल दिए। प्रयागराज पहुँचने पर -

भरत तीसरे पहर कह कीन्ह प्रबेसु प्रयाग।
कहत राम सिय राम सिय उमगि उमगि अनुराग।
झलका झलकत पायन्ह कैसे
पंकज कोस ओस कन जैसे।।
भरत पयादेहि आए आजू।
भयउ दुखित सुनि सकल समाजू।।
खबरि लीन्ह सब लोक नहाए।
कीन्ह प्रनामु त्रिबेनिहि आए।।

तो प्रयागराज तक भरत जी आए। भरत जी के चरणों में छाले पड़ गए हैं प्रयाग राज तक आते-आते। हम तो कहा करते हैं कि गोस्वामी तुलसीदास जी ने चार प्रयाग की चर्चा की है -

(1) प्रथम स्थावर प्रयाग-इलाहाबाद

(2) जंगम प्रयाग

मुद मंगलमय संत समाजू।
जो जग जंगमतीरथराजू।।

(3) भरत जी प्रयाग

भरतु दरसु देखत खुलेउ मग लोगन्ह कर भागु।
जनु सिंघल बासिन्ह भयउ विधि बस सुलभ प्रयागु।।

(4) भगवान श्री राम का चरण प्रयाग

राम चरन अभिराम कामप्रद तीरथराज विराजे।
संकर हृदय भगति भूतल पर प्रेम अक्षय बट राजे।।

तो भरत जी पैदल चले इसलिए चरण में छाले हैं -

गवने भरत पयादेहि पाए।
कोतलसंग जाहि डोरि आए।।
कहहि सुसेवक बारहि बारा।
होइअ नाथ अस्व असवारा।।
रामु पयादेहि पायसिधाए।
हम कह रथ गज बाजि बनाए।।
सिर भर जाउ उचित असमोरा।
सब ते सेवक धरमु कठोरा।।

भरत जी की स्थिति है भी राम प्रेम में। मां कौशल्या ने देखा तो कहा कि -

भरत -तात चढ़हु रथ बलि महतारी।
होइहि प्रिय परिवार दुखारी।।
तुम्हरे चलत चलिहि सब लोगू।
सबल सोक कृस नहि मग जोगू।।

भरत रथ पर बैठकर चलो। तुम पैदल चलोगे तो सब अयोध्यावासी पैदल चलेंगे। फिर भरत जी बैठते हैं - लेकिन राम प्रेम इतना कि -

सिर भर जाउ उचित अस मोरा।
सब ते सेवक धरमु कठोरा।।

भाई भाई का प्रेम देखना हो तो देखिये भरत जी और श्री राम में। सब भाइयों में प्रेम हो जो आज के समय में बहुत जरूरी है। पिता दशरथ जी ने अयोध्या का राज्य भरत को दे दिया है लेकिन फिर भी भरत जी की घोषणा है कि ये मेरी सम्पत्ति नहीं है -

सम्पति सब रघुपति कै आही।

यह भी सदैव उपदेश लेने लायक हैं भरत जी के चरित्र से कि संपत्ति मेरी नहीं प्रभु श्री राम की है। अगर इतना ज्ञान आज के मनुष्यों को हो जाए तो सब अनर्थ जो आजकल सम्पत्ति और राज्य के लिए हो रहा है वह नहीं हो। इसी से गोस्वामी तुलसी जी को कहना पड़ा -

सियराम प्रेम पियूष पूरन होत जनमु न भरत को।
मुनि मन अगम जम नियम सम दम विषम व्रत आचरत को।।
दुख दाह दारिद दंभ दूषन सुजसु मिस अपहरत को
कलिका तुलसी से सठन्हि हठि राम सनमुख करत को।।

भरत चरित्र से प्रेम और सब कुछ प्रभु का है यह सीखना चाहिए।

स्वप्न में सुंदर कांड पाठ का निर्देश

– डॉ. राम मोहन तिवारी

रामायण का प्रवेश 16 वर्ष की आयु में जब मैं मेडीकल कॉलेज नागपुर विद्याध्ययन हेतु गया तब से हुआ। यों तो बालपन में पूजन भजन आदि घर पर होते थे जिनमें सब भाग लेते थे। नागपुर जाते समय मैं घर से गीताप्रेस की रामायण ले गया था। वह प्रातः पढ़ता था। वर्षों तक क्रम कुछ अनियमित रहा परंतु बाद में सात बार उसका पाठ किया।

रामायण का सुंदर कांड का प्रसंग जिसमें हनुमान जी और विभीषण का संवाद है, अत्यंत रोचक है।

कन्या के विवाह हेतु अथक प्रयत्नों के उपरांत एक दिन संध्या उपासना के उपरांत गुरुदेव व हनुमानजी से प्रार्थना की 'भगवन यह विलंब क्यों? आप कुछ करिये' उस रात्रि स्वप्न में आदेश हुआ 'तुम संदर कांड पढ़ो' दूसरे दिन संध्या-वंदन के उपरांत सुंदरकांड का पाठ किया। पत्नी ने पूछा 'आज इतनी लंबी वंदना क्यों? मैंने स्वप्न की बात बता दी। लगभग 30 मिनटों के बाद दिल्ली से बेटी अंजलि का फोन आया। उसने कहा 'मैं आप दोनों से बात करना चाहती हूँ।' बात हुई। उसे अपनी इच्छा अनुसार योग्य जीवन साथी कम्प्यूटर पर मिल गया था और वह उससे मिलने अमेरिका जाने की अनुमति मांग रही थी। अंजलि गत चार-पांच वर्षों से सुखमय दांपत्य जीवन बिता रही है।

राम कथा तो मधुर ही मधुर

– पं. सुरेश शर्मा

रामायण का मेरे जीवन में प्रवेश काल निश्चित रूप से बताना कठिन है। पिताश्री राम जी के अनन्य भक्त थे और माता श्री शालिग्राम की उपासिका। मेरा जीवन इस प्रकार दो अवतारों की साकार उपासना-धाराओं द्वारा निर्मित हुआ और जन्म से ही माता-पिता प्रेरणा स्त्रोत रहे। सब से आरंभिक घटना सन् 1930 की है जब मैं 8 वर्ष की आयु में श्री अयोध्याधाम और जगन्नाथपुरी माता-पिता के साथ तीर्थ-दर्शन के लिये गया था और याद पड़ता है कि उसके बाद मुझे नियमित रूप से रामचरितमानस और गोपाल सहस्त्रनाम पारायण के लिये प्रेरित किया गया।

रामायण तो जितनी है सब वन्दनीय है। मुझे सुयोग मिला वाल्मीकि रचित और गोस्वामी तुलसी कृत ग्रंथों के पठन का। आदिकवि की संस्कृत भाषा में रचना तो महान कृति है और साहित्य की दृष्टि से भी उत्कृष्ट है किन्तु तुलसीकृत रामचरितमानस अधिक बोधगम्य और भक्तिपरक होने के कारण विशेष प्रिय और सुविधापूर्ण लगी। साधारण जनता की क्षमता की दृष्टि से भी रामचरितमानस बड़ी लोकप्रिय है। भक्ति भागीरथी का जो प्रवाह तुलसी बाबा ने संचरित किया, वह तो अलौकिक है।

आयु और समझ बढ़ने के साथ, जो प्रतीति बचपन में रामलीला उत्सवों द्वारा निर्मित हुई थी, सन्त-समागम और श्री रामभक्तों द्वारा रचित ग्रंथों से उत्तरोत्तर पल्लवित हुई। वाराणसी के विख्यात रामायणी भीमचंडी जी व परम श्रद्धेय राम किंकर जी उपाध्याय के प्रवचनों को सुनने का सौभाग्य मिला और उनसे अतीव सुखानुभव हुआ।

मधुकलश में से किसी भी ओर से चम्मच भरें, माधुर्य का स्वाद ही मिलेगा। इसी प्रकार रामचरित का प्रत्येक प्रसंग अत्यंत मधुर और आनन्द का स्त्रोत है। वैसे भी प्रभु के विभिन्न चरित्रों का मूल्यांकन कर के अज्ञ प्राणी यदि तुलना करें तो मूढ़ता ही होगी। मेरी व्यक्तिगत रुचि के आधार पर यदि मैं यह कहूँ कि श्री भरत चरित्र जो चित्रकूट यात्रा से जुड़ा है और बाद के नन्दिग्राम निवास में कठिन नियम पालन से संबंधित रहा, मन को विशेष आन्दोलित करता है। उसी के समकक्ष सुंदरकांड में पवनसुत द्वारा जगज्जननी के दर्शन और प्रभु को उनकी दी हुई चूड़ामणि भेंट संबंधी प्रसंग बड़े हृदयग्राही हैं। त्रिलोकी के स्वामी चूड़ामणि को हृदय से लगाकर आनन्द विभोर हो कृतज्ञता ज्ञापन करते हुए जब आञ्जनेय को यह कहते हैं –

"प्रत्युपकार करहुं का तोरा। सन्मुख होइ न सकत मन मोरा।।"

और हनुमान श्री प्रभु के पाद पद्मों से लिपट कर ''त्राहि त्राहि भगवन्त'' पुकार उठते हैं, वह दृश्य भगवान शंकर को आनन्दातिरेक में बेसुध कर देता है और फिर ''सावधान करि मन पुनि संकर। लागे कहन कथा अति सुन्दर।'' कल्पनातीत आनन्द के प्रसंग हैं।

आप स्वीकार करेंगे कि अन्य प्रेरक और प्रासंगिक वर्णन के लिये तो साधारण कलेवर की पुस्तक भी पूरी नहीं पड़ेगी। श्री रघुनाथ के प्राकट्य से उनके स्वधाम गमन पर्यन्त सारे प्रसंग प्रेरक और अति महत्त्वपूर्ण हैं। मुझे फिर दोहराने की आज्ञा दें कि मधुकलश में भरा मधु तो पूर्णत: मधुर है। फिर भी प्रभु की बालक्रीडाएं, ऋषि विश्वामित्र यज्ञ रक्षा, अहिल्या उद्धार, राजा जनक विदेह की प्रथम दर्शन पर प्रेमाकुलता, धनुर्भंग, वनवास में गुह प्रसंग, सुतीक्ष्ण का दिव्योन्माद, स्वर्ण मृग का आखेट और जगज्जननी का हरण, सुग्रीव से मैत्री, विभीषण की शरणागति, लंका की विजय गाथा और आदर्श राम-राज्य विशेष प्रेरक प्रसंग कहे जा सकते हैं।

वर्तमान में राजनीति का अपराधीकरण, रामराज्य की अर्थ, न्याय एवं सामाजिक व्यवस्था के बिल्कुल विपरीत रूप लिये हुए है और जन साधारण की पीड़ा का असाध्य कारण बन गया है। मर्यादाएं लुप्तप्राय: हो गईं और सब ओर अनुशासन-हीनता का तांडव नैतिक जीवन को खोखला कर रहा है। उत्तरकांड में वर्णित कलियुग के लक्षण प्रत्यक्ष हमारे समक्ष उपस्थित नजर आ रहे हैं। ऐसे में हमारे शासक फिर से पूज्य बापू के राम-राज्य के स्वप्न को साकार करने में प्रयत्नशील हों, तभी भारत अपनी विश्व में उचित प्रतिष्ठा अर्जित कर सकेगा। उत्तरकाण्ड के ये सदाबहार प्रसंग केवल वर्तमान में ही नहीं भविष्य में भी प्रासंगिक एवं मार्गदर्शक रहेंगे।

भगवान के यहाँ से वापसी

'वह किधर गये' 'वह किधर गये' ये शब्द, डाक्टरों के द्वारा मरी घोषित की गयी मेरी माता ने चौका लगी हुई जमीन पर पड़े-पड़े आँखें खोलकर दाहिने और बाएँ सिर घुमाकर देखते हुए कहा। मेरी दादी ने, जो पास ही बैठी रो रही थी, प्रसन्न तथा विस्मित होकर पूछा 'बीनणी ! किसे पूछ रही हो? तबियत कैसी है?' माताजी ने कहा – 'श्रीकृष्ण अर्जुन किधर गये?' दादी जी ने कहा – 'श्रीकृष्ण-अर्जुन यहाँ कहाँ हैं? तबियत तो ठीक है? बोलो मत, कमजोरी बढ़ेगी।' उन्होंने (दादाजी) समझा प्रलाप है। पुनर्जीवन की खुशी में दादीजी ने पुण्य संकल्प किया और मेरे पिताजी को मर्दाने में सूचना दी गयी। अन्त्येष्टि की सब तैयारी बंद कर दी गई और डॉक्टर तथा वैद्य ने, जो बाहर मर्दाने में थे, जनाने में जाकर बीमार माताजी को देखा तो हृदय की गति ठीक पाने तथा पुनः जीवित होने पर आश्चर्य करने लगे। मैं और मेरे दो भाई तथा एक बहन एक कमरे में पड़े रो रहे थे, सो हम भी खुशी में उछलने-कूदने लगे। घंटे-दो-घंटे सुस्ताने के बाद मेरी माताजी ने घर की सब नौकरानियों के सामने मेरी दादी से कहना शुरू किया, "भाभीसा ! मुझे भगवान् श्री कृष्ण और अर्जुन के साक्षात् दर्शन हुए हैं। मुझे ऐसा मालूम हुआ कि मैं यहाँ मर गयी हूँ और बादलों में चल रही हूँ। चारों और धुआँधार-सा हो रहा है। थोड़ी देर में बादल फट गये और मैं हरी-हरी घास से ढँकी जमीन पर चलने लगी। एक पगडंडी दिखाई दी और उस पर चलने लगी। कुछ दूर चलने पर एक शहर का परकोटा दिखाई दिया और यह पगडंडी उस परकोटा के दरवाजे की तरफ जाती दिखाई दी। दरवाजा भी दिखाई दिया। बहुत भूख होने के कारण कुछ खाने के अभिप्राय से मैं आगे बढ़ी, पर साथ ही विचार आया कि 'पैसे तो पास हैं नहीं, कोई कैसे देगा; खैर, किस से मांगकर ही थोड़ा खाऊँगी। परंतु बड़े घर की स्त्री होकर कैसे माँगूँगी। माँगा तो नहीं जाएगा।' इस उधेड़बुन में चली जा रही थी कि अचानक, रास्ते के बीच दो साधु एक सिंह को साथ लिये आकर खड़े हो गये। मैं सिंह को देखकर डर गई और ठिठककर खड़ी रह गई। श्याममूर्ति ने मुस्कुराते हुए कहा – 'डरै मत, यह सिंह हमारा पालतू है, खायेगा नहीं। तू कहाँ जा रही है?' मैंने प्रणाम कर हाथ जोड़कर कहा 'मैं दो महीने से बीमार थी, मुझे डॉक्टरों ने कुछ खाने को नहीं दिया सो महाराज ! मैं बहुत भूखी हूँ। इस शहर में जाकर कुछ खाऊँगी।' श्यामवर्ण महात्मा ने कहा, 'यह तो धर्मराज की पुरी है वह देख पुरद्वार पर बैठे वयोवृद्ध सफेद दाढ़ी वाले धर्मराज हैं। परंतु तुझे अभी वहाँ नहीं जाना है। तेरे बालक अभी छोटे-छोटे हैं, जब तक वह बड़े न हो जाएं तुझे वापस जाना है।' मैंने कहा 'महाराज ! मैं तो दो महीने से 100-100 दस्त रोज होनें से बहुत दुखी हो गई हूँ। मैं अब वापस नहीं जाऊँगी।' श्यामवर्ण महात्मा ने फिर कहा 'तेरे बालक अभी छोटे हैं और तेरा समय भी

अभी नहीं आया है। तू जा, तुझे अब दस्तों की बीमारी नहीं होगी और समय पर तेरी सहज मृत्यु होगी। तू हठ मत कर, तू जानती है हम कौन हैं?' मैंने कहा 'महाराज ! मैं तो नहीं जानती।' दूसरे महात्मा ने कहा 'ये तो श्रीकृष्ण है और मैं अर्जुन हूँ।' इतना कहते ही वे दोनों आँखों से ओझल हो गये और मुझे ऐसा अनुभव हुआ कि मैं नीचे गिर रही हूँ। आँखें खुलीं तो आप सामने दिखाई दी। दर्शनों से वंचित होने के कारण मैंने पूछा था कि 'वह कहाँ गये?'

– *सौजन्य : कल्याण*

भगवान शिव का आदेश

– कौशल कुमारी भटनागर

मेरी 8 वर्ष की कन्या वीणा को 29 दिसम्बर को भगवान् शंकर ने प्रातःकाल स्वप्न में कहा कि हम कैमोर पर्वत पर हैं, वहाँ से उठाकर लाओ। अब 8 बजे सुबह मेरे पास अश्रुधारा बहाती हुई आयी। पूछने पर कहा कि 'मुझे भगवान् दिखते हैं। उनके काले-काले नाग लिपटे हैं वे अपने दोनों हाथों में बहुत बड़ी प्रतिमा लेकर खड़े हैं। कह रहे हैं हम कैमोर पहाड़ पर एक पेड़ के नीचे जलहरी समेत विराजित हैं।' दो-तीन दिन तो मैंने उसे टालना चाहा, पर वह तो बार-बार रट लगाती ही रही। अंत में मैंने उससे कहा कि 'हम उन्हें कहाँ पहाड़ पर ढूँढेगे, रास्ता कहाँ मिलेगा?' मेरे इस प्रकार कहने का उद्‌देश्य यही था कि वह बार-बार कहना छोड़ देगी। पर वह 31 तारीख की सुबह उठते ही कहने लगी कि मुझे तो आज भगवान ने रास्ता भी बतला दिया है, माँ ! चलो।' यह लड़की तीसरी कक्षा में पढ़ती है। उसने रास्ते का नक्शा खींचकर बतलाया और कहा, 'कल सोमवार है, कल जरूर जाना है।' कैमोर में बस का मार्ग है। मैं उसे लेकर गई। रास्ते में बस से ही उसने वह चोटी अँगुली से बतायी '- 'माँ ! यही पहाड़ है जो मुझे भगवान् ने बताया है।' दूसरे दिन प्रातःकाल ही हम सब उसके साथ चले, वह आगे-आगे हम पीछे-पीछे। चार-पाँच घंटे तक ढूँढने पर एक पेड़ के नीचे हमें जलहरीसमेत भगवान् शिव की प्राचीन प्रतिमा मिली। उसे हम विधि सहित उठाकर लाये तथा संक्रान्ति के दिन अखंड रामायण का पाठ तथा सोमवार को रुद्राभिषेक किया। अब सैकड़ों स्त्री-पुरुष दर्शनार्थी आते हैं। कीर्तन-भजन चलता है। इस पहाड़ पर भगवान् ने जंगल में मंगल कर दिया। यह घटना अभी की है और मेरे ही घर में घटित हुई है।

लीलाधारी की लीला

- भगवती गोयल

कुछ लोग कहते हैं मूर्ति पूजा ढोंग है, पाखंड है, पर जिन्हें भगवान् के सगुण स्वरूप का चस्का लग गया है, ऐसे जो भक्त हैं, उन्हें भगवान् अपनी लीला दिखाते रहते हैं। पग-पग पर मानव को समझाते हैं, तू धोखा खा रहा है।

मेरी एक चिर-परिचित मासी थीं। वह प्रायः श्रीवृंदावन जाती ही रहती थीं। उनके घर में युगलसरकार श्री लालजी एवं राधेरानी का बड़ा मनमोहक विग्रह स्थापित था। वे नित्य उनकी सेवा-पूजा भोग-अराधना बड़े ही भाव से किया करती थीं और वे जब भी वृंदावन जाती थीं तो किसी पण्डित का प्रबंध कर जाती थीं, जो कि लालजी की सेवा करता था।

ऐसे ही एक बार जब वे श्रीवन जाने को तैयार हुई और सारी तैयारी भी हो गयी तो पंडितजी को पहले दिन बुलाकर सब समझा दिया कि कल से एक माह आप ही इनकी सेवा करना। सेवा में कोई चूक न हो जाए, इसके लिये सावधान भी कर दिया। सुबह चार बजे के लगभग जब जाने का समय हुआ तो बड़ा ही आश्चर्य हुआ, उन्हें यह लगा कि कोई छोटा बच्चा उनका पल्ला पकड़कर कह रहा है – 'जीजी माँ ! आप हमारे ही गाँव जा रही हैं और हमें छोड़े जा रही हैं, हम तो आपके साथ ही चलेंगे।' जीजी को कुछ विस्मय हुआ कि आज पहली बार ऐसा क्या हो रहा है? मैं श्रीवन तो पहले भी कई बार गयी-आई हूँ, पर ऐसा कभी न हुआ। फिर उन्होंने सोचा शायद यह मेरा भ्रम है, वे कुछ आगे बढ़ीं तो उन्हें प्रतीत हुआ कि युगल-सरकार उनका रास्ता रोके खड़े हैं और साथ चलने की जिद कर रहे हैं। उन्हें ठीक से कुछ समझ में नहीं आया। फिर उनके हृदय से आवाज आई कि ठाकुरजी को भी साथ ले चलो। अब उनकी समझ में आया कि ये तो लालजी और राधेरानी हैं, ये भी मेरे साथ जाना चाहते हैं।

उन्होंने अपने सेवक 'राम' को आवाज दी – अरे राम ! ये दोनों मेरे मार्ग रोके खड़े हैं, ये भी श्रीवन चलेंगे। कुछ प्रबंध करो, फिर उन्होंने एक छोटा-सा बक्सा उतारा, उसमें बिछावन इत्यादि लगाया, ठाकुरजी का सब सामान साथ लिया और दोनों को जल्दी-जल्दी स्नान कराके नई पोशाक धारण कराकर सुंदर से उन्हें गहने पहनाये; क्योंकि वे आज अपने गाँव जा रहे थे। उस बक्से में दोनों को लिटा दिया। इतने में ही टैक्सी भी आ गई। सब बैठकर चल दिये। पिछली सीट पर ठाकुरजी का बक्सा तथा उनकी जीजी थीं। आगे सेवक एवं सरदार चालक था। श्रीवृंदावनविहारी की जय बोलकर गाड़ी चल दी। उनके बक्से को खुला रखा, उसमें दोनों ओर कुछ लगा दिया ताकि बक्सा बंद न हो।

लालजी को अपनी लीला दिखानी थी, उनके बक्से का ढक्कन अचानक बंद हो गया, जो दोनों और तिलियाँ लगायी थीं ढकना खुला रहने के लिये, वे गिर पड़ीं। उनकी जीजी भी सो गई और सेवक की भी आँख लग गई; क्योंकि दोनों सुबह जल्दी उठे थे। गरमी का मौसम था वैशाख का महीना था। ठाकुरजी को गरमी लगी, क्योंकि बक्से का ढक्कन बंद हो गया था, कुछ देर बाद जीजी के पैरों पर कुछ पानी की सी बूँदें गिरीं। वे हड़बड़ाकर उठीं अरे, यह पानी यहाँ कहाँ से आया? उन्होंने सेवक को आवाज लगायी, ड्राईवर से कहा - जरा गाड़ी रोको। देखा तो बक्से का ढक्कन बंद था, ढक्कन खोला तो देखा कि श्रीलालजी एवं राधेरानी पसीने से तरबतर हैं। सारा बक्सा भीगा हुआ था, जो बिछावन थी वह भी सारी भीगी पड़ी थी। वे सेवक से बोलीं, अरे ! ठाकुरजी को तो बहुत गरमी लग गयी है। उधर सरदारजी नीचे उतरे और अपनी पगड़ी उतारकर जितना गाड़ी में नीचे ठाकुरजी का स्वेद गिरा था, अपनी जूड़ा खोलकर उसमें लपेट लिया और उनके नेत्रों से अश्रु प्रवाहित होने लगे, भाव विह्वल हो गये, कहने लगे - माँ ! मुझे जनम-जनम की कमाई मिल गई। आज आपको बैठाकर मैं तो धन्य हो गया। हत्प्रभ होकर वे वहीं बैठ गये। गाड़ी चलाना ही भूल गये। जीजी ने ठाकुरजी का स्वेद पौंछा, दूसरे कपड़े निकालकर बदले, तब कहीं श्रीवन पहुँचे।

वहाँ पहुँचकर वे अपनी कुटी में गयीं, उन्होंने वहाँ आश्रम में कुटी बनवा रखी थी। सब सामान उतारा, ठाकुरजी को उनके यथास्थान विराजमान किया। बहुत देरी हो गयी थी, इसलिए मार्ग में ही उनको भोग लगाया, सरदारजी को टैक्सी के किराये के रुपये दिये तो उन्होंने कुछ न लिया, लगे रोने और बोले - माँ, आज मुझे क्या नहीं मिल गया। धन्य है तू माँ और धन्य हैं तेरे प्यारे-प्यारे बच्चे, जिन्हें तू लाड़ लड़ाती है।'' ऐसे ही अपने लाड़लों की सेवा करते-करते मासी निकुंजलीला में प्रवेश कर गयीं, लेकिन उनका लाड़ लड़ाना कोई भूला नहीं है।

श्री हनुमान दर्शन और रोग निवारण

– दिनेश कुमार मिश्र 'स्नेही'

श्री हनुमन्तलालजी का अपने भक्तों पर कितना अधिक स्नेह है, इसका वर्णन वर्णों और वाणी द्वारा असंभव है। फिर भी उनकी कृपा को स्मरण करने के उद्देश्य से अपने जीवन में घटी एक सत्य घटना का संदर्भ यहाँ दिया जा रहा है। गोस्वामी तुलसीदास जी द्वारा रचित 'हनुमानबाहुक' ग्रंथ अनन्त शक्ति का अमोघ पुञ्ज है, जो कलेवर में प्राय: कुल 44 छन्दों का है, रोग-निवारण की अमोघशक्ति यह अपने में समाहित किये हुए है। इसीलिए तो गोस्वामी जी ने विनय-पत्रिका में हनुमान जी की स्तुति में लिखा है -

'ईति-अति-भीति-ग्रह-प्रेत-चौरानल-व्याधिबाधा-शमन घोर मारी।'

सन् 2000 ई० में हमारे साथ सरकारी सेवा में नियुक्त एक शुक्लजी थे, जो अत्यंत अक्खड़ मिजाज के प्रतीत होते थे, परंतु बाद में ज्ञात हुआ कि वे अत्यंत सीधे-सादे, किंतु स्वच्छन्द विचार के व्यक्ति हैं और सज्जनों का बड़ा आदर करने वाले हैं। एक दिन मैं कुछ लोगों की भीड़ अपने कार्य स्थल के पास देखकर कौतूहलवश वहाँ गया। देखा तो श्रीशुक्लजी बेहोश पड़े हैं और उनके मुँह से झाग निकल रहा है।

आनन-फानन में लोग गाड़ी में उन्हें लादकर अस्पताल ले गये। पुन: दूसरे दिन वे मुझसे मिले तो पूछने पर बड़ी वेदनामयी मुद्रा में बोले कि क्या करूँ भैया ! ये मिर्गी का रोग हमको मार कर ही दम लेगा। जब देखो तब बेहोश हो जाता हूँ। तब मैंने आश्वासन देते हुए कहा - 'मित्र ! इसमें चिन्ता की क्या बात है? दूसरे ही दिन ठीक भी तो हो जाते हो।' शायद हनुमान जी की कृपा ही थी कि वे मेरे इस कथन से नाराज नहीं हुए बल्कि आगे बोले - 'हाँ, दवा आदि लेने से दो-चार दिन में ठीक तो हो जाता हूँ, लेकिन हर बार इतनी कमजोरी आ जाती है कि सालों का खाया-पिया एक ही बार में शरीर से जैसे निकल जाता है, और मिर्गी का यह दौरा है कि इस महीने तो तीसरी बार आ गया है। मित्र ! मैं ठीक नहीं हो सकता हूँ, बहुत दवा करा चुका, परंतु मर्ज घटने के बजाय बढ़ता ही जा रहा है।'

मुझे उनकी वेदना से बड़ा दु:ख हुआ। तब मैंने उनसे कहा - 'क्या आप ठीक होना चाहते हैं? वे बोले कि इसमें चाहे हमारे जीवन की सारी कमाई का पैसा लग जाए, लेकिन मैं ठीक हो जाऊँ, मगर कैसे संभव है। मैंने कहा - 'भाई ! पैसा तो एक नहीं लगेगा और आपके ठीक होने का मैं पूरा विश्वास दिलाता हूँ, हनुमानजी की कृपा से क्या नहीं हो सकता। लेकिन सुबह आपको दस मिनट का एक पाठ करना होगा। यदि करना हो तो बोलो। आपके ऊपर है। सोच लो।' मन-ही-मन मैंने हनुमान जी का ध्यान किया

और हनुमान जी से कहा - प्रभो ! मैं गलती कर रहा हूँ। नाम तो आपका है, लेकिन विश्वास मैं दिला रहा हूँ। सब आपकी ही कृपा है। नाथ ! आप अपने विरदी की रक्षा करना, उसी विरदी के भरोसे ही मैंने इन्हें ठीक हो जाने का आश्वासन दे दिया है। अब आप जैसा ठीक समझें, वैसा करें।' मेरी दृढ़ता देखकर शुक्लजी भी कुछ आश्वस्त-से हुए, वे बोले - 'जैसा आप कहेंगे मैं वैसा ही करूँगा।'

संयोग से दूसरे ही दिन मंगलवार था। मैंने शुक्जी से कहा - 'कल मंगलवार है, आप सुबह स्नानादि के उपरांत हनुमान जी का यदि चित्र न हो तो मन में ही ध्यान करके श्रीहनुमन्तलालजी से आरोग्य लाभ की प्रार्थना करना और फिर हनुमानबाहुक का पाठ करना, प्रतिदिन तब तक पाठ करना, जब तक ठीक न हो जाओ। कुछ ही दिनों में आपको लगेगा कि रोग ठीक हो रहा है।' इस पर शुक्ल जी सहमत हो गये। मैंने उसी दिन उन्हें अपनी रखी गीताप्रेस, गोरखपुर की छपी 'हनुमानबाहुक' की एक प्रति उपलब्ध करा दी।

इसी बीच उनका स्थानान्तरण अलीगढ़ हो गया। मुझे इसकी भनक भी न मिल पायी। तीन-चार वर्ष गुजर भी गये। मैं लखनऊ विश्वविद्यालय के गेट पर बैठा एक मित्र से बात कर रहा था कि बगल से पुलिस की गाड़ी गुजरी, जिसका मुझे कोई ध्यान ही नहीं था; क्योंकि मैं तो मित्रमंडली में व्यस्त था, लेकिन अचानक कानों में पड़ी आवाज 'गुरुजी की जय हो' (बार-बार) - पर ध्यान गया तो कुछ कारण समझ में ही नहीं आया। फिर गाड़ी रुकी तो उसमें से पुलिसवर्दी धारण किये श्रीशुक्लजी तुरंत कूदकर उधर ही लपके, जिधर हम लोग बैठे थे। उनके पीछे चार-छः उसी वेश-भूषा वाले पुलिस जन और थे। मैंने कहा शुक्लजी क्या बात है भाई? तुरंत वे कहने लगे — आपको बताये हुए 'हनुमानबाहुक' के पाठ से मैं पंद्रह दिन में ठीक हो गया।' मुझे तो यह सुनकर बड़ा ही आश्चर्य हुआ और धीरे-धीरे सारे पुराने दृश्य मेरे सामने आते गये। उन्होंने संक्षिप्त रूप में उपस्थित लोगों को सारी विगत सत्यकथा बता डाली। शुक्लजी ने यह भी बताया कि जब उन्होंने सोमवार को रात्रि में हनुमानबाहुक-पाठ का संकल्प लिया था तो उसी रात्रि में भक्त वत्सल परम कृपालु श्रीहनुमन्तजी ने स्वप्न में दर्शन भी दिया और रोगमुक्त होने का आश्वासन भी दिया था। तीस साल से पीछा न छोड़ने वाले काल की छाया के समान लगा रोग महाबली हनुमन्तलाल के स्मरण मात्र से सदा के लिये दूर हो गया।

उस दिन रात्रि में जब मेरे घर के सभी लोग सो गये तो सोने से पूर्व उपर्युक्त घटना को याद करके मैं अपने ऊपर भगवान् की विशेष कृपा का ख्याल कर रोने लगा। कहने लगा - 'प्रभो ! मैंने तो शुक्लजी को सिर्फ व्याधि ठीक होने का मार्ग बतलाया था और आपने रोग तो ठीक किया ही, दर्शन भी दे दिये और फिर उन्हें हमेशा के लिए अपना भक्त भी बना लिया। हे नाथ ! आप की दयालुता एवं करुणा को हम तुच्छ जन समझ नहीं पाते? यही सोचते-सोचते मुझे कब नींद आयी, याद नहीं। (सौजन्य : कल्याण)

प्रेरणा स्त्रोत - रामायण

- तुंगनाथ चतुर्वेदी

मथुरा के धार्मिक वातावरण एवं चतुर्वेदी कुल में जन्म हुआ, बचपन में ही माताश्री से रामचरितमानस एवं सुखसागर की कथाएँ सुनीं, जब विद्यालय जाने लगे तो बुआ जी को राधेश्याम रामायण सस्वर सुनाने लगे। अपराह्न में बगीची जाते थे, जहाँ वृद्धजनों से रामायण, भागवत्, गीता पर धर्म एवं सूर-तुलसी के विनय पद सुनने को मिलते थे। दिल्ली आने पर कुछ वर्ष रेलवे कॉलोनी में निवास रहा, वहाँ रामचरितमानस का ऐसा वातावरण मिला कि प्रत्येक रविवार को अखंड पाठ एवं विद्वानों के प्रवचन सुनने को मिलते थे, यहीं मानस के प्रति विशेष लगाव हुआ। अनेक जिज्ञासाओं के समाधान के लिए गहन अध्ययन होने लगा। इसी का परिणाम था कि शतपंच चौपाइयों की खोज की गई।

कार्यालय में वृन्दावन के श्री बिहारीलाल जी गोस्वामी जी के संदर्भ में आया, वे बड़े विद्वान् एवं मानस प्रेमी थे। प्रत्येक माह धार्मिक पुस्तकें खरीदते थे, पढ़ते थे और स्नेहवश मुझे भी पढ़ने को देते थे। पुस्तकें लौटाने से पूर्व महत्त्वपूर्ण अंश अपनी डायरी में लिख लेने से लेखन का अभ्यास हो गया। मानस परिवार में हमारे दो हितैषी श्री नरेशचन्द्र चतुर्वेदी एवं श्री दिलबागराय मेहता थे, जिन्हें मानस कंठस्थ था। इन दोनों ने मानस के गूढ़ विषयों पर शोध लेख लिखवाए जिनके प्रकाशन से उत्साह बढ़ता ही गया। 1990 में अवकाश ग्रहण के बाद तो मानस का अध्ययन लेखन व्यसन जैसा ही हो गया।

तुलसीदास कृत रामचरितमानस विशेष प्रिय है, क्योंकि विश्व साहित्य का यह ऐसा अनुपम कालजयी ग्रंथ है जिसमें मानव मात्र के लिए शैक्षिक, वैचारिक, मनोवैज्ञानिक, नैतिक, सामाजिक, धार्मिक, राजनैतिक, साहित्यिक, वैज्ञानिक एवं आध्यात्मिक प्रेरणाओं का अक्षय स्त्रोत है। मानस में जीवन मूल्यों के विरल मुक्ता बिखरे पड़े हैं और प्रत्येक प्रसंग में प्रेरणा के सूत्र संन्निहित हैं।

प्रसंग तो एक से बढ़कर एक हैं, फिर भी श्री हनुमान जी, लक्ष्मण जी, गुह निषाद का निष्काम सेवा भाव, भरतजी एवं सुतीक्ष्ण की भाव-भक्ति हृदयस्पर्शी एवं प्रेरणा दायक प्रसंग हैं। सुग्रीव चरित्र आज के मानस की वृत्ति का प्रतीक है।

संक्षेप में अनुकूल पारिवारिक, सामाजिक, धार्मिक परिवेश अति महत्त्वपूर्ण होता है, रामचरितमानस में भी संवाद-सत्संग की परंपरा के माध्यम से श्रवण करना प्रेरणा का मुख्य स्त्रोत माना गया है।

रामायण का अनन्त प्रभाव

- विश्वमोहन तिवारी

मेरे जीवन में रामायण का प्रवेश कब और किस माध्यम से हुआ?

सर्वप्रथम राम का और तत्पश्चात् तुलसीकृत रामायण का प्रवेश भारतीय वायुमंडल से ही हुआ क्योंकि मुझे ऐसी कोई विशेष विभूति या घटना का स्मरण नहीं जिसने मेरे जीवन में इनका प्रवेश कराया हो। उस समय तो समाज ही राममय कृष्णमय था, कम से कम मुझ मध्यमवर्गीय को तो ऐसा ही लगता था। उन दिनों हम लोग अपने जन्मदिन न मनाकर गणेश, राम, कृष्ण, शिव के जन्मदिन गणेश चतुर्थी, जन्माष्टमी, रामनवमी, शिवरात्रि आदि मनाया करते थे शायद आई.ए.एस. तथा आई.सी.एस. वालों तथा अन्य अंग्रेज भक्तों के बच्चों के यहां केक कटती हो तथा गीत हैपी बर्थ डे गाया जाता होगा। यदि हम लक्ष्मी की पूजा करते थे, तब सरस्वती की वंदना भी करते थे। दुर्गापूजा दशहरा-उत्सव में राम पूजन के तुल्य ही स्थान रखती थी। नौटंकी की रामलीला अवश्य सबसे पहली रामलीला थी जो मुझे याद है। उसके पश्चात् अनेकों रामलीलाएँ - सर्वोत्तम तो कत्थक कला केन्द्र की देखी। दूसरी बात जो याद है वह है कि मेरे चाचा जी ने मेरी माँ की प्रशंसा करते हुए कहा कि विवाह के बाद ही मेरी माँ ने पूरी 'राधेश्याम रामायण' की प्रतिलिपि अपने हाथ से लिखी थी। अतः मुझे राधेश्याम रामायण की धुन अधिक अच्छी लगती थी। बाद में जब आकाशवाणी से प्रसारित तुलसीकृत रामायण की चौपाइयां सुनी, तब उन पर मोहित हो गया।

1990 के लगभग मैं शिलांग में था। मुझे खबर मिली कि माँ को किसी साइकिल वाले ने टक्कर मार दी और उन्हें चोट लगी है। आकर देखा तो वाकई माँ तो बिस्तर पर ही बँध गई थी। यूं ही बातचीत में किसी ने बताया कि अब की बार मेरी माँ ने तुलसी रामायण अपने हाथ से लिख दी है। शायद वह बतलाना उचित होगा कि माँ जब बचपन में तीसरी कक्षा में थी तब किसी मरखू गाय ने उन्हें गिरा दिया था। बस उसका हल हमारे नाना जी ने निकाला कि उनकी पाठशाला बंद। और नाना जी जबलपुर के शिक्षक-प्रशिक्षण महाविद्यालय के प्राचार्य थे। मुझे न केवल अपनी माँ की सुंदर लिखाई ने चमत्कृत किया है वरन मैं उनकी मुहावरेदार भाषा पर मुग्ध रहता था। काश, वे जमीन से जुड़े मुहावरे मुझे याद रह पाते। बात-बात पर उनका मुहावरे जड़ना या उनके मुख से रामायण की चौपाइयों का झरनों की तरह फूट पड़ना आज भी हृदय को भिगो देता है। वे कभी मुझे मुहावरों में डांटती तो मुझे सचमुच हँसी आ जाती थी। मैं शायद अपनी मन-मर्जी अधिक करता था, उस पर एक बार उन्होंने डाँटा, 'ये लड़का साँड बना जा रहा है।' और मैं हँस

पड़ा था और तब मुझे 'साँड' शब्द का सही अर्थ समझ में आया था। मैं भोजन के विषय में बहुत ही 'नखरे वाला' था। एक बार कुछ ऐसे ही नखरे पर, उन्होंने जड़ा 'कै हंसा मोती चुगैं कै लंघन कर जाएं।' वह सुनकर मुझे अच्छा ही लगा था क्योंकि हमारे साहित्य में तो हंस मोती ही चुगते हैं। यह तो बाद में मालूम हुआ कि हंस तो जल कीट और जलवनस्पति खाते हैं। एक पक्षी होता है, नाम है 'ऑइस्टर कैचर' (सीप ग्राही), जो सीपों को खोलकर उनमें रहने वाले नरमदेही जन्तुओं को खाता है, यद्यपि मोती भी सीपों में ही मिलते हैं, पर उस पक्षी को मोती से क्या काम।

एक बार बारिश के दिनों में उन्होंने (माँ) मुझे किसी कार्य के लिये जल्दी जाने को कहा। मैं बिना छाता लिये निकल पड़ा था। रास्ते में बारिश आ गई। मैं भीगकर लौटा। माँ बोली, 'बेटा मोरी तो वोई दसा भई कि कौन बिरछ तै भींजत हुइ हैं, राम लखन दोउ भाई।' मेरा तो यह सुनकर हृदय भीग गया।

अन्य संबंधी भजन करते, सत्यनारायण की कथा करवाते थे। मेरी माँ कहा करती थीं, बिना किसी पर आक्षेप लगाए, कि कर्म ही पूजा है। ऐसा नहीं कि वे पूजा करती ही न थीं, सभी त्योहारों में पूजा करती थीं, चाहे वह बट सावित्री हो, गन्नयाउ ग्यारस हो या हरछट आदि हो। किन्तु मुझे स्मरण नहीं कि हमारे यहाँ सत्यनारायण की कथा करवाई गई हो, यद्यपि पिता जी बिना पूजन के भोजन नहीं करते थे, और वे गीता का पाठ नियमपूर्वक करते थे। मुझे लगता है कि माँ को कर्म ही पूजन की शिक्षा रामायण से ही मिली होगी, गीता से नहीं क्योंकि पिताजी तो गीता का पाठ संस्कृत में ही करते थे।

कौन सी विभूतियां मेरे लिये प्रेरक बनीं?

वैसे तो सभी विभूतियां मेरे लिये प्रेरक बनीं। चूँकि मैं अपने भाई बहिनों में ज्येष्ठतम हूँ, मुझे राम के चरित्र ही ने सर्वाधिक प्रेरणा दी।

कौन रामायण मुझे विशेष प्रिय है?

बौद्धिक दृष्टि से मुझे वाल्मीकिकृत रामायण सर्वप्रिय है। वाल्मीकि के राम एक मानव हैं जो मुझे अलौकिक शक्ति से चमत्कृत नहीं करते, वरन हमारी जैसी मानवीय शक्ति से चमत्कृत करते हैं। भवभूति का उत्तररामचरित भी बहुत प्रभावी लगा था, और तब मेरी समझ में आया था कि राम का चरित्र इतना विशाल तथा उदार है कि कवि लोग उसे अपनी प्रतिभा के अनुसार ढाल सकते हैं। मैथिलीशरण गुप्त की ये पंक्तियाँ कितनी गहरी अनुभूतिपूर्ण हैं, 'राम तुम्हारा चरित स्वयं ही काव्य है। कोई कवि बन जाए सहज संभाव्य है।'' भावना की दृष्टि से तुलसीकृत रामायण सर्वप्रिय है। तुलसी की रामायण सुनते या पढ़ते या टीवी पर देखते ही मेरा हृदय भर जाता है और थोड़ी ही देर में आनंदाश्रु झरने लगते हैं।

रामायण का कौन सा प्रसंग मुझे सर्वाधिक प्रिय है?

रामायण में चित्रकूट में भरत का राम को अयोध्या वापिस ले जाने का प्रयास मुझे सर्वाधिक प्रिय है। इस प्रसंग में दो भाइयों में, राम एवं भरत में, राज्य न लेने के लिये लड़ाई हुई। दोनों भाई एक दूसरे को तर्क द्वारा, भावनाओं द्वारा यह सिद्ध करते हैं कि 'मैं नहीं तुम' इस राज्य के वास्तविक अधिकारी हो। ऐसी लड़ाई मेरी जानकारी में विश्व के इतिहास में अन्यत्र नहीं हुई, विश्व में तो राज्य के लिए भाईयों तक में घोर युद्ध हुए हैं, हत्याएं हुई हैं। भारत में राज्य के लिए भाईयों में युद्ध अपवाद स्वरूप ही हुए हैं, मुख्यतया तो भाईयों में भाईचारा ही रहा। किन्तु राम और भरत की जो लड़ाई राज्य के लिए हुई वह तो मानवता के लिए उदात्त आदर्श है। यह त्याग और प्रेम का अत्यंत उदात्त प्रसंग है। यह प्रसंग यह भी सिद्ध करता है कि केवल राजा रहकर ही समाज की सेवा नहीं की जा सकती, वरन एक वनवासी रहकर भी समाज की अतुलनीय सेवा की जा सकती है। शबरी से लेकर भारद्वाज आदि आदि ऋषियों से प्रेमपूर्वक व्यवहार किया जा सकता है। विरथ रहकर भी 'रथी' शत्रु को परास्त किया जा सकता है। अत्याचारी कितना ही शक्तिशाली क्यों न हो, हमें अत्याचार या अन्याय नहीं सहना है। उस अत्याचारी से विरथ रहते हुए भी लड़कर अन्याय का प्रतिकार किया जा सकता है और किया जाना चाहिए।

अन्य कौन सा प्रसंग अत्यंत प्रेरक लगता है?

रामायण में जो अन्य प्रसंग हैं या चरित्र हैं वे सभी प्रेरणादायक हैं। चाहे वह कैकेयी का प्रसंग ही क्यों न हो। वह दर्शाता है कि मोह हमारे दु:खों का बहुत बड़ा कारण है। वह दशरथ का कैकेयी के प्रति मोह हो या कैकयी का भरत के प्रति या दशरथ का राम के प्रति। माता का स्वाभाविक पुत्र-प्रेम, मोह में इतना न जकड़ जाए कि सारे परिवार को दुख पहुंचाए। व्यक्ति का सुख परिवार के सुख की तुलना में गौड़ ही रहना चाहिए। रावण का चरित्र भी, एक उल्टी तरह से, प्रेरणादायक है। व्यक्ति श्रेष्ठतम विद्वान हो किन्तु भोगवादी और चरित्रहीन हो तो वह राक्षस-सा ही व्यवहार करेगा। हमारे ऋषियों ने इतने हजार वर्षों पूर्व, जब आज सरीखे भोग के साधन नहीं थे, तब भी भोगवाद को सही दृष्टि से समझ लिया था। भोगवाद मानव को राक्षस बना देता है। दूसरी ओर हनुमान जी भी हैं जो श्रेष्ठ बुद्धिमत्ता की मूर्ति हैं, सर्वाधिक बलशाली हैं किन्तु सेवा तथा विनम्रता की भी मूर्ति हैं।

वर्तमान में कौन से प्रसंग प्रेरक लगते हैं?

मेरा उत्तर संभवत: विचित्र लगे। सातवें दशक की बात होगी। उन दिनों 'न्यूक्लियर-फैमिली' की सफल तथा आधुनिक अवधारणा सामने आई थी, अर्थात् 'पति-पत्नी' ही परिवार हैं, उसमें भी पति तथा पत्नी अपनी-अपनी अलग अस्मिता रखते

हैं, अधिकार रखते हैं, अलग महत्वाकांक्षाएं रखते हैं। संयुक्त परिवार की अवधारणा इस प्रौद्योगिक युग के परिपक्व होते तथा कम्प्यूटर युग के आते आते पुरानी तथा अव्यावहारिक सिद्ध हो रही थी। कई तथाकथित आधुनिक भारतीयों के मन में भी तब यह अंदेशा हुआ था और कई के मन में आज भी हो, कि इस तरह रामायण तो 'आउट ऑव डेट' हो जाएगी। किन्तु समय बतला रहा है कि 'न्यूक्लियर फैमिली' में सहयोग के स्थान पर प्रतिस्पर्धा है, शांति के स्थान पर अशांति है, सुख के बजाय दु:ख अधिक हैं। दोनों पति पत्नी आपस में अपने अहं तथा कामनाओं की तुष्टि के लिए संघर्ष करते रहते हैं। जहां पति-पत्नी में पूर्ण सहयोग होना चाहिये, वहां प्रतिस्पर्धा है, संघर्ष है। वे जब संघर्ष करते करते, तलाक करते करते थक जाते हैं तब सहयोग तथा त्याग का महत्त्व समझने लगते हैं या अपने अपने कोश में बन्द रेशम के कीड़ों की तरह 'सुखी' रहते हैं। इसके अनेकानेक उदाहरण दिये जा सकते हैं। एक उदाहरण इस जीवन पद्धति की भयावहता को स्पष्ट कर देगा। मेरे बेटे के सांसारिक रूप से सफल मित्र को उसकी पत्नी ने केवल इस घटना पर तलाक दे दिया कि उस व्यक्ति ने अपनी पत्नी से बिना सलाह (अनुमति) लिये, 'अपने पैसों' से एक 'यॉट' (मोटरबोट) खरीद ली क्योंकि यू.एस.ए. में तो पति पत्नी के अपने अपने बैंक-खाते होते हैं तथा परिवार खाता अलग। यू.एस. के पूर्व राष्ट्रपति क्लिंटन ने भी भारतीय संयुक्त परिवार की प्रशंसा की, जिसे उन्होंने भारत आने के पूर्व भारतीय सॉफ्टवेअर इंजीनियरों की सफलता का एक महत्त्वपूर्ण कारण घोषित किया था।

अमेरिकी नाभिकीय परिवार के दुखदायक अनुभवों से यह सामने आता है कि समाज के सुख की इकाई व्यक्ति नहीं, परिवार अर्थात् संयुक्त परिवार है। यह सनातन सत्य है। मनुष्य 18-20 वर्ष की आयु तक निस्सहाय होता है क्योंकि उसका शारीरिक तथा बौद्धिक विकास होता रहता है। उनके लालन-पालन में माता-पिता का प्रेम तथा संरक्षण नितान्त आवश्यक होता है। वृद्धावस्था में मनुष्य अपने ज्ञान तथा अनुभवों से परिपक्व हो जाता है। उसके अधिकांश अनुभव, प्रचलित मान्यता के विपरीत 'आउट आव डेट' नहीं होते। उन जीवंत अनुभवों को वह अपनी संतान तथा संतानों की संतान को सप्रेम बाँट सकता है। दोनों को एक दूसरे की आवश्यकता बराबर बनी रहती है अतएव संयुक्त परिवार तथा समाज में आपसी प्रेम, सद्भाव तथा मदद की आवश्यकता बनी रहती है। यही गुण तथा इनसे भी उदात्त आध्यात्मिक गुणों की कहानी रामायण है। क्योंकि रामायण अभ्युदय तथा नि:श्रेयस दोनों अर्थात् इस संसार में समृद्धि तथा सच्चिदानन्द की महत्ता स्थापित करती हे, उन्हें इस लोक में इस जीवन में प्राप्त करने के लिए मार्गदर्शन करती है। अतएव रामायण तो वर्तमान में क्या, हमेशा प्रासंगिक रहेगी।

रामायण से जुड़ी मेरे जीवन की घटना का वर्णन।

पक्षियों में, प्रकृति में मेरी बचपन से गहरी रुचि रही है। रामायण में यह खूब है और सुंदर है। सुंदर स्त्री के सुंदर नयनों की उपमा भारतीय कवि अक्सर खंजन पक्षी से करते हैं तुलसी कृत रामायण में भी तुलसीदास ने अनेक स्थानों पर ऐसा किया है। दो चौपाइयां मेरे ध्यान में अक्सर आती थीं। 'जानि सरद रितु खंजन आए। पाइ समय जिमि सुकृत सुहाए।' और, 'खंजन मंजु तिरीछे नयननि। निज पति कहेउ तिन्हहिं सिय सैननि'।

पहले तो मुझे यही आश्चर्य हुआ कि उस काल में आबादी कम थी, प्रकृति अत्यंत समृद्ध थी। तब भी ऋषियों को और साथ ही तुलसी को यह अनुभूति कैसे हुई कि खंजनों का आना हमारे पुण्यों का फल है। यह तो हमें समझ में अया जब अभी अभी साइबेरियाई क्रौंचों (ललमुखी सित क्रौंच) ने भरतपुर झील में आना बंद कर दिया। पहली बार जब मैंने खंजन को शरद ऋतु में देखा तो उसने मन मोह लिया। दूधिया सफेद रंग का पक्षी जिस पर दो चार सुगढ़ काली धारियां, उसकी शालीन मुद्रा ने, जलधारा के निकट नृत्यांगना-सी दुतलय की चाल ने, बालकों-सी चपलता ने, षोडशी-सी सुगढ़ शरीर की बनावट आदि ने मुझे मुग्ध कर दिया। किंतु मेरे मन में यह प्रश्न जागृत कर दिया कि खंजन के नयन की भौंहें तो लम्बी तथा सुंदर हैं किन्तु नयन किसी भी पक्षी के नयनों के समान छोटे तथा गोल हैं, तब भारतीय साहित्य में सुंदर नारी के सुंदर नयनों की उपमा खंजन से क्यों? इसका उत्तर मुझे अपनी पुस्तक 'आनन्द पंछी निहारन का' में लिखना था क्योंकि मैं उस पुस्तक में पक्षी संबंधी वैज्ञानिक जानकारी के साथ साहित्यिक तथा सांस्कृतिक जानकारियां भी देना चाहता था। अतएव खोज जरूरी थी। तो खोज करते करते जब श्री दवे की पुस्तक 'Birds in Sanskrit Literature' में पढ़ा तब समझ में आया कि वह उपमा खंजन के नयनों से नहीं स्वयं खंजन पक्षी से है। दो भस्मी/सित खंजनों (white wagtail) को आमने-सामने खड़ा कर दें, तब अचानक यह आभास होगा कि वे वास्तव में सुंदर नारी के दो सुंदर नयन हैं। अब मेरी दृष्टि में खंजन साधारण पक्षी न होकर अतिविशिष्ट पक्षी हो गया। तब क्यों न तुलसी कहें, ''खंजन मंजु तिरीछे नयननि। निज पति कहेउ तिन्हहिं सिय सैननि।' अब जब मैं खंजन की बात करता हूँ तब तुलसीकृत रामायण की चर्चा भी अवश्य करता हूँ।

किष्किन्धा कांड में वर्षा ऋतु का मनोहारी वर्णन है। एक चौपाई है 'दादुर मोर पपीहा बोले.....' मुझे लगा कि तुलसी दास जी पपीहे के साथ अन्याय कर रहे हैं जो उसके साथ मोर और मेंढक को बराबरी दे दी। कहां पपीहे का 'विरही हृदय का मर्मस्पर्शी गान' और कहां मोर तथा मेंढक। मोर कम से कम अत्यंत सुंदर पक्षी तो है, लुभावना नृत्य तो करता है किन्तु मेंढक एकदम कुरूप और आवाज तो बहुत ही कर्कश। खैर, तुलसी प्रकृति का वर्णन कर रहे हैं, शायद इस चौपाई के समय घोर यथार्थवादी हो गए हों, वर्षा ऋतु का यथार्थ तो है - दादुर, मोर, पपीहा बोले। एक चौपाई और जब मैंने

पढ़ा तो मुझे हंसी आ गई, "दादुर धुनि चहुं दिसा सुहाई। वेद पढ़हिं जनु बटु समुदाई।" मुझे सच में लगा था कि संत की वाणी में यह हास्य-व्यंग्य का उत्तम उदाहरण है। बटु अक्सर बिना अर्थ समझे वेदों की ऋचाओं को जोर-जोर से पढ़कर रट्टा लगाते हैं, मानों चारों दिशाओं में वर्षाकाल के मेंढक टर्र टर्र टर्रा रहे हों।

इसके बाद जब ऋग्वेद के सप्तम मंडल का मण्डूक सूक्त पढ़ रहा था तो देखा कि इस सूक्त के ऋषि पूज्य वशिष्ठ ऋषि हैं, और देवता स्वयं मेंढक जी। मैं हंसा तो नहीं चकरा गया, समझ में नही आ रहा था। आगे बढ़ा, लिखा था, 'वर्षा ऋतु के आने पर जिस तरह ब्राह्मण सोमरस का पान करते हैं तथा ब्रह्म यज्ञ करते हैं, उसी तरह मेंढक भी बाहर निकल पड़ते हैं। जिस तरह ब्राह्मण मंत्रों का गान करते हैं, उसी प्रकार हे मेंढकों ! वर्षा के दिन जलपूरित सरोवर के चारों ओर तुम गान करते हो।' मेरा अचरज और बढ़ गया। मुझे शंका हुई कहीं यह वर्णन भी तो सोमरस का प्रताप न हो। बटुकों पर व्यंग्य करना दूसरी बात थी, ब्राह्मणों पर तो व्यंग्य नहीं हो सकता, वह भी ऋग्वेद में और आगे बढ़ा, 'गाय के समान रंभाने वाले मेंढक हमें धन प्रदान करें। हमारी ओषधियां जब उत्पन्न होती हैं उस वर्षा ऋतु के आने पर मंडूक देवता हमें सैकड़ों गायें दें तथा हमारी आयु बढ़ावें।' लगा कि पश्चिम के विद्वानों ने ठीक ही लिखा था कि वैदिक काल के लोग जीवंत चरवाहे युग में जी रहे थे। प्राकृतिक शक्तियों से डरकर उन्हें देवता मानकर पूज रहे थे।

इसका गहरा रहस्य खुलने की लम्बी कहानी है। संक्षेप में कहूं तो पिछली सदी के सातवें दशक में अचानक बिना किसी प्रत्यक्ष सूखे के चावल के दाम एक रुपये के दो किलो से दो रुपये प्रति किलो हो गए थे। वैज्ञानिक मंडल ने जांचकर बतलाया कि पिछले दो वर्षों से केरल सरकार मेंढक का निर्यात कर रही है उसके फलस्वरूप वहां कीटों की संख्या ने तेजी से बढ़कर फसलों को चौपट कर दिया है। अर्थात् मेंढक कीटों पर पूरा नियंत्रण रखे हुए थे। कीटनाशकों के उपयोग से पानी तथा मिट्टी भी विषैली हो गई थी। घास, पक्षियों आदि पर भी विष का दुष्प्रभाव जानवरों तथा मनुष्यों को बीमार कर रहा था। यह समझकर अचानक मेरे मन में ऋग्वेद का मंडूक सूक्त तथा तुलसी की चौपाइयां याद आ गई और अब मुझे मेंढकों का देवत्व समझ में आ गया। अब मैं भी ऋग्वेद के ऋषियों के साथ गाता हूँ, 'हे मेंढकों ! गाय के समान रंभाने वाले मेंढकों हमें धन (धान्य) प्रदान करो। हमें सैकड़ों गायें प्रदान करो, हमारी आयु बढ़ाओ।' और समझ में आया कि तुलसी बटुकों पर व्यंग्य नहीं, मेंढकों का सम्मान बढ़ा रहे थे।

प्रकृति संरक्षण पाश्चात्य संसार में आधुनिक विषय है कोई पचास-साठ वर्ष पुराना। रामायण में प्रकृति संरक्षण के, प्रकृति प्रेम के अतिरिक्त अनेक प्रमाण हैं। रामायण अनन्त। रामायण प्रभाउ अनन्ता।

मानस ने उबार लिया

- नथमल केडिया

बचपन में 3½-4 वर्ष की अवस्था थी। तब रात को कई बार जगने पर भूत का बहुत डर लगता था। एक दिन मैंने अपनी बड़ी बहिन से यह बात बताई तो उसने कहा - तू उस समय हनुमान जी का नाम जपाकर तथा यह चौपाई याद कराई। भूत पिशाच निकट नहीं आवे - महाबीर जब नाम सुनावे।

कुछ दिनों तक उसको रटा फिर पूरा पाठ करना शुरू किया - पता नहीं उस समय उम्र पाँच वर्ष थी अथवा छ: की। तब से हनुमानजी का पल्ला पकड़ रखा है - उन्हीं के ऊपर भरोसा है। उन्होंने तकलीफ आराम में डूबते उतराते हरदम संभाला भी है।

और भी उन दिनों कार्तिक के महीने में पूज्य माँ के साथ गंगा स्नान को भी जाता था। मैं यह बात कोलकाता के बड़ा बाजार अंचल की लिख रहा हूँ तब एक गली से गुजरना होता था। वह गली मंदिरों की गली कहलाती थी। प्रवेश के साथ श्री जगन्नाथ, बलभद्र व सुभद्रा का मंदिर पड़ता है और गली के दूसरे छोर पर हनुमान जी का मंदिर, बीच में दसों मंदिर होते थे। उन दिनों उस गली में रामलीला की मंडली व कृष्ण लीला की मंडली भी आयी हुई होती थी। हम लोगों का खास उद्‌देश्य तो रामलीला देखना ही था इसलिए जाड़े में गंगा स्नान की जहमत भी उठा लेते थे। मुझे आज भी याद है स्टेज पर से रामलीला वाले पंडित राजा रामचन्द्र की जय बोलते थे तो हम लोग भी जोर से बोलकर उनका साथ देते थे पर उसी समय रावण बना हुआ व्यक्ति स्टेज पर आकर बोलता था बोलो राजा रावण की जय हो तो हम बच्चे लोग जय की क्षय बोलकर इतना आनन्दित होते थे कि पूछिये मत। पर हाँ यह भी नहीं मालूम है कि जीवन में रामायण कब आकर घुल मिल गयी।

यह भी सच है कि बहुत से लोग अपने परिवार के सदस्यों के नाम आदि इतना नहीं जानते जितना रामायण के पात्रों का जानते हैं। रवीन्द्रनाथ ने लिखा है - हर ग्राम बधू जब सांझ के समय अपने घर के तुलसी चौरे पर दीपक जलाने जाती है तो सीताजी उस के साथ होती है। सचमुच हर व्यक्त के साथ उसका परिवार तो होता है पर रामायण वाला परिवार भी होता है।

और अब अपने अनुभव की बात लिख रहा हूँ। मेरे अनुभव में चमत्कार बहुत कम दिखे - हाँ, सन् 1987 में मैं अर्थराइटीस (गठिया) से भयंकर रूप से पीड़ित हो गया। बायाँ पैर का घुटना एकदम दर्द से टीसने लगा। करीब छ: महीनों तक कोलकाता में सभी तरह का इलाज एलोपैथी, आयुर्वेदिक, होमियोपैथी तथा और कई तरह के इलाज

कराने के बाद भी रोग ठीक नहीं हुआ। ऐसा लगा कि आगे का जीवन भयंकर यंत्रणा में तथा अपंग होकर गुजारना पड़ेगा। इसी मानसिक स्थिति में केरल प्रांत के कोटाकल गाँव में (अब शहर) आर्य वैद्यशाला में इलाज हेतु गया। वहाँ 28 दिन में पूरा ठीक नहीं हुआ तो 42 दिन इलाज कराना होता है। बहुत बड़ी व सुविधा संपन्न इमारत में रोगी लोगों को अलग-अलग कमरों में रखा जाता है। दिन भर उपचार आदि (जिसमें मेडीकेटड तैल मालिश भी होती है) चलता है। रात को करीब आठ बजे तक सभी लोग सो जाते हैं। पर मुझे शायद शारीरिक व मानसिक रूप से एकदम अशक्त व भयाक्रान्त होने का कारण हो, सोने के साथ-साथ ऐसे ऐसे व्यक्ति स्वप्न में दिखाई देते थे जो वर्षों पहले मृत्यु को प्राप्त हो चुके थे। स्थिति यह हो गई कि 20-30 वर्षों पहले भी जो लोग कालकवलित हो गये थे और जिन्हें मैं बिल्कुल भूल चुका था वे भी स्वप्न में आने लगे और जब मेरी नींद टूटती थी तब रात के बारह बजे के आसपास का समय होता था। मैं इस स्थिति से इतना घबरा गया कि मैं करूँ तो क्या करूँ? मैं तथा श्रीमती जी ने रात 12½ बजे तक जाकर सोना शुरू किया पर इस तरह के सपने रात भर आते रहे। उस समय प्रत्येक रात मुझे काल रात्रि सी दिखाई देती थी और मैं दिन पर दिन ज्यादा त्रस्त होता गया।

मैंने उन दिनों रामचरितमानस का मास पारायण चालू कर रखा था। एकाएक एक दिन मुझे निम्नलिखित चौपाई का स्मरण हो आयां -

जपहु जाइ संकर सत नामा। होइहि हृदय तुरत विश्रामा।।

और मैंने सोचा-नारद जी जैसे परम ज्ञानी भक्त महामुनि को भगवान लक्ष्मीपति प्रभु जो उपदेश देकर कल्याण कर रहे हैं वह उपदेश मेरा कल्याण क्यों नहीं करेगा? बस मुझे लगा कि स्वप्न में जो प्रेत हुए लोग मेरे चारों ओर घेरा डाले हुए मुझे दिखाई देते हैं उनसे भगवान शिव का स्मरण और शरण ही मुझे छुटकारा दिला सकते हैं। बस उसके बाद मैं हर समय भगवान शिव को ही रटने लगा। मैं आज उस समय की मानसिक गिरावट की स्थिति का वर्णन करने में सक्षम नहीं हूँ पर धीरे-धीरे ऐसे लोग स्वप्न में दिखाई देने कम होते गये और मैंने इलाज की पूरी अवधि पार करली तथा स्वस्थ होकर वापिस आ सका।

मैं मानता हूँ कि उस समय रामचरित मानस ने ही मुझ डूबते हुए को हाथ पकड़कर ऊपर खींच लिया।

मानस-मंत्र और मेरे अनुभव

– डॉ. उमाशंकर शुक्ल 'उमेश'

माना जाता है कि महाकवि तुलसीदास तथा महाकवि सूरदास समकालीन थे। दोनों ही अपने-अपने क्षेत्र में भक्त कवि के रूप में सुप्रसिद्ध हुए हैं। कहते हैं एक बार किसी ने सूरदासजी से प्रश्न किया – वर्तमान में कविता किसकी अच्छी है? महाकवि सूरदास का उत्तर था – कविता मेरी अच्छी है। उसने फिर कहा – लोग कहते हैं कि महाकवि तुलसीदास की कविता उत्तम है। इस पर सूरदास जी ने जो उत्तर दिया वह मनन करने योग्य हैं। सूरदास जी ने कहा – जहाँ तक कविता का प्रश्न है वह तो मेरी ही अच्छी है। महाकवि तुलसीदास जी ने कविता नहीं लिखी, उन्होंने कविता के रूप में 'मंत्र' लिखे हैं। महाकवि सूरदास का यह कथन तुलसी की मंत्रवत् कविता की पुष्टि का पर्याप्त प्रमाण है। वस्तुतः संपूर्ण श्रीरामचरितमानस मंत्र-स्वरूप ही है। श्रद्धापूर्वक उसकी चौपाइयों का अनुष्ठान के साथ पाठ करने से मनुष्य की सभी मनोकामनाएँ पूर्ण हो जाती हैं। ऐसा संत, योगी, विद्वान् एवं मानस-प्रेमियों का अनुभव है। महाकवि तुलसी की यह घोषणा निरर्थक नहीं है –

मन कामना सिद्धि नर पावा।
जे यह कथा कपट तजि गावा।। उत्तर०/128/5
जे सकाम नर सुनहिं जे गावहिं।
सुख सम्पत्ति नाना विधि पावहिं।। उत्तर०/14/3

इन पंक्तियों के लेखक ने अपने जीवन में इस तथ्य का कई बार अनुभव किया है। मानस-पाठकों एवं प्रेमियों के हितार्थ हम मानस-मंत्र संबंधी अपनी कुछ सत्यानुभूति यहाँ प्रस्तुत कर रहे हैं।

घटना वर्ष 1958 की है। मैं बी.काम. की परीक्षा दे रहा था। कुछ परिस्थितियों एवं उलझनों के कारण उस वर्ष मेरा अध्ययन ठीक प्रकार से नहीं हो पाया था। परीक्षा देते समय ऐसा प्रतीत हो रहा था कि उत्तीर्ण होना बड़ा कठिन है। सौभाग्य से एक दिन 'कल्याण' पत्रिका में प्रकाशित एक लेख पर मेरी दृष्टि पड़ी। इस लेख में परीक्षा में उत्तीर्ण होने के लिए मानस का एक मंत्र लिखा था। फिर क्या था मैंने उस मंत्र का आश्रय ग्रहण किया। मंत्र इस प्रकार है –

जेहि पर कृपा करहिं जनु जानी।
कवि उर अजिर नचावहिं बानी।। बाल०/104/6
मोरि सुधारिहिं सो सब भाँती।
जासु कृपा नहिं कृपा अघाती।। बाल०/27/3

मैंने उक्त मंत्र का अनुष्ठान किया और मैं परीक्षा में उत्तीर्ण हो गया। मेरा अपना पूर्ण विश्वास है कि परीक्षा में यदि उत्तीर्ण होने में कोई संदेह प्रतीत होता है तो उपर्युक्त मंत्र का अनुष्ठान किया जाए तो निश्चय ही सफलता प्राप्त होगी। मंत्र में पूर्ण निष्ठा होनी चाहिए।

द्वितीय घटना भी वर्ष 1958 की ही है। बी.काम. की परीक्षा उत्तीर्ण करने के पश्चात् परिस्थितिवश मैं एम.काम. में प्रविष्टि न ले सका अतएव प्रश्न आया जीविकोपार्जन का। सितम्बर माह में एक दिन ध्यान में आया कि जीविका (नौकरी) प्राप्ति के लिए मानस-मंत्र का आश्रय क्यों न लिया जाए। मैंने तदनुसार उसका विधिवत अनुष्ठान किया। मुश्किल से पंद्रह दिन ही हुए होंगे मुझे अचानक एक इंटर कॉलेज में अध्यापन की जगह मिल गई। आश्चर्य तो तब हुआ जब मैंने देखा कि बिना पूर्व में प्रार्थना पत्र दिये ही मुझे बुला लिया गया और तत्पश्चात् मुझसे प्रार्थना-पत्र देने को कहा गया। अतएव मैं विश्वास के साथ कह सकता हूँ कि यदि निम्नलिखित चौपाई का श्रद्धापूर्वक अनुष्ठान किया जाए तो जीविका (नौकरी) अवश्य प्राप्त हो जाएगी। चौपाई इस प्रकार है -

बिस्व भरन पोषन कर जोई।
ताकर नाम भरत अस होई।। बाल॰/186/7

तृतीय घटना मेरे एक अनन्य मित्र से संबंधित है। मेरे मित्र मानस का प्रतिदिन पाठ करते हैं। उन्होंने मानस-मंत्रों का अनुष्ठान किया और उनसे पूर्ण लाभ भी उठाया। उनका मानना है कि किसी कार्य को करने के लिए घर से चलते समय यदि इस मंत्र का स्मरण करता हुआ चले तो कार्य अवश्य पूर्ण होगा तथा यात्रा भी निर्विघ्न पूरी होगी। मंत्र इस प्रकार है -

प्रबिसि नगर कीजै सब काजा।
हृदय राखि कोसलपुर राजा।। सुन्दर॰/4/1

रायबरेली निवासी मेरे मित्र श्री देवनारायण तिवारी को जेल जाने की स्थिति बन चुकी थी। उन्होंने दाढ़ी रख ली थी। वह बहुत परेशान रहते थे। संयोग से उन्हें स्वामी विश्वेश्वरानंद जी महाराज मिल गये। श्री तिवारी ने उन्हें अपने संकट से अवगत कराया। स्वामी जी ने सुंदरकाण्ड का सात दिन तक पाठ करने की मंत्रणा दी। देवनारायणजी ने तदनुसार विधिवत पाठ किया। सातवें दिन सफेद वस्त्रधारी एक अन्य संत पधारे। देवनारायण जी ने संत जी का दर्शन किया और उनकी पूजा की। 15 दिन बाद देवनारायण जी का संकट कट गया और वह जेल जाने से बच गये।

इसी प्रकार की अन्य अनेक घटनाएँ हैं। सुंदरकांड की तरह अन्य काण्डों के पाठ से भी चमत्कापूर्ण लाभ मिले हैं। मानस-प्रेमियों की जानकारी हेतु कुछ मंत्र यहाँ प्रस्तुत हैं।

(1) किसी उत्सव, विवाह तथा यज्ञादि की निर्विघ्नपूर्णता के लिए श्रीरामचरितमानस के बालकाण्ड के दोहा 37 से दोहा 103 तक का पाठ प्रारंभ में कर लें। आपका कार्य निर्विघ्न पूर्ण होगा। महाकवि की घोषणा है -

यह उमा शंभु विवाह नर नारि सुनहिं जे गावहीं।
कल्यान काज विवाह मंगल सर्वदा सुख पावहीं।। (बाल॰ ।102।11)

(2) मनोकामना की पूर्ति हेतु नियमपूर्वक प्रतिदिन श्रीरामचरितमानस के किष्किंधा काण्ड का पाठ करें, आपकी कामना पूर्ण होगी -

भव-भेषज-रघुनाथ जस, सुनहिं जे नर अरु नारि।
तिन्हकर सफल मनोरथ, सिद्ध करहिं त्रिसरारि।। (किष्कि॰।30।क)

(3) यदि कोई किसी व्याधि से ग्रस्त है, व्याधि मानसिक है अथवा शारीरिक अथवा दैवी, इसकी चिन्ता न करें। केवल मानस के सुन्दरकाण्ड का श्रद्धापूर्वक विधिपूर्वक पाठ करें आपका संकट समाप्त हो जाएगा -

सकल सुमंगलदायक, रघुनायक गुनगान।
सादर सुनहिं ते तरहिं भव, सिन्धु बिना जल जान।। (सुन्दर॰ ।10।0)

(4) किसी भी प्रकार की विजय चाहते हैं तो प्रतिदिन लंका काण्ड का पाठ करें, विजय अवश्य प्राप्त होगी। गोस्वामी जी कहते हैं -

समर विजय रघुवीर के, चरित जे सुनहिं सुजान।
विजय विवेक विभूति नित, तिन्हहिं देहिं भगवान।। (लंका॰ ।121।क)

(5) यदि भुक्ति-मुक्ति दोनों चाहते हैं अर्थात् जीवनकाल में सुख, सम्पत्ति और सुयश तथा मरणोपरान्त भगवद्धाम। इसके लिए श्रीरामचरितमानस के उत्तरकाण्ड का पाठ पन्द्रहवें दोहे तक प्रतिदिन करना चाहिए।

महाराज कर सुभ अभिषेका। सुनत वहहिंनर विरति विवेका।
जे सकाम नर सुनहिं जे गावहिं। सुख सम्पत्ति नाना विधि पावहिं।।
सुर दुर्लभ सुख करि जग माहीं। अन्तकाल रघुपति पुर जाहीं।। (उत्तर॰।14।2,3,4)

मेरे जीवन में श्रीरामचरितमानस का क्या प्रभाव रहा इसे मैं अपने शब्दों में न देकर पूज्यपाद श्री रामबल्लभाशरण जी महाराज के शब्दों में दे रहा हूँ। स्वामी जी ने लिखा है -

''मानस रामायण से मुझे या और किसी को कितना लाभ हुआ, होता है या हो सकता है यह कहना पुनरुक्तिप्राय अथवा यों कहिये कि प्रकाश-निधि को प्रकाश दिखाना है। मैं अपना अनुभव कहता हूँ कि मुझको केवल मानस रामायण से ही सब कुछ प्राप्त हुआ है। श्री रामचरितमानस प्रत्यक्ष फलदायी आशीर्वादात्मक ग्रंथ है। मानस ही मेरे जीवन का प्रकाश है। केवल मेरे लिए नहीं वह सबके लिए कल्याणकारी है।''

बोलो मानस भगवान की जय।

शौचालय में संत की सहायता

– राधेश्याम बंका

गीता वाटिका गोरखपुर में श्री राधा बाबा के जीवन की एक घटना है। हड्डी टूटने के दूसरे दिन 27/9/78 का एक प्रसंग है। बाबा शौचालय गये। शैचालय का द्वार बाहर से ढाल दिया गया। बाबा ने अपना कटिवस्त्र खोलना चाहा, पर वे खोल नहीं पाये। हड्डी टूटने के कारण दाहिना हाथ तो बेकार था ही, पीड़ा की अधिकता के कारण शरीर भी न पर्याप्त हिल सकता था और न अधिक झुक सकता था। बाँये हाथ से कटिवस्त्र खोलने का प्रयास किया, पर सफलता नहीं मिली। ऐसा लगता है कि कटिवस्त्र का छोर कहीं किसी प्रकार अटक अथवा उलझ गया था। बाबा ने खोलने का प्रयास एक बार और किया, किंतु पुनः असफलता। पुनः प्रयास किया, पर प्रयास को व्यर्थ देखकर बाबा निराश मन से खड़े हो गये, लगे देखने 'उनकी' ओर। 'वे' बाबा की ओर देख रहे थे और बाबा 'उनकी' ओर। 'वे' माने भगवान् श्रीकृष्ण। कितनी देर तक परस्परावलोकन होता रहा, इसका निर्णय कठिन है, पर जब उधर से ध्यान हटा तो बाबा ने देखा कि कटिवस्त्र खुला पड़ा है। उनके प्रति बाबा का मन प्यार से भर गया। बाबा कहने लगे – तुम्हारे अतिरिक्त मेरा है कौन? क्या तुम यह सब भी करते हो? सच है, तुमको कोई भी कार्य करने में संकोच नहीं होता।''

हड्डी टूटने पर बाबा एक और बात कहा करते थे कि जब कभी कोई कष्ट शरीर पर आने वाला होता था तो उसकी पूर्व-सूचना मिल जाया करती थी। हृदयाराध्य वे श्रीकृष्ण स्वयं आकर बता जाया करते थे, पर इस बार कोई पूर्व-सूचना नहीं मिली और यह तो उनके अतिशय प्यार का परिचायक है कि उन्होंने सूचना देने की आवश्यकता समझी ही नहीं। ('रसनिर्झर' से)

श्री कनक बिहारी जी की वत्सलता

– राजमाता सौभाग्य कुंवर राणावत

परश्रद्धेय श्रीरामकुमारदासजी महाराज रामायणी जी से श्री सुदर्शन सिंह जी चक्र की अटूट मित्रता थी। अयोध्या वर्ष में एक बार जाते रहते और रामायणी जी के प्रेम वश उन्हीं के यहाँ रुका करते थे। मणिपर्वत के निकट ही उनका आश्रम था। सदा के नियम के अनुसार जिस दिन अयोध्या पहुँचते उसी दिन श्रीकनकबिहारी सरकार के श्रीचरणों में प्रणति सहित वंदन करने अवश्य पहुँचते – 'पिताजी ! आपका बालक आ गया प्रणति स्वीकार करें।' यह परम पावन स्थान श्री कनक भवन के नाम से प्रसिद्ध है।

जाते समय भी जाने वाले दिन आज्ञा लेकर अवध धाम छोड़ते कि 'आपका अल्पज्ञ अबोध बालक काशी या वृंदावन जा रहा है, अनुमति प्रदान करने की अनुकंपा कीजियेगा।'

सन् 1980 में एक बार श्रीअवध धाम पहुँचे। समान रखकर कनक भवन जाने को तैयार थे कि श्रीरामकुमारदासजी महाराज ने कहा – 'कृपया अभी रुक जाइये हम भी चल रहे हैं। इस प्रकार साथ चलने की प्रतीक्षा में रात्रि हो गयी और ऐसी घनघोर मूसलाधार वर्षा प्रारंभ हो गयी जो रात दस बजे तक रुकी ही नहीं। यह श्री चक्र जी के जीवन में पहली बार ऐसा हुआ कि वे उसी दिन अपने पिताश्री के दर्शन एवं चरणवंदना करने नहीं पहुँच सके थे। उन्हें खेद, व्याकुलता, अकुलाहट, असीम झटपटाहट हुई और मन ही मन मूक रूप से अपनी व्यथा निवेदित करते रहे – पिताजी ! आपका शिशु आज दर्शन को नहीं आ सका – मैं कितना निष्ठुर, अल्पज्ञ, अकृतज्ञ निकला, अवध में प्रवेश करते ही सर्वप्रथम महल में उपस्थित होना चाहिए क्यों किसी की बातों में आया? आप अपने बालक का अपराध क्षमा करेंगे न ! इस प्रमाद से मेरा हृदय फट क्यों नहीं गया?

इस बैचेनी में चिन्तन करते-करते सो गये। नित्यनियम के अनुसार पौने तीन बजे जाग गये। उसी कक्ष में सोये श्रीरामकुमारदास जी रामायणी भी शैया परित्याग कर सीढ़ियों से नित्य क्रम को उतर रहे थे। उनके उतरने की पदचाप चक्रजी स्पष्ट सुन रहे थे और मन ही मन भगवन्नाम लेते हुए प्रातः स्तवन के लिए बैठने का उपक्रम कर ही रहे थे तभी क्या देखा (उन्हीं शब्दों में) – "तेजोमय दिव्य आभा के मंडल में अनन्त करुणा वरुणालय सन्मुख प्रकट हो गये हैं। नवीन नीरदश्याम विद्युत् वसन, द्विभुज, प्रशांत पद्मलोचन प्रसन्न वदन, परात्पर पुरुष रघुवंश भूषण श्रीरघुनाथ जी मेरे पिता श्री सस्मित करुणावारि से सिञ्चित करते हुए कृपा पूर्ण नेत्रों से अपने इस अबोध बालक की ओर

निहार रहे हैं। उनके कुटिल घनकृष्ण केश, बंकभृकुटि, मनोहर कर्ण, उन्नत नासिका, निर्मल कपोल, छोटे-छोटे स्मित रेखा से खिंचे से अरुण-अधर, विशाल भुजायें प्रशस्त, वत्साकिंत वक्षस्थल, कौस्तुभ भूषित कंबु कण्ठ, गंभीर नाभि, अश्वस्थपत्र का आकार लिए उदर, क्षीणकटि, मनोहर पिंडलियां, नवीन किसलय समान पदांगुलियाँ और उनके अरुण ज्योतिर्मय नख ! एक दृष्टि में यह सब जो देख सका सो देख लिया फिर तो वात्सल्य रसघन उन नयनों पर मेरी दृष्टि अटक गयी। आत्म विस्मृत होकर मैं - उन कृपार्णव नयनों को देखता ही रह गया। वे हैं ही ऐसे - जिस श्रीअंग पर दृष्टि जाती है वहीं अटक जाती है फिर जैसे-तैसे स्तवन को तत्पर हुआ तो वह मनोहर छवि अन्तर्हित हो गयी।''

सावधान होकर प्रकृति धरातल पर आने में कुछ समय लगा। उठते ही नित्य कर्म, संध्या वंदन और पूजा संपन्न होते ही बिना किसी को बताये चरणवंदना करने पहुँचा कनक बिहारी जी के मंदिर में। हृदय में अकुलाहट, पीड़ा से मेरा व्यथित मन संकोच से विदीर्ण हो रहा था। कातर स्वर में बोलता रहा - ''अवध में प्रवेश करते ही माता-पिता के श्रीचरणों में प्रणति के लिये प्रमाद क्यों हो गया? इधर मेरी अज्ञता, उधर उनकी अनुकंपा कि मैं मन्दमति बालक नहीं पहुँचा तो करुणा सागर वात्सल्यनिधि स्वयं दर्शन देने पधारे। उन्होंने अपना लिया यह मेरा अहोभाग्य। वर्णन मैं कैसे करूँ -

नव दूर्वादल श्याम मंजु, नव वारिज लोचन।
स्वर्ण पीत परिधान छटा, मन्मथ मनोहर॥
मणि भूषण श्रीअंग स्मरण निर्बाध अभयप्रद।
भजियराम छविधाम जानकी कर चर्चित पद॥

श्रीरामनवमी के अवसर पर दिल्ली से श्रीजयदयालजी डालमिया सपत्नीक अयोध्या आये और जानकी महल में ठहरे। उस समय जानकी महल में वर्तमान समान अधिक कक्ष नहीं थे। ऊपर की मंजिल के चारों कक्ष उन्होंने ले लिये। प्रथम कक्ष में सेवक केशव एवं रसोइया तथा द्वितीय कक्ष खाली रखा, तृतीया में सपत्नीक डालमियाजी तथा चौथे कक्ष में उनका पुत्र श्रीजयहरि डालमिया एवं पुत्रवधू कविताजी रुके। जब इन्हें ज्ञात हुआ कि श्रीचक्रजी भी मणिपर्वत के समीप रुके तो वह वहाँ जाकर आग्रहपूर्वक उन्हें जानकी महल में ले जाये और कमरा नं. 2 में ही अपने समीपस्थ ठहरा लिया।

श्रीचक्रजी के साथ श्रीजयदयाल जी ने सपरिवार श्री अवध धाम की परिक्रमा की और वे अयोध्या के अच्छे-अच्छे संतों के दर्शन कराने इन्हें ले जाते। कभी संतों के यहाँ महापुरुषों के यहाँ जाते, सत्संग करते, दर्शन करके कभी-कभी वहाँ प्रसाद भी पाते। एक दिन पूज्य श्रीनृत्य गोपाल दास जी महाराज के यहाँ प्रसाद पाने बैठ गये। प्रसाद में लौकी की सब्जी बनी थी। संयोग से कोई लौकी कड़वी होगी अत: पूरी सब्जी कड़वी हो गयी। भोग लग चुका था अतः प्रसाद होने से बिना कुछ बताये ये सभी लोग कड़वी लौकी पा

गये। बाद में जब स्वयं श्रीनृत्यगोपाल महाराज ने प्रसाद पाया तब उन्हें ज्ञात हुआ। बाद में बड़े स्नेह से प्रसन्न होकर महाराजजी इसकी चर्चा करते हैं।

संयोग से स्वामी अखण्डानन्दजी सरस्वती भी वाराणसी आये थे। उनके साथ उनके शिष्य अर्जुन सिंह भी थे। इनकी श्रीचक्रजी से आत्मीयता भी थी। उन दिनों एटा से माँ अपनी पुत्री मुन्नी जीजी के साथ आनंद-कानन वाराणसी में पंद्रह दिन को आयी थी। वहीं अर्जुन सिंह से ज्ञात हुआ कि श्रीचक्रजी अयोध्या में मणि पर्वत पर है अत: माँ और मन्नी जीजी भी अयोध्या आ गयी, मणिपर्वत पर पता लगाकर जानकी महल में पहुँच गयी। श्रीचक्रजी शाम के चार बजे से कुछ पूर्व ही श्रीकनकबिहारी जी के दर्शन करने गये। मुन्नी जीजी साथ में रघुनाथ जी को नैवेद्य अर्पित करने के लिए बड़े चाव से रसगुल्ले लाई थी जिन्हें चक्रजी को सौंप दिया।

मंदिर में सभी पट खुलने की प्रतीक्षा कर रहे थे। चार बजकर बीस मिनट पर भी जब पट नहीं खुला तब चक्रजी ने पूछा दर्शन होने में विलम्ब क्यों हो रहा है?

पुजारी जी ने बताया - "उत्थान के पश्चात् लगने वाला भोग अभी सिद्ध होकर आ नहीं सका है। चक्रजी के मुख से तुरंत निकला कि भोग के लिए नैवेद्य तो हम लोग लेकर आये हैं और रसगुल्ले से भरा पात्र उन्होंने दे दिया। उस दिन वही नैवेद्य अर्पित हुआ और भोग लगाकर प्रसाद मिला सभी को। यह तो सम्भवत: श्रीचक्रजी का ही संकल्प था जिसे प्रभु ने स्वीकार कर लिया। वैसे उस समय नियम था कि उत्थापन के बाद पहला भोग मंदिर के भंडार गृह से आता था। मंदिर खुलने के पांच मिनट बाद ही उत्थापन का नैवेद्य सिर पर लिये भंडारीजी आ गये। उसका भोग भी बाद में लगा। सच में "उर प्रेरक रघुवंश विभूषन" ही थे।

दूसरे दिन श्रीचक्रजी ने नित्य की पूजा बड़ी रुक रुक कर की। जलपान जरा सा करके छोड़ दिया। उनके मुख पर आनन्द की विचित्र भंगिमा थी। वे खोये खोये से किसी स्मृति में डूबे जा रहे थे। एक दिव्य भावधारा में निमग्न देखकर माँ और मुन्नी जीजी बैठ गये। भाव प्रशमित होने पर जाने का संकेत किया तब तो मुन्नी जीजी का अंतर्मन उनकी दिव्यानुभूतियों को जानने को अकुला उठा। स्पष्ट लगा रहा था कि यह उनकी सहज स्थिति नहीं है। अवश्य ही श्रीरघुनाथजी ने आज कोई अलौकिक कृपा की है। अब वास्तविकता कैसे ज्ञात हो? इस लालसा को मन में संजोये दोनों बैठे ही रहे। मनका दैन्य भाव और हृदय की तीव्र अभिलाषा देखकर बैठे रहने की अनुमति से कृतार्थ करते हुए उनकी मधुर स्निग्ध किन्तु स्वर-भंग वाणी फूट पड़ी - "देख, रघुवंश में उत्पन्न होने के कारण मैं राघवेन्द्र का शिशु हूँ। हम अपने संबंध को जितनी दृढ़ता से मानेंगे दूसरी ओर से उतनी दृढ़ता पा जायेंगे यह सत्य है और विश्वास भी है।" किन्तु मन में ललक थी - उनकी ओर से स्वीकृति की . . . आज . . . मेरे पिताजी ने मेरी साध . . . पूरी कर दी। . . . मैं कक्ष में प्रात: पौने तीन बजे शैया पर बैठा स्तवन कर रहा था - बस तभी

अनायास दिव्य प्रकाश से कक्ष आलोकित हो उठा और एक अलौकिक सुगन्धि से सारा वातावरण महकने लगा - स्वयं सर्वेश्वर साकेताधीश मेरे सम्मुख प्रकट हो गये। उन्होंने अपनी अमृतवर्षिणी वाणी में स्पष्ट कहा - "तुम्हारी अम्बा तुमसे यह अपेक्षा करती है कि तुम एक रूप में सदा साकेत में बने रहो" . . . उन संकोचीनाथ से इससे अधिक स्पष्ट आदेश की आशा की नहीं जा सकती। पराम्बा की अनुकंपा से मैं साकेताधीश का राजकुमार बन गया . . . मैंने मस्तक झुकाकर श्रीचरणों पर धर दिया। उनके वरद् हस्त रखते ही मैं तो परमानन्द सागर में निमग्न हो गया।"

. . . कहते रहे - अद्भुत बात है यह, किन्तु जब सोचता हूँ तब उनकी असीम उदारता से हृदय भर आता है। उनके श्रीमुख से निःसृत वचन "तुम्हारी अम्बा तुमसे यह अपेक्षा करती है . . . शब्द कर्ण कुहरों में गूँजते रहे . . . गूँजते रहे . . . उनके करुण भरे औदार्य से देह की सुध बुध जाती रही। . . . बड़ी कठिनाइयों से नित्य का जप पूरा हुआ है।"

उस दिन कहीं जा नहीं सके। सर्वथा अपने आप में खोये रहे। न ठीक से भोजन किया न सायं को सरयू किनारे गये एकांत में।

आनन्द-कंद की मधुरतम वाणी ही गूंजती रही। ठीक दूसरे दिन भी सर्वथा विलक्षण सौंदर्य सुधा सागर में डूबते-उतराते रहे जिसका पूर्ण वर्णन संभव नहीं है।

कल की भाँति आज भी टकटकी लगाये सुनने की तत्परता देखकर बोल पड़े "मेरी ममतामयी अम्बा का वात्सल्य तो देख" आज मानो रघुनाथजी का "तुम्हारी अम्बा. . ." का अस्पष्ट स्वर भी उन्हें सहन नहीं हुआ और अपनी बात स्पष्ट करने और अपने इस शिशु को देखने चली आयीं वे - जैसे अपने शयन कक्ष से उठकर सीधे आयी हों ऐसा लगता था। अंक से लगाकर सिर सूंघकर स्नेह-शिथिल स्वर में बोली "तुम प्रसन्न रहो ठीक? अब मुझे तुम्हारे पिताजी की सेवा में उपस्थित होना चाहिए" वे जैसे जल्दी में थी। माँ की मन्दस्मित छवि देखकर दो क्षण को ठिठक कर रह गया। प्राण भी उनके सुकुमार श्रीअंग (श्रीचरण) को छूने में सिहरेंगे। कर तो अत्यंत कठोर हैं। अनन्त चन्द्र ज्योत्स्ना भी उनके अरुण चरण नख की कान्ति छाया होगी। वे शुद्ध सात्विक प्रेमपूत प्रतिमा - मानो घनीभूत होकर साकार बन गयी हैं।

प्रेमातिरेक से मैं अपनी पराम्बा को जाते हुए दिव्य वस्त्राभूषणों की अस्तव्यस्तता और पृष्ठ भाग पर बिखरी खुली दिव्य, सघन सुगंधित केशराशि निहारता रहा न जाने कितने क्षण तक। वे कब अंतर्धान हो गयीं मुझे ज्ञात ही न हो सका। (श्री चक्र चरितम्)

रामायण से जीवन परम धन्य बना

– स्वामी नर्मदानन्द सरस्वती 'हरिदास'

श्री रामकृपा से ही रामायण में, राम नाम में, राम भक्तों में श्रद्धा भक्ति जागृत होती है। तुलसीदास जी 'रामचरितमानस' को मान सरोवर की संज्ञा देते हुए स्पष्ट लिखते हैं –

आवत एहिं सर अति कठिनाई।
राम कृपा बिनु आइ न जाई।।

मानव भगवान श्री राम के परम पावन चरित्र-सरोवर में तभी गोता लगाता है जब उसे राम कृपा की अमृत-प्रसादी प्राप्त होती है।

18 वर्ष की अवस्था से ही श्रीहनुमानजी महाराज के दर्शन हेतु मंदिर जाते जाते उनकी कृपा से भगवान श्री राम में भक्ति जागृत हो गई। फिर उसे भक्तिलता के सिंचन, अभिवर्द्धन के लिये तुलसी-रामायण का अमृत-वारि ही परमाधार बन गया। वैसे इस शरीर के घर में बहुत पहले ही रामायण की प्रतिष्ठा हो गई थी। हमारे दादा जी के पिता श्री अर्थात् परदादा श्री स्वरूप लाल जी नित्य तुलसी रामायण का 1 घंटा उच्च स्वर से पाठ करते थे। उनमें श्रीराम भक्ति का प्रभाव था। वे कुछ कविता भी लिखते थे। उनकी लिखी एक कविता की 2 पंक्तियाँ अभी भी मेरे मानस पटल पर अंकित हैं –

पूरन ब्रह्म राम अविनाशी कृपादृष्टि ऐसी कीजे।
दोइ कर जोरि मोरि यह विनती ध्यान लगा कर सुन लीजे।

जबलपुर स्थित विक्टोरिया अस्पताल की दीवाल में एक छोटी सी हनुमत् मूर्ति थी जिसका वे अर्चन वंदन किया करते थे। अब वहाँ एक सुंदर देवालय बन गया है। हमारे दादाजी की यद्यपि पूजा पाठ में विशेष रुचि नहीं थी पर रामायण का प्रेम उन्हें विरासत में मिला था। वे भी रामचरितमानस का पाठ एवं अध्ययन-मनन किया करते थे। उनके 'मानस' संबंधी कतिपय लेख भी उस समय सुप्रसिद्ध पत्रिका 'कल्याण' में प्रकाशित हुए थे। दादा जी को रामायणी विद्वानों के प्रवचन-श्रवण करने में भी बहुत आनंद आता था। सो उनके साथ हम भी प्रवचन सुनने जाया करते थे। श्री राम भक्ति के हृदय में अधिक प्रभावशाली होने पर इस विषय में अत्यधिक रुचि एवं उत्साह हो गया।

उस समय सर्वश्री मानस जी महाराज हाथरस, पं. कृपाशंकर जी मिश्र वाराणसी, सुविख्यात पं. रामकिंकर जी महाराज मिर्जापुर, पं. दीपनारायण व्यास, बरहज, श्री कुंज बिहारी शुक्ल, कानपुर, संत श्री अभिरामदास जी 'मानस कोकिल' अयोध्या इत्यादि अनेक रामायाणियों एवं संतों के प्रवचन सुने। प्रवचन श्रवण तो बहुत विद्वानों का किया पर सबका स्मरण नहीं। ये कतिपय मुख्य नाम हैं। इन सबके पूर्व के रामायणी एवं सुकवि

गोस्वामी बिंदु जी महाराज से वृंदावन में एवं 'साकेत' के रचयिता राष्ट्रकवि श्री मैथिलीशरण गुप्त से चिरगाँव (झाँसी) में साकेतवास के लगभग 2 माह पूर्व मिलना हुआ।

पिताश्री पहले धनार्जन में व्यस्त रहे। उनके जीवन में रामायण किंवा रामभक्ति का प्रभाव अंतिम समय में दृष्टिगोचर हुआ। हमारी माताश्री अपनी सास अर्थात् हमारी दादीजी को नित्य रामायण पढ़कर सुनाया करती थीं। उन्हें भी रामचरितमानस से अत्यधिक प्रेम था।

ऐसी पृष्ठभूमि के प्रभाव से जब हमारे हृदय में श्रीराम भक्ति जागृत हुई तो भगवान श्रीराम के चित्र विग्रह की पूजाअर्चना, राम नाम का जप एवं लेखन के साथ-साथ इच्छा हुई कि प्रभु कृपा की विशेष अनुभूति हो सो 'मानस' (रामायण) के 108 पाठ नवाह्न विधि से सफलतापूर्वक करने का निश्चय कर लिया। लगभग 2 वर्ष 8 महीने में यह अनुष्ठान पूर्ण हुआ। कई रूपों में प्रभु कृपा की अनुभूति भी हुई। जिस समय वह अनुष्ठान प्रारंभ किया एक नारियल सिंदूरांकित करके पाठ स्थल में खीले से बांध कर लटका दिया था। 2 वर्ष 8 माह का यह अनुष्ठान पूर्ण हो जाने पर जब उस नारियल को तोड़ा गया तो वह कुछ लाल वर्ण का हो गया था पर उसमें इतना मधुर स्वाद था कि क्या कहना? किसी भी तरह की विकृति उस में नहीं आई थी। ऐसा प्रतीत होता है कि उसमें चैतन्य राम भक्ति भजन, पाठ, पूजन के शक्तिशाली शुद्ध सात्विक परमाणु उस स्थान पर घनीभूत हो गये थे इसी कारण यह संभव हुआ।

श्रीरामचरितमानस के इस अनुष्ठान से मेरे चित्त में विशेष रूप से श्रीराम चरित्र का प्रभाव पड़ा अतएव सरल, मधुर एवं ज्ञानालोक संपन्न, भक्ति-भावनाओं की दिव्य झांकियां स्थल-स्थल पर खींचने वाली तुलसी रामायण ही मुझे सर्वाधिक प्रिय हुई। इसके पश्चात् अध्यात्म रामायण का नंबर है जिसने मुझे विशेष रूप से आकर्षित किया।

'मानस' में सर्वाधिक प्रिय भैया भरतलाल जी का परम पावन प्रसंग है जिसकी फलश्रुति में तुलसी बाबा लिखते हैं -

'भरत चरित कर नेम 'तुलसी' जे सादर सुनहिं।
सीय रामपद प्रेम, अवसि होइ भव रस विरति॥

वैसे तो केवट-प्रसंग, शबरी प्रसंग, श्रीराम हनुमान मिलन प्रसंग, बालिवध प्रसंग, फुलवारी प्रसंग, सभी भक्ति भावनाओं की दृष्टि से एक से एक बढ़कर हैं। वही बात हुई कि 'जहां जाइ मन तहंइ लोभाई।' प्रेरणा की दृष्टि से श्री लक्ष्मण जी का पूर्ण समर्पण सेवा भाव, श्री सीता जी का आदर्श पातिव्रत्य, श्री हनुमान जी की अनन्य भक्ति एवं सेवा, सभी के लिये प्रेरक प्रकाश-स्तंभ है।

तुलसी रामायण से विशेष प्रेरणा मिली और यह सिद्धांत दृढ़ता से मन में बैठ गया कि 'मोर दास कहाइ नर आसा। करइ तो कहहु कहा बिस्वासा।।' यह भाव बना कि जब हम त्रैलोक्यनाथ श्रीराम जी की भक्ति करते हैं भजन करते हैं तो किसी मनुष्य से अपनी

आवश्यकता के लिये क्यों आशा या याचना करें। प्रभु सर्वसमर्थ हैं वे सब पूर्ति करेंगे यह विश्वास जीवन में सर्वदा फलीभूत हुआ। बिना किसी से अपेक्षा किए हमारे सभी कार्यक्रम अबाध रूप से चलते रहे तथा आज भी उसी तरह से चल रहे हैं। नित्य नाम संकीर्तन सत्र का कार्यक्रम चलते हुए यहाँ श्री शिव मंदिर मढ़ाताल, जबलपुर में साढ़े पांच वर्ष हो गये। सभी सुजनों को ज्ञात है कि किसी से भी इस विषय में कुछ भी नहीं कहा जाता, हाँ ! स्वेच्छा से जो इस कार्यक्रम में कुछ सहयोग करना चाहते हैं तो उन्हें रोका भी नहीं जाता।

'मानस' से प्राप्त दूसरी प्रेरणा का प्रसंग इस प्रकार है - इस शरीर में कवित्व शक्ति का उदय 11 वर्ष की उम्र में ही हो गया था। उस समय बच्चों की कवितायें लिखा करते थे जो 'आनन्द बाजार पत्रिका' के बच्चों के पृष्ठ में तथा स्थानीय साप्ताहिक 'प्रहरी' मध्य प्रदेश शासन के 'बाल गोपाल' इत्यादि कई पत्रिकाओं में प्रकाशित होती थीं। यह क्रम 2-3 वर्ष तक चला और बाल कवि के रूप में पर्याप्त ख्याति प्राप्त हुई किंतु 14 वर्ष की उम्र होने पर जब श्री हनुमत्-कृपा से श्रीराम भक्ति में मन लगा और 'मानस' में यह अर्धाली पढ़ी कि 'कीन्हें प्राकृत जन गुन गाना। सिर धुनि गिरा लगत पछिताना।' तब निश्चय कर लिया कि भगवत् भक्ति संबंधी रचनाओं को छोड़कर किसी भी मानव या अन्य विषय वस्तु की कविता नहीं लिखूँगा। श्रीरामकृपा से भक्तिभावपूर्ण साहित्य विपुल मात्रा में हृदयोद्‌गार के रूप में प्रकट हुआ।

यहाँ कृपा स्वरूप भगवान श्रीराम कैसे अपने आश्रितजनों की कामना पूर्ण करते हैं इसका एक स्वानुभूत प्रसंग स्मरण हो आया। 'मानस' का पारायण एवं भक्ति भजन पूजन करते करते अयोध्या धाम की महिमा ज्ञात कर यह प्रबल अभिलाषा हृदय में उदय हुई कि इष्ट देव प्रभुश्रीराम की परम पावन जन्मस्थली अयोध्या जी का दर्शन हो किंतु जायें कैसे? पिता श्री के उस समय भौतिकवादी दृष्टिकोण रखने से वे हमारे भक्ति भजन-पूजन को व्यर्थ का समय गंवाना मानते थे। वे जबलपुर के एक प्रतिष्ठित प्रसिद्ध एडवोकेट थे। उनकी अपेक्षा थी कि हमारा यह द्वितीय पुत्र विशेष शिक्षा प्राप्त कर किसी उच्च पद पर जाये इसलिये वे सर्वथा मेरे विरुद्ध भाव रखते थे। सोचते थे कि किसी प्रकार इसे भक्ति भजन से उपराम कर सांसारिक सफलता के मार्ग पर लगाया जाए। अपनी दृष्टि से उनकी सोच ठीक थी पर परम प्रभु ने जो विधान जिसके लिये पूर्व से निर्धारित किया है उसे कौन परिवर्तित कर सकता है।

परम सात्विक हमारे कुल पुरोहित एवं अन्य एक सिद्ध संत द्वारा मुझे पूर्व में ही ज्ञात हो गया था कि यह शरीर श्रीमद्‌भागवत गीता के अनुसार पूर्वजन्म का योगभ्रष्ट है जो अपना योग पूर्ण करने आया है यथा : -

प्राप्य पुण्यकृतां लोकानुषित्वा शाश्वतीः समाः।
शुचीनां श्रीमतां गेहे योगभ्रष्टोऽभिजायते॥

अर्थात् योगभृष्ट पुरुष पुण्यवानों के लोकों को याने स्वर्गादि उत्तम लोकों को प्राप्त हो कर बहुत वर्षों तक निवास करके फिर शुद्ध आचरण वाले श्रीमान् पुरुषों के घर में जन्म लेता है।

पिताश्री का सहयोग था नहीं और अपनी स्थिति तथा सरलता के कारण बिना टिकट जाने का प्रश्न ही नहीं उठता था। माँ भी क्या करती? वह यद्यपि अनुकूल भाव रखती थी पर चाहकर भी कुछ न कर सकती थी। अत्यंत सीधी, सरल, अनुशासित एवं पुराने जमाने की माताओं के समान मर्यादित सर्वथा पिताश्री के आधीन रहने वाली थी। ऐसी परिस्थिति में क्या हो?

श्रीहरि इच्छा से उसी समय मुझे माता श्री के साथ अपने ननिहाल ग्वालियर जाने का अवसर मिला, वहाँ मुझे पं. देवकीनंदन शर्मा जो हमारे मामा जी की पुस्तकों की दुकान में कार्यरत थे मुझे साप्ताहिक सत्संग में फर्म देवजीत गंगाराम के मालिक सेठ तोतारामकालीचरण के यहाँ ले गये। वे दोनों भ्राता उस समय की हमारी नई उम्र की तीव्र भक्ति-भावना एवं मस्ती देख कर बहुत प्रभावित हुए। इसी समय तोताराम जी का छोटा पुत्र विशेष रूप से बीमार हो गया। हालत अधिक गंभीर होने पर उसे अस्पताल में भर्ती करवाना पड़ा; उस समय वे मुझे भी अस्पताल ले जाते थे। वहीं मुझे अस्पताल के प्रांगण में एक वृक्ष के नीचे आसन पर बैठा देते थे। कुछ मिष्ठान्न फल का भोग लगाते थे। एक दिन श्रीराम इच्छा से मेरे मुख से निकला 'अब कष्ट कट जायेंगे' और हमारे राम ने अंगुली से भूमि पर गुणा का चिह्न बना दिया। वे बोले महाराज ! बालक स्वस्थ हो जायेगा तो आप को अयोध्या ले जायेंगे। प्रभुकृपा से बालक पूर्ण स्वस्थ हो गया।

बालक के ताऊ श्री कालीचरण अग्रवाल जो सत्संग भजन इत्यादि के प्रभाव से 'भगतजी' कहलाने लगे थे मुझे श्री अवध धाम ले गये। वहां के भक्तिभाव पूर्ण वातावरण में हृदयकमल प्रफुल्लित हो गया किंवा खिल गया तथा यह हाल चरितार्थ होने लगा -

फंस कर हरि के नेह, देह भूली भूली।
नाच रहा मनमोर मस्त हो, बरसे अमृत मेह, कली फूली फूली॥
मधुर मनोहर मूर्ति नाथ की, बसी सुभग उर गेह, दृगन झूली झूली।
'हरीदास' हरि कृपा हुई अब, नाशे सब संदेह, मिटी भव की शूली॥

उस समय उनके साथ अयोध्या के सुप्रसिद्ध विद्वान् संत, संगीतज्ञ, रसिक संप्रदायाचार्य श्री सीतारामशण जी महाराज के आश्रम लक्ष्मण किला में ठहरा था। वहीं एक दिन हमें श्री कालीचरण जी के सौजन्य से संत-प्रसाद प्राप्त हुआ। अवध धाम से जबलपुर लौटने के पश्चात् संत-प्रसादी प्राप्त करने के फलस्वरूप मुझ में मधुर भाव की भक्ति का आवेश हो गया जिसके कारण भगवत्-चिंतन विशेष रूप से होने लगा और कुछ महीनों तक मैं मौन धारण किये रहा। उसी भगवत् भावमयी अवस्था में भगवान श्री सीताराम संबंधी मधुर भाव के लगभग 165 पद हृदय से निःसृत हुए। उस समय की वह

भाव-दशा नि:संदेह आलौकिक थी जिसका प्रमाण उस अवस्था में लिखित छंदावली है उसी समय सन् 1960 चल रहा था तथा हमारी आयु इक्कीस वर्ष की थी।

तुलसी रामायण ने इस शरीर के मानस (मनोवृत्ति) की संभाल तो की ही है वात्सल्यमयी माता के समान पालन-पोषण भी किया है। रामचरित मानस में देवर्षि नारद से भगवान श्रीराम अपनी अमृतवाणी में बोलते हैं -

"सुनु मुनि तोहि कहउँ सहरोसा। भजहिं जे मोहि तजि सकल भरोसा॥
करउँ सदा तिन्ह की रखवारी। जिमि बालक राखइ महतारी॥"

परम प्रभु श्री राम जी की यह वाणी इस जीवन में सर्वथा एवं सर्वदा चरितार्थ हुई। 'मानस' भी भगवान श्रीराम का शब्दमय विग्रह ही है वैसे तो रामायण का अर्थ ही राम का अयन (घर) है सो भगवान राम का रूप हो, नाम हो अथवा रामायण (चरित्र) ही हो। इनके सेवन से मानव के लौकिक, पारलौकिक सभी प्रयोजन सिद्ध हो जाते हैं और त्रयताप की शांति एवं पापों का विनाश होकर भगवान के चारुचरणारविन्दों की प्राप्ति भी हो जाती है।

किस प्रकार भगवान श्रीराम की भक्ति एवं 'मानस' के आधार से कुसमय में भी कष्टों से सर्वथा अछूता रहा इसका एक प्रसंग दृष्टव्य है। पिता श्री के अप्रसन्नता पर घर से बाहर निकलना पड़ा उस समय यह घटित हुआ।

जबलपुर से ही लगी हुई 'गढ़ा' नाम की पुरानी बस्ती है। पतित पावनी श्री नर्मदा जी जिनके प्रभाव से जबलपुर नर्मदा खंड कहलाता है का एक घाट तिलवारा घाट है वहाँ स्नान करके हम लौट रहे थे। तिलवारा घाट को जाने वाले रास्ते में गढ़ा के बाहरी क्षेत्र में 'सूपाताल' नाम का एक तालाब है जिसके पास एक प्राचीन श्री हनुमंतलला जी का मंदिर है। अब तो विशाल रूप में बन गया है। संत श्री नागाबाबा वीरेन्द्रपुरी की कृपा से वहाँ लगभग 30 वर्ष से 'मानस' का अखंड पाठ चल रहा है। हमारा यह प्रसंग उस से भी पूर्व का है जब यहा गढ़ा के वृद्ध विद्वत्जन इकट्ठे होकर रामायण का पाठ एवं विवेचन करते थे।

मंदिर में दर्शनार्थ जब हम गये तो वहाँ गढ़ा के एक विद्वान पंडित विद्याधर जी महाराज 'मानस यज्ञ' करा रहे थे। वे हमें देखकर बोले यहाँ पुरुषों का मन तो हवनादि में लग जाता है पर माताओं का मन समाहित नहीं होता; आप कुछ कीर्तन, भजन, कथा सुनायें तो इनका भी मन लगे। अब हम कोई प्रवचनकार तो थे नहीं पर उनके निर्देशानुसार 'मानस' की चौपाइयों का कुछ विवेचन एवं संकीर्तन भजन करने-कराने लगे जो माताओं को बहुत रुचिकर हुआ। नवरात्रि भर मानस यज्ञ चला। रामनवमी के पर्व पर मानस यज्ञ की समाप्ति पर सभी मातायें बड़े सम्मानपूर्वक मुझे गढ़ा के अन्दरूनी क्षेत्र में ले गईं। इस प्रकार गढ़ा बस्ती में परिचय हो गया।

कालान्तर में पिता श्री के अधिक नाराज होने पर हम अपना बोरिया बिस्तर लेकर

गढ़ा में चले गये और एक श्रद्धालु वृद्ध माता के आश्रय में रहने लगे। वहाँ भी रामचरितमानस के कुछ प्रसंगों का गायन, विवेचन तथा संकीर्तन भजन करते थे। श्रीराम कृपा से गढ़ा के घर-घर में यह कार्यक्रम होने लगा। भक्ति-भाव की अच्छी जागृति उस क्षेत्र में हुई। इस प्रकार कोई कष्ट नहीं हुआ और रामायण तथा रामायण के नायक भगवान श्री राम की कृपा से लगभग डेढ़ वर्ष वहाँ सानन्द भगवत-भजन में व्यस्त हो गया।

इस प्रकार यहाँ-वहाँ कभी जबलपुर में ही कभी बाहर कई स्थानों पर रहा पर जहाँ भी रहा वहाँ मानस के 108 पाठ के पावन अनुष्ठान के प्रभाव से प्राप्त अध्यात्म ज्ञान एवं भक्ति पूर्वक भजन संकीर्तन के सत्साधन से कहीं कोई भी कष्ट नहीं हुआ। जब तक पिताश्री रहे हमारा एक पैर घर से बाहर ही रहता था। वात्सल्मयी माता श्री के विशेष ममत्व के कारण घर का आकर्षण हो जाता था। उन्होंने मेरे भक्ति-भजन-साधन में यथासंभव हर प्रकार से सहयोग किया। सन् 1970 में पिता श्री के न रहने पर अनेक कथा पूजन, रुद्राभिषेक, संकीर्तन, विविध भक्ति भाव पूर्ण कार्यक्रम उन्हीं की कृपा से घर में संपन्न हुए। हमारी दादी माँ भी विशेष धार्मिक प्रवृत्ति वाली, व्रत पूजन भाव भक्ति में संलग्न रहने वाली थीं। उन्होंने मृत्यु के एक सप्ताह पूर्व तक मेरे द्वारा 'अध्यात्मरामायण' का श्रवण किया था अंत तक हरिस्मरणरत रहीं।

छोटी बहिन के ब्याह में जब मैं घर आया तब तक पिताश्री का मानस परिवर्तित हो चुका था। उन्हें यह पूर्णतया समझ में आ गया था कि हमारा यह पुत्र संतत्व लेकर ही जन्मा है सो वे 'मानस' एवं तुलसीदास जी के संबंध में हमसे प्रश्नोत्तर एवं जिज्ञासापूर्ण वार्तालाप किया करते थे। हमारे द्वारा सुंदरकांड का श्रवण किया करते थे। वाल्मीकि रामायण मंगवा कर पढ़ी, राम नाम खूब लेने लगे, रेडियो में भजन सुनकर तन्मय हो जाते थे। इस प्रकार उनका अंतिम समय (जीवन का) भगवत् शरणागति में ही व्यतीत हुआ।

तुलसी रामायण के अनेक अखंड पाठ मंडल के माध्यम से हुए। सन् 1962 के अष्टग्रही योग में छोटी खरमाई स्थित नवनिर्मित श्रीराम मंदिर में 9 माह का जो अखंड रामायण सह संकीर्तन का कार्यक्रम हुआ वह तो अविस्मरणीय है। हजारों स्त्री पुरुषों ने उसमें भाग लिया। भक्ति की भागीरथी पूर्ण वेग से प्रवाहित हो गई। जबलपुर के गल्ला बाजार में पंचकोष मंदिर के प्रांगण में सुप्रसिद्ध मानसप्रेमी हमारे सुहृदा मित्रवर पं. प्रेमनारायण उपाध्याय द्वारा 'मानस' के 108 पाठ (अखंड) का अनुष्ठान आयोजित किया गया। आयोजन के दौरान मानस प्रेमियों के मध्य चर्चा होते हुए काव्य की समस्या पूर्ति विद्या पर 'मानस' की इस अर्धाली के आधार पर कि 'मज्जन फल पेखिअ तत्काला। काक होहिं पिक बकउ मराला।' यह समस्या पूर्ति करने की बात उठी : 'जिसमें नित हंस बना करते।' तब हमारे राम के द्वारा यह छन्द बनाया गया -

बक रूप जहान में जीव जो हैं, सबके हित कूप खना करते।
इत आत नहात कुबुद्धि से, सद्भाव समीर सना करते।
'हरिदास'उदास भये जग से, रघुवीर से प्रेम घना करते।
यह 'मानस' मानसरोवर है, जिसमें नित हंस बना करते।

अंत में 'मानस' की प्रशस्ति में स्वरचित एक कवित्त (छन्द) लिखते हुए लेखक के समापन की ओर चलते हैं -

क्लेश भयनाशन को कालिका कराल जोई,
संपदा बढ़ावन को सिंधुजा सुहाई है।
सुमति विकासन को शारदा सुरंजनी है,
पाप पुंजनाशन को सुरसरि सुखदाई है॥
श्रद्धा, सद्भाव उमगावन को गौरी सी,
कीर्ति हेतु कीरतिकुमारी छवि छाई है।
भक्ति, मुक्ति, दर्शन प्रदायिका श्री जानकी सी,
'हरीदास' रामायण तुलसी रचाई है॥

इसी 'मानस' श्री राम भक्ति के प्रभाव से आज श्री शिव मंदिर मढ़ाताल 'नित्यनाम संकीर्तन सत्र' के कार्यक्रम के द्वारा इस पावन संकीर्तन ध्वनि से नित्य गुंजायमान हो रहा है -

सीताराम सीताराम सीताराम सीताराम
जिनके मन मंदिर से निकलें, पल को सीमा राम नहीं।
उन मारुति सा धन्य कौन है? रहें निमिष बिनु नाम नहीं।
देयँ प्रेरणा भक्तजनों को कीर्तन की अभिराम यहीं।
छूट जाए सब कुछ पर छूटे, रसना से हरि नाम नहीं॥

रामचरितमानस ज्ञान और प्रेरणा का स्त्रोत

- डॉ. सियाराम तिवारी

मेरे जीवन में रामायण का प्रवेश बाल्यकाल में ही पूज्य पिताजी के माध्यम से हुआ। जब मैंने होश संभाला तो देखा कि घर में एक मोटा ग्रंथ लाल कपड़े में लपेटकर रखा है जिसे पिताजी रोज खोलकर पढ़ते हैं। जब मुझे अक्षर-ज्ञान हो गया तो यदा-कदा मैं भी उस पुस्तक को खोलकर अवलोकन करने लगा। वह मुंबई से छपा हुआ 'रामचरितमानस' था। उस समय मैं नहीं समझता था कि वह क्या है और उसकी क्या महिमा है। फिर भी, उसके पन्नों को उलटने-पुलटने में मुझे आनंद आता था। कालांतर में मैंने देखा कि मेरे गाँव के कुछ लोग कभी-कभी एक ग्रंथ को सामने रखकर उसे गाते हुए पढ़ते हैं। मेरे पिताजी भी उसमें सम्मिलित होते थे और वे अपने घर में रखा हुआ वही ग्रंथ ले जाते थे। लौटने पर उसको उसी तरह एक वस्त्र में लपेटकर ऐसी जगह रख देते थे जो बच्चों की पहुँच के बाहर हो। जब अन्य व्यक्ति के घर पर उसके गायन का आयोजन होता था तो पिताजी के साथ मैं भी वहाँ जाता था। कुछ नहीं समझने पर भी उसका श्रवण मुझे सुखद प्रतीत होता था। रामायण (रामचरितमानस) के प्रति मेरा अनुराग इसी तरह अलक्षित रूप में उत्पन्न हुआ जो दिनोंदिन बढ़ता रहा। और अभी इकहत्तर वर्ष की अवस्था में भी वह बढ़ने की ही दिशा में है। अभी स्थिति यह है कि आध्यात्मिक और साहित्यिक, दोनों दृष्टिकोणों से मैं उसे सर्वश्रेष्ठ ग्रंथ समझता हूँ। यदि मुझसे कोई पूछता है कि क्या पढ़ूँ तो मैं राय देता हूँ कि अगर तुम केवल एक ही ग्रंथ पढ़ना चाहते हो तो 'रामचरितमानस' पढ़ो। कोई नवोदित कवि मुझसे परामर्श चाहता है तो मैं उसे यही कहता हूँ कि पहले 'रामचरितमानस' पढ़ लो, फिर भी तुम्हें लगे कि कविता लिख सकते हो तो लिखो, अन्यथा नहीं।

मुझे गोस्वामी तुलसीदास-रचित 'रामचरितमानस' सर्वाधिक प्रिय है। इसके अनेक कारण हैं। सबसे पहली बात तो यह है कि यह अनुभव करने की चीज है, विवेचित विश्लेषित करने की नहीं। यह गूँगे के गुड़ खाने के समान है जो मिठास का अनुभव तो करता है, पर उसे कह नहीं पाता। फिर भी, यदि कारण बताना ही हो तो कई बातें कही जा सकती हैं। सबसे पहली बात तो यह है कि जो अन्य रामायणों में है, वह सब 'रामचरितमानस' में है, पर जो 'रामचरितमानस' में है, वह अन्य रामायणों में नहीं है। तुलसीदास ने पूर्ववर्ती आर्ष एवं आर्षेतर राम-काव्यों का गहन अनुशीलन किया था। उन कृतियों में उनको जो भी रम्य दिखा, सबका उन्होंने अपने 'रामचरितमानस' में समाहरण कर लिया है। और यह कार्य उन्होंने आँख मूँदकर नहीं किया है, वरन् अपनी अलौकिक

प्रतिभा का संस्पर्श देकर किया है। रामकथा के अनेक प्रचलित प्रकरणों का त्याग कर, उनका स्थान-परिवर्तन कर एवं नवीन प्रकरणों की सृष्टि कर उन्होंने अपनी कला का चमत्कार दिखलाया है।

इस संबंध में दूसरी बात यह है कि 'रामचरितमानस' में भक्ति रस का जो सम्भार है, वह अन्यत्र दुर्लभ है। ज्ञान के प्रसंग को भी किस तरह उन्होंने भक्तिमय कर दिया है, इसको देखने के लिए एक ही उदाहरण पर्याप्त है। श्रीमद्भागत गीता में भगवान् श्रीकृष्ण ने कहा -

यदा यदा हि धर्मस्य ग्लानिर्भवति भारत।
अभ्युत्थानमधर्मस्य तदात्मानं सृजाम्यहम्।।
परित्राणाय साधूनां विनाशय च दुष्कृताम्।
धर्मसंस्थापनार्थाय संभवामि युगे युगे।।

अवतार के हेतु का स्पष्ट करने वाली श्रीकृष्ण की इस उक्ति को तुलसीदास ने किस प्रकार भक्ति रस से सिक्त कर प्रस्तुत किया है, यह देखने योग्य है -

जब जब होइ धरम कै हानी।
बाढ़हिं असुर अधम अभिमानी।।
करहिं अनीति जाइ नहिं बरनी।
सीदहिं बिप्र धेनु सुर धरनी।।
तब तब प्रभु धरि बिबिध सरीरा।
हरहिं कृपानिधि सज्जन पीरा।।

सबसे पहले तो तुलसीदास ने 'गीता' की उत्तम पुरुष में व्यक्त की गयी उक्ति को अन्य पुरुष में परिवर्तित किया। तुलसीदास ने उस कथन को जिस रूप में प्रस्तुत किया है, उससे भगवान् की और अधिक कृपालुता की व्यंजना होती है। भगवान् के कृपालु-रूप की व्यंजना के लिए तुलसीदास ने उक्त कथन की भाषिक संरचना बदल दी। 'गीता' में 'ग्लानि' शब्द का प्रयोग हुआ है। 'ग्लानि शब्द का एक अर्थ 'ह्रास' भी है पर आधुनिक आर्य परिवार की भाषाओं में इसका भिन्न अर्थ है। यहाँ इसका अर्थ है अपने किसी कृत्य पर लज्जित और खिन्न होना। इसलिए तुलसीदास ने 'हानि' शब्द का प्रयोग किया है। यही नहीं, केवल धर्म की हानि कहने से अत्याचार, अन्याय और उत्पीड़न का पूरा चित्र नहीं उभरता था। अत: तुलसीदास ने उसे पूरा करने के लिए जोड़ दिया 'बाढ़हिं असुर अधम अभिमानी' जो 'गीता' के उक्त श्लोक में नहीं है। अंतिम चौपाई में तो तुलसीदास ने भक्ति भाव को मूर्त्त ही कर दिया। तुलसीदास कहते हैं कि प्रभु शरीर धारण करते हैं 'प्रभु' शब्द में ईश्वर की सर्वशक्तिमत्ता और शरणागतवत्सलता व्यंजित है। 'संभवामि' कहने की अपेक्षा विविध प्रकार के शरीर धारण करने की बात कहना अवतार की अवधारणा को अधिक स्पष्ट करता है। सज्जनों के परित्राण एवं दुष्टों के विनाश की

तुलना में 'हरहिं कृपानिधि सज्जन पीरा' कहने में जो मार्मिक भक्ति-भावना व्यंजित हो रही है, वह अनुभव करने की चीज है। इस प्रकार 'रामचरितमानस' का तुलसीदास ने भक्ति रस का विराट् सरोवर बना दिया है जिसमें अवगाहन करता हुआ श्रद्धालु अध्येता कभी थकता नहीं।

'रामचरितमानस' की श्रेष्ठता के संबंध में तीसरा बिंदु यह है कि पारिवारिक और सामाजिक सौमनस्य को स्थापित करने वाला यह अन्यतम ग्रंथ है। पति का पत्नी के प्रति, पत्नी का पति के प्रति, पिता का पुत्र के प्रति, पुत्र का पिता के प्रति, माता का पुत्र और पुत्रवधु के प्रति, पुत्र का माता के प्रति, बहू का सास के प्रति, अग्रज का अनुज के प्रति, अनुज का अग्रज के प्रति क्या भाव और व्यवहार होना चाहिए, इसका एक सुरम्य आदर्श 'रामचरितमानस' प्रस्तुत करता है। इसी तरह सामाजिक सौमनस्य का भी एक अनुपम आदर्श यह ग्रंथ प्रस्तुत करता है। इसके लिए एक निषाद-प्रकरण को देखना ही काफी होगा। निष्कर्ष यह है कि पारिवारिक और सामाजिक जीवन को सुखमय बनाने के लिए तुलसीदास ने ऐसी व्यवस्था दी है जो किसी को अग्राह्य नहीं प्रतीत हो सकती।

'रामचरितमानस' की श्रेष्ठता का चौथा आधार यह है कि वह आज भी प्रासंगिक बना हुआ है और जब तक यह पृथ्वी रहेगी, उसकी यह प्रासंगिकता बनी रहेगी। इसका कारण यह है कि रामराज्य की कल्पना के रूप में तुलसीदास ने इसमें एक आदर्श शासन-व्यवस्था का प्रारूप प्रस्तुत किया है। तुलसीदास-निरूपित रामराज्य ऐसी शासन-पद्धति है जिसकी समकक्षता संसार के किसी भी देश का संविधान नहीं कर सकता।

आज साहित्य में दलित-विमर्श की चर्चा होती है। 'रामचरितमानस' में यह भी अनुपलब्ध नहीं है। निषाद को श्रीराम यह कहकर विदा करते हैं -

तुम मम सखा भरत सम भ्राता।
सदा रहेहु पुर आवत जाता।।

दलित-चेतना का वास्तविक स्वरूप दलितों का विलाप नहीं होना चाहिए। दलितों का सवर्णों के द्वारा सम्मानित होता हुआ दिखाया जाना ही उसका वास्तविक स्वरूप होना चाहिए। दलित-चेतना के प्रवक्ताओं को यह बात ध्यान में रखनी चाहिए। जो हो 'रामचरितमानस' दलित-विमर्श का भी एक आदर्श प्रस्तुत करती है। देश और काल के अनुसार लोकजीवन के किसी भी पक्ष में कोई भी नई बात कभी भी उठे, उसकी झलक 'रामचरितमानस' में किसी न किसी रूप में अवश्य मिल जायेगी। 'रामचरितमानस' की अक्षय प्रासंगिकता इसी अर्थ में है।

'रामचरितमानस' की श्रेष्ठता का पाँचवाँ आधार यह है कि वह दिव्य फ़ूल देने वाला दिव्य ग्रंथ है। 'रामचरितमानस' दो वर्ष, सात महीने, छब्बीस दिनों की तपस्या का दिव्य फल है। कहा जाता है कि तुलसीदास ने दुग्धाहार पर रहकर उक्त अवधि में 'रामचरितमानस' का प्रणयन किया था। यही कारण है कि 'मानस' के परायण से मनुष्य

वह सब प्राप्त करता है जो देवी-देवताओं की आराधना से प्राप्त होता है। 'मानस' की श्रेष्ठता का एक बड़ा हेतु यह भी है।

रामायण का कौन-सा प्रसंग सर्वाधिक प्रिय है? अन्य कौन प्रसंग अत्यंत प्रेरक और वर्तमान में प्रासंगिक लगते हैं?

अयोध्याकांड का राम-वाल्मीकि-संवाद मुझे सर्वाधिक प्रिय है। श्रीराम ने वाल्मीकि से पूछा है कि सीता और लक्ष्मण के साथ मैं कहाँ निवास करूँ जहाँ मुनियों को उद्वेग न हो:

अस जिय जानि कहिअ सोइ ठाऊँ।
सिय सौमित्रि सहित जहँ जाऊँ॥
तहँ रचि रुचिर परन तृन साला।
बासु करौं कछु काल कृपाला॥

इस पर वाल्मीकि ने श्रीराम के ब्रह्मत्व का मार्मिक वर्णन करते हुए कहा कि तुम मुझसे पूछते हो कि कहाँ रहूँ, मैं तुमसे पूछता हूँ कि तुम वह स्थान बता दो जहाँ तुम न हो -

पूँछेहु मोहि कि रहौं कहँ मैं पूछत सकुचाऊँ।
जहँ न होहु तहँ देहु कहि तुम्हहिं देखावौं ठाऊँ॥

इस पर श्रीराम मुस्कुराते हैं और तब वाल्मीकि उन्हें एक-एक कर स्थान बतलाते हैं। वाल्मीकि संतों का एक-एक लक्षण बतलाते हुए उनके हृदय में निवास करने का परामर्श देते हैं। सबके अंत में वाल्मीकि कहते हैं -

जाहि न चाहिअ कबहुँ कछु तुम्ह सन सहज सनेहु।
बसहु निरंतर तासु मन सो राउर निज गेहु ॥

इस प्रकरण की मार्मिकता पढ़ने पर ही अनुभव की जा सकती है।

उत्तरकांड में काकभुशुंडि के द्वारा कलि काल का जो वर्णन कराया गया है वह वर्तमान में पूर्णतया प्रासंगिक है। लगता है, सोलहवीं शताब्दी में ही तुलसीदास ने इक्कीसवीं शताब्दी के भारत को देख लिया था। पता नहीं, संसार में अन्य किस कवि ने सुदूर भविष्य का इतनी उत्कृटता और सटीकता से देख लिया था।

जहाँ तक अपने जीवन में रामायण की प्रेरणा से जुड़ा किसी घटना/घटनाओं के वर्णन का प्रश्न है, इस का उद्देश्य अन्य अनेक की आस्था, श्रद्धा और भक्ति को बल प्रदान करना है। ऐसी प्रेरक घटनाएँ किसी अन्य के जीवन से भी जुड़ी हो सकती हैं जिन्हें सुन या पढ़कर आपको हर्ष और प्रेरणा का अनुभव हुआ हो।

पटना से प्रकाशित हिंदी दैनिक 'आर्यावर्त' के संपादकीय विभाग में आचार्य परमानन्दन शास्त्री नाम के एक विद्वान् काम करते थे। वे व्याकरण और ज्योतिष के बड़े पंडित थे। बिहार खादी ग्रामोद्योग संघ, मुजफ्फरपुर से प्रकाशित सर्वोदय डायरी में उनके

द्वारा निर्मित पंचांग और वर्ष का राशिफल प्रकाशित होता था। उनके द्वारा निर्दिष्ट राशिफल मेरे जीवन में अद्‌भुत रूप से घटित हो जाया करता था। वे अनिष्ट के निवारण का उपाय भी लिखते थे। उनके द्वारा बताये उपायों में एक 'रामचरितमानस' के सुंदर कांड का पाठ भी हुआ करता था। मेरी राशि के साथ उन्होंने जब-जब ऐसा बताया, मैंने सुंदरकांड का पाठ किया और अनिष्ट से बच गया।

रामायण की प्रेरणा से जुड़े प्रसंगों की चर्चा करना चाहूँगा।

इस संबंध में मैं एक सुने हुए और एक गीताप्रेस, गोरखपुर से प्रकाशित होने वाली पत्रिका 'कल्याण' में पढ़े हुए प्रसंग का उल्लेख कर रहा हूँ। 1958 ई० के आसपास पटना विश्वविद्यालय के हिंदी-विभागाध्यक्ष आचार्य जगन्नाथ राम शर्मा हुआ करते थे। मैं उनका स्नेह पात्र था और उन्हीं के निर्देशन में अपना शोधकार्य आरंभ किया था। वे हिंदी के अतिरिक्त संस्कृत, पालि, प्राकृत और अपभ्रंश के भी बड़े पंडित थे। उन्होंने एक बार मुझे बताया कि पटना विश्वविद्यालय में सेवा आरंभ करने के दिनों में प्रशासन की ओर से उन्हें बहुत परेशान किया जा रहा था। उन्हें लगता था कि उनकी सेवा समाप्त कर दी जाएगी। इस संकट के निवारण के लिए उन्होंने 'रामचरितमानस' का नवाह्न पाठ किया और पाठ समाप्त होते-होते उनकी सारी परेशानियाँ दूर हो गयीं। ऐसा भाव-विभोर होकर उन्होंने मुझे यह संस्मरण सुनाया कि 'रामचरितमानस' की अलौकिक महिमा मेरे सामने साकार हो उठी और मैं उससे अभिभूत हो गया। आचार्य शर्मा का कहा हुआ यह प्रसंग मुझे सदा याद रहता है और इससे मुझे बहुत प्रेरणा मिलती है।

दूसरा प्रसंग 'कल्याण' का है। उस पत्रिका में एक स्तंभ के अंतर्गत लोगों के अलौकिक अनुभव प्रकाशित होते हैं। एक अंक में एक व्यक्ति ने अपना अनुभव इस प्रकार लिखा था कि उसकी दुकान के आसपास आग लग गयी और वह उसकी दुकान की ओर तेजी से बढ़ने लगी। आग से बचने का कोई उपाय न देख वह 'रामचरितमानस' के सुंदर कांड का पाठ करने लगा। उसकी दुकान तक पहुँचते-पहुँचते अग्नि बुझ गयी और उसकी दुकान की कोई क्षति नहीं हुई।

दोनों प्रसंग सुने और पढ़े हुए बहुत दिन हो गये, पर मुझे सदा याद रहते हैं और बहुत प्रेरणा देते हैं।

'रामचरितमानस' की महिमा आपार है।

वनवासी राम प्रिय लगते हैं

- केशव प्रसाद कायाँ

मैं जब विद्यालय में पढ़ता था तब उस समय की पाठ्य पुस्तक में रामायण, दोहावली, विनय पत्रिका के अंश प्रकाशित होते थे। उन्हें पढ़कर मेरी अभिरुचि गोस्वामी जी के लेखन के प्रति हुई। मेरे पिताजी के आराध्य भगवान राम थे। वे प्रतिदिन-रामचरित मानस का पाठ भी करते थे और इडेन गार्डेन के पास प्रतिदिन रामकथा भी सुनते थे। उनके साथ मुझे भी रामकथा सुनने का सौभाग्य प्राप्त होता था। इसका भी संस्कार मेरे मानस पर पड़ा।

कोलकाता में 50 के दशक में एक संस्था थी जिसका नाम 'विश्व शान्ति अखंड हरि कीर्तन संघ' था। इसके प्रमुख कर्ताधर्ता थे श्री भोलाराम जी केडिया। केडिया जी परम धार्मिक थे। वे प्रतिदिन कुछ कीर्तनियों के साथ प्रभात-फेरी करते हुए 'हरे राम हरे कृष्ण' मंत्र का कीर्तन करते थे। केडिया जी साल में एक बार रामायण प्रवचन का सार्वजनिक आयोजन करते थे। उस समय गोस्वामी बिन्दुजी महाराज, पं. कपीन्द्र जी, पं. शिव नारायण जी व्यास, बच्चू सूर आदि कथावाचक कोलकाता आते थे और रामायण के विविध प्रसंगों पर प्रवचन करते थे। पं कपीन्द्र जी का मुझ पर विशेष स्नेह था और वे मुझे प्रेम से केशव प्रसाद के बदले 'पद्मनाभ' नाम से सबोधित करते थे। मेरे जीवन पर पं. कपीन्द्र जी महाराज का भी काफी प्रभाव रहा है। रामायण मेरे रोम-रोम में बसी हुई है। वैसे रामायण तो अनेक हैं किन्तु मुझे रामचरितमानस विशेष प्रिय है।

जहाँ तक मानस के सर्वाधिक प्रिय प्रसंग का प्रश्न है, मुझे अयोध्या काण्ड का उत्तरार्द्ध अधिक प्रिय है।

और एक बात लिखना अनुचित नहीं होगा। मुझे वनवासी राम अधिक प्रिय लगते हैं। मेरा अपना विचार है कि राजा राम के बजाय वनवासी राम से मिलना ज्यादा आसान है। वनवासी राम से वन के कोल-भील ग्रामीण स्त्री-पुरुष, ऋषि-मुनि बिना किसी बाधा के मिल सकते थे। अत: ऐसे राम मुझे अत्यंत प्रिय लगते हैं।

प्रत्येक व्यक्ति के जीवन में सुख दु:ख आते जाते रहते हैं। मेरे जीवन में जब जब भी प्रतिकूल परिस्थितियाँ आईं, रामजी ने मुझे हमेशा सहारा दिया। उनकी कृपा का कोई अंत नहीं।

अपराधी पर रामायण का प्रभाव

- चक्रधर नलिन

शिवमंगल सिंह रायबरेली जनपद के निवासी थे। परिवार में भीषण निर्धनता थी। बचपन में पिता के देहांत हो जाने से वह नियंत्रणहीन हो गये थे। उनका साथ युवावस्था में खूंखार अपराधियों से हो गया। वह अपराधों की दुनिया में लिप्त हो गये। सन् 1930 में उनसे डकैती में पहचान लिए जाने से एक हत्या तक हो गई।

एक दिन उनके ग्राम में एक साधु का अकस्मात् आगमन हुआ। ठाकुर साहब उनसे मिले और सब कुछ उन्हें सही-सही बता दिया तथा मानसिक शान्ति न होने का उल्लेख किया। साधु ने उन्हें प्रतिदिन 'रामचरित मानस' में कम से कम दो दोहे चौपाइयों सहित पढ़ने का परामर्श दिया।

फिर क्या था? ठाकुर साहब एक बड़ी रामचरितमानस ले आये और सुंदरकांड से इसका पाठ नित्य प्रति नहा-धोकर करने लगे। कुछ दिन बीतते ही उनके मन में अपराधी विचारों के स्थान पर दिव्य-विचार आने लगे। वह शंकर भगवान पर जल चढ़ाते तथा सूर्य देव को भी जल देने लगे। कुछ दिनों में उन्हें मानस के किष्किंधा तथा सुंदरकांड कंठस्थ हो गये और वह प्रवचन भी करने लगे। उनके पास काफी भूमि आ गई, उन्हें संतान हुई, उच्च शिक्षित हुई, घर धन-धान्य से भर गया।

वह ग्राम के नवयुवकों को प्राय: बताया करते कि रामचरितमानस का पाठ करो इससे तुम सब कुछ प्राप्त कर सकते हो। इसकी प्रत्येक पंक्ति सिद्ध-मंत्र है।

रामायण आचरण में हो

- डॉ. हिम्मतसिंह सिन्हा

मुझे बाल्यकाल से रामायण की प्रेरणा अपने चाचा जी श्रद्धेय श्री ब्रजराज सरन सक्सैना से मिली। वह जिला मुरादाबाद (उ.प्र.) की हसनपुर तहसील में रामलीला मंचन के ख्यातनामा निदेशक थे। उन्होंने गीतों की एक पुस्तक लिखी जो रामलीलाओं में गाई जाती है और लोक गीतों की भाँति ब्याह शादी के अवसर पर भी उसमें से गीत गाए जाते हैं।

जिला मुरादाबाद में रामलीला की व्यासपद्धति प्रचलित है। इसमें मंच के नीचे बैठकर व्यास तुलसीमानस की चौपाइयों का गायन करते हैं और मंच पर पात्र उन्हीं के अनुसार संवाद या कथा बोलते हैं। इधर-उधर भटकते नहीं, न अपनी ओर से तुक्के मार सकते हैं। पद्य में बोलना हो तो राधे श्याम की रामायण से संवाद बोल देते हैं। जब से होश संभाला, पूज्य चाचा जी का यह सारा योगदान देखते रहे।

इसके पश्चात् रामायण की व्यवस्था सीखने का अवसर आया। बुलंदशहर में मेरे पिता जी के मामा श्री चोखे लाल जी नगर के बहुत विख्यात व्यक्तियों में से थे। अनन्य शिव भक्त थे और दादी जी श्रीमती शान्ती देवी रामायण की चौपाइयों की इतनी अच्छी व्याख्या करती थी कि बड़े बड़े रामायणी उनसे प्रेरणा लेते थे। दादी जी ने बहुत स्नेह दिया और मानस गायन में तथा मानस की व्याख्या करने में भी निपुण बना दिया। 1946 से आजतक उन्हीं की सिखाई शैली में मानस गायन करते हैं। उन्हीं के प्रताप से रामायण का बार-बार अध्ययन, संशोधन, पारायण एवं प्रवचन करते रहे हैं।

आचार्यों में तो पूज्य चरण श्री रामकिंकरजी से जो सीख पाए वह सीखा है। दिल्ली में 1944 से 1961 तक रहे। केन्द्रीय सचिवालय में सेवारत थे और सायंकालीन कॉलेज से एम.ए. किया जो बिरला मंदिर के निकट था। जब भी पूज्य रामकिंकर जी का प्रवचन वहाँ होता नियमित रूप से उन्हें श्रवण करना एक अनिवार्य कार्य रहा। वैसे तो श्रद्धेय त्रिलोकमोहन जी की कथा सरोजनी नगर में बहुत होती थी जिसकी व्यवस्था प्रायः हमारे मंडल के हाथों में ही रहती थी परंतु जितनी प्रेरणा पूज्यपाद श्री रामकिंकर जी से प्राप्त की इतनी किसी अन्य से नहीं। आज भी उन्हीं की शैली में कथा, प्रवचन करते हैं। वही आराध्य हैं।

वैसे तो रामकथा सारी ही प्रिय हैं परंतु विशेष प्रिय तुलसी का रामचरितमानस है। मानस की भाषा जन भाषा है। राजमहल से लेकर सड़क के किनारे जूती गांठने वाला भी श्रद्धा से चौपाई गा सकता है। सारी रामायण गायी जाने वाली है। लोकप्रिय है। इसमें

नैतिकता भी है। गहन अध्यात्म है, श्रद्धा उत्पादक है, भाव प्रवण है ऊँचे आदर्श चाहे सामाजिक हों चाहे राजनैतिक हों, भरे पड़े हैं। एक एक पात्र ऐसा आदर्श है जिसकी तुलना अन्य किसी ग्रंथ के पात्रों से नहीं हो सकती। जीवन के उदात्त गुणों से तथा अनन्य भक्ति भाव से भरने वाला ग्रंथ इसकी तुलना में दिखाई नहीं दिया।

भारतीय विद्या भवन से जब मैंने रामायण विशारद की परीक्षा दी तो सारा पाठ्यक्रम वाल्मीकि रामायण पर आधारित था उनका गहन अध्ययन किया परंतु भक्ति भाव, उच्च अध्यात्म ज्ञान तथा श्रद्धा-उत्पादक भावों से शून्य दिखाई पड़ी। ज्ञानवर्धक भले ही हो। तुलसी मानस का प्रचार, पाठ, कथा करते हैं साहित्य में ही ''कविता करके तुलसी न लसे, कविता लसी पा तुलसी की कला'' और भक्ति रस में भी 'भारी भवसागर उतारतौ कवन पार, जो पय रामायण तुलसी न गावतो।

रामायण आदि से अंत तक सारी ही प्रिय है परंतु अधिकांश पाठ सुंदरकांड का ही होता है। राम का सारा चरित्र ही प्रेरक है। पूरी रामायण का पाठ भी करते हैं, कथा भी करते हैं - केवट, शबरी, राम विवाह, राम राज्य, भरत-प्रेम, हनुमान का सारा प्रसंग अत्यंत प्रेरक है। तुलसी मानस का सारा नैतिक पक्ष, और राजनैतिक पक्ष आज के युग में प्रासंगिक दिखाई पड़ता है। राम तो जहां भी बोलते हैं मानों भारतीय संस्कृति बोल रही है जो सर्वकाल में प्रासंगिक है।

हमारा कार्य रामायण का प्रसार-प्रचार और रामायण के प्रति जनता की आस्था एवं श्रद्धा जगाना है। इसके चार पक्ष हैं -

(क) मानस के पाठों का आयोजन निरंतर बढ़ता जा रहा है किसी के घर विवाह शादी, पुत्रजन्म या जन्म दिवस तथा अन्य कोई शुभ अवसर हो तो वह श्रद्धा से अपने घर में मानस पाठ करता है - पूरा हो या सुंदर कांड हो, पाठ में उनकी श्रद्धा निरंतर बढ़ रही है। एक सप्ताह में तो दो-दो पाठ होते हैं। कई बार लगातार चार पाठ हो जाते हैं। पाठों के माध्यम में जन जन के मन में आस्था व श्रद्धा जगाने का कार्य निरंतर चल रहा है।

(ख) प्रवचन के माध्यम से भी आस्था और श्रद्धा जगाने का कार्य चल रहा है। सारा पंजाब, हरियाणा और पश्चिमी उत्तर प्रदेश मेरा प्रवचन क्षेत्र है। लोग श्रद्धा से सुनते हैं।

(ग) बच्चों और युवाओं में रामायण के प्रति श्रद्धा जागे इसके लिए यहाँ हम हर वर्ष तुलसी जयंती पर मानस पाठ प्रतियोगिता तथा मानस प्रश्न मंच प्रतियोगिता रखते हैं। तीन वर्ग बनाते हैं - 3 से 5वीं कक्षा तक शिशु वर्ग, 6 से 8 वर्ष तक बाल वर्ग और 9 से 12 वीं कक्षा तक किशोर वर्ग लगभग 70-72 टीमें भाग लेती हैं। विद्यालय बड़ी अच्छी तैयारी कराकर भेजते हैं।

(घ) बहुत से जिज्ञासु छात्र मानस पर शोध कर चुके हैं। उनको एम.फिल तथा पी-एच.डी.

स्तर का शोध कार्य रामायण के विभिन्न पक्षों पर कराया है, परंतु उन सब में जिसकी बहुत सराहना हुई है वह है "वाल्मीकि और तुलसी रामायण में रावण पक्षीय पात्रों का तुलनात्मक अध्ययन।" इस पर पी-एच.डी. की उपाधि मिल चुकी है।

श्रद्धा-आस्था जगाने के यह सभी आयाम सफल हो रहे हैं - घर घर में मांगलिक अवसरों पर मानस पाठ की परंपरा निरंतर बढ़ रही है।

घटनाएँ बहुत घटित होती रहती हैं। अन्य लोग भी सुनाते हैं। परंतु हमारा कार्य बच्चों को नैतिक आचरण सिखाने और संस्कार देने का अधिक है। उस पर अधिक बल देते हैं।

मानस में जो सिद्धि वर्णित है उसकी साधना में लगा हुआ हूँ। बाल कांड के आरंभ में तुलसी कहते हैं -

लखि सुवेष जग वंचक जेऊ। वेश प्रताप पूजिए तेऊ।

जितने भी जग वंचक, दुनिया की आखों में धूल झोंकने वाले हैं, सुवेष धारण करके धोखा ही नहीं दे रहे अपितु अनाचार और दुराचर फैला रहे हैं, हे पार्वती जो सच्चा राम भक्त होगा (उत्तरकांड) उसकी पहचान यह है

उमा जो राम चरन रत, विगत काम मद क्रोध...

उस की कामना चली गई होगी। निष्काम भाव से, कामनाहीन होकर देश की, समाज की, झुग्गी झोंपड़ी में रहने वाले उपेक्षित वर्ग की सेवा में लगा होगा, मद और अहंकार से शून्य होगा और क्रोध को जीतने वाला होगा, शेष सब पाखंडी हैं। इसी साधना से लगा हूँ - कामनाहीन हो जाऊँ, अहंकार समाप्त हो गया है, क्रोध भी कम है - जिस दिन पूर्ण रूप से यह स्थिति आ जाएगी, उस दिन समझ लूँगा राम की कृपा हो गई।

रामायण से जीवन रक्षा

– पं. मृदुल 'रामायणी'

प्रभु कृपा से रामायण की कथा से प्रेम आज से 40 वर्ष पहले हुआ जब मेरा बचपन था और तब सर्वप्रथम हमारे पूज्य पिताजी से संस्कार मिले क्योंकि वे अच्छे रामायणी थे। इसके बाद कुछ समझ आई तो पूज्य श्री विन्दुजी महाराज के प्रवचन सुने और उनके ही मित्र पूज्य श्री विनीतजी महाराज का साहित्य पढ़ा तथा उनके सान्निध्य में रहकर सेवा करने का सौभाग्य प्राप्त हुआ, फिर मैंने संगीत को समझने के लिये श्री कामता प्रसाद जी से शास्त्रीय संगीत सीखा और भोपाल में रहकर संगीत की कई परीक्षायें दीं। फिर तो मुझे मानस प्रवचन संगीत में सुनने के लिये कई जगह बुलाया जाने लगा। मुझे बड़े सम्मेलनों में कई संत महापुरुषों का सान्निध्य मिला विशेषकर श्री केशवदासजी ब्रह्मचारी, पं. राम प्रसाद जी अवस्थी व पं. श्रीरामकिंकर जी उपाध्याय आदि मेरे प्रमुख मार्गदर्शक रहे, और सभी रामायणों में तुलसीकृत रामायण मेरा प्राणप्रिय ग्रंथ है।

यूं तो रामायण के सभी पावन प्रसंग अपने आप में अनूठे हैं किंतु हनुमतचरित्र का परोपकारी प्रसंग मुझे अत्यंत प्रिय लगता है।

मेरी तो जीवन आधार रामकथा ही है, मैंने तो जीवन भर रामकथा कही, रामकथा के प्रभाव से ही मेरा संस्कारी परिवार है। मैं सुखी हूँ। बड़े-बड़े संकटों से जूझता रहा किंतु 'ईस अनेक करबरें टारी' रामायण का प्रताप किन शब्दों में व्यक्त करूं जैसा सुना है कि देश के पूर्व प्रधानमंत्री स्व. मुरारजी देसाई वायुयान में यात्रा करते हुए दुर्घटनाग्रस्त हुए तो पत्रकारों ने पूछा "आपका वायुयान गिरकर टूट गया और आप पूर्ण सुरक्षित हैं। आप कैसे बच गये?" तब उन्होंने कहा 'और तो कोई बात नहीं किंतु मेरी अटैची में रामायण का गुटका रहता है, शायद मैं इसीलिए बच गया।'

वर्तमान में तो सभी वेदपुराणों से परिचय कराने वाली रामायण ही है। रामायण न होती तो हम सभी धर्म ग्रंथों को भूल गये होते।

श्रीराम के अनन्य सेवक श्री हनुमान

– पं. बृजेन्द्र मिश्र रामायणी

मेरे जीवन में रामायण का प्रवेश बचपन से ही था। मेरे पिताश्री डा. श्रीनाथ जी मिश्र (रामायणी) भारतवर्ष में लब्ध प्रतिष्ठित रामकथा वाचक हैं। तो रामायण मेरे हाथ में बचपन में ही आ गयी थी। रामायण जी का नित्य पाठ किया करते थे सो आज भी क्रम जारी है। एक विशेष आनन्द की अनुभूति होती है।

आजकल के विभूतियों में मेरे पिता भी मानस रत्न डा. श्रीनाथ जी मिश्र (रामायणी) जिन्होंने मुझे रामायण का अध्ययन कराया मेरे प्रेरक बने और राष्ट्र संत 'मोरारी बाबू' भी मेरे प्रेरक हैं। अपने पिताजी से मैंने रामकथा की शैली पाई और बापू जी से रामकथा की मस्ती पाई।

गोस्वामी तुलसीदास जी का रामचरित मानस मुझे बहुत प्रिय है क्योंकि सरल भाषा, अपनी भाषा में है जिसे आसानी से समझा जा सकता है और जन-जन तक पहुंचाया जा सकता है।

रामायण में तो अनेकानेक प्रसंग हैं लेकिन हनुमान जी के प्रसंग में विशेष आनन्द आता है–

श्रीराम कृपा मूर्ति हैं
''प्रभु मूरति कृपामयी है''
और हनुमान जी
''मंगल मूरति मारुति नन्दन''
मंगल की मूर्ति हैं।

आजकल सबको मंगल ही चाहिए जीवन में, तो हनुमान जी की शरण में आना होगा।

कलियुग के प्रत्यक्ष देवता हनुमान जी हैं। विदेशों में भी हनुमान जी का पूजन किया जाता है किसी न किसी रूप में।

हनुमान जी से एक विशेष शिक्षा यह लेना चाहिए कि उनमें सेवा भाव है। संतों से सुना है कि जब तुलसीदास जी रामचरित मानस लिखने लगे तो हनुमान जी सामने आकर के खड़े हो गए और तुलसीदास जी से कहा कि तुलसी! रामचरित मानस में मेरा चरित्र न लिखना। तब तुलसीदास जी ने कहा कि–हनुमान जी महाराज! अगर आपका चरित्र सामने आकर के खड़ा हुआ तो जरूर लिखेंगे। हनुमान जी समझ गए कि तुलसीदास लिखेंगे–तब हनुमान जी ने कहा कि अच्छा मेरा चरित्र लिखना–राम चरित मानस में–लेकिन वहाँ से लिखना जहाँ से श्रीराम की सेवा करनी हो।

अगर आप लोग सावधानी से देखें उसी जगह से लिखना प्रारम्भ किया किष्किन्धा काण्ड से। उसके पहले हनुमान जी का चरित्र नहीं मिलता है।

हनुमान जी में सेवा भाव है, सेवा गुण सीखना हो तो हनुमान जी से सीखना चाहिए–

विप्ररूप धरि कपि तह गयऊ।
माथ नाइ पूछत अस भयऊ॥
को तुम श्यामल गौर सरीरा।
छत्रिय रूप फिरहु बन बीरा॥
कठिन भूमि कोमल पद गामी।
कवन हेतु बिचरहु तुम स्वामी॥
की तुम तीन देव महुँ कोऊ।
नर नारायन की तुम दोऊ॥
जग कारन तारन भव भंजन धरनी भार।
की तुम अखिल भुवन पति लीन्ह मनुज अवतार॥

हनुमान जी प्रभु से प्रथम मिलन में बातचीत किए, प्रश्न किए। आप कौन, ईश्वर तो नहीं, प्रभु भी राम अपने को यहाँ पर छिपाने का प्रयास किए और इसी के साथ हनुमान जी को अभी तक की कथा भी सुना दी–यह सौभाग्य हनुमान जी को ही मिला कि प्रथम मिलन में ही श्रीराम ने अपने मुख से हनुमान जी को कथा सुनाई–

कोसलेश दशरथ के जाए।
हम पितु वचन मानि बन आए॥
नाम राम लछिमन दोउ भाई।
संग नारि सुकुमारि सुहाई॥
इहाँ हरी निसिचर बैदेही।
बिप्र फिरहि हम खोजत तेही।

और फिर हनुमान जी का सेवा भाव देखिए–सुनने के बाद प्रभु श्रीराम से कहते हैं कि प्रभु इस पहाड़ी पर मेरा राजा सुग्रीव रहता है, वो आपका दास है–

नाथ सैल पर कपि पति रहई।
सो सुग्रीव दास तव अहई॥

चलिए, सुग्रीव से मित्रता कराए और सेवा भाव शुरू हो गया–

एहि विधि सकल कथा समुझाई।
लिए दुऔ जन पीठ चढ़ाई॥

प्रभु श्रीराम और लक्ष्मण जी को अपनी पीठ पर बैठाकर के सुग्रीव के पास ले जाते हैं पहाड़ी पर और मित्रता कराते हैं।

हमारे पिता श्री मानस रत्न, डा. श्रीनाथ जी मिश्र कहा करते हैं कि सभी को कष्ट

था–चाहे कौशल्या जी हों, भरत जी हों, अयोध्यावासी हों, सब को कष्ट था कि प्रभु श्रीराम वन में पैदल चल रहे हैं। यह कष्ट किसी ने भी दूर नहीं किया जब हनुमान जी आए तब यह कष्ट दूर हुआ। प्रभु श्रीराम को कन्धे पर बैठाए।

हनुमान जी कलियुग के प्रत्यक्ष देवता हैं, आज भी पृथ्वी पर विराजमान हैं। हनुमान जी की घोषणा है। प्रभु श्रीराम से वरदान मांग लिए हैं – प्रभु! जब तक आपकी कथा पृथ्वी पर विराजमान रहेगी, तब तक हनुमान आपकी कथा को सुनेगा। आपके साथ साकेतलोक नहीं जाऊंगा! हनुमान जी साकेत नहीं गए। आज भी पृथ्वी पर विराजमान हैं, इसलिए हमारे राष्ट्र संत मुरारी बापू कहा करते हैं कि–सभी कथावाचकों से कि खूब रामकथा कही जाए, गाया जाए–रामकथा बन्द न हो, इसलिए कि तभी तक हनुमान जी पृथ्वी पर रहेंगे।

रामकथा की सत्यता का यह प्रमाण

–धरणीधर

इन दिनों रामसेतु परियोजना को लेकर बहुत अनर्गल बातें कही जा रही हैं, जिसकी चर्चा करना इस लेख की गरिमा पर आघात होगा।

'संत संभु श्रीपति अपवादा। सुनिअ जहां तहं असि मरजादा।
काटिय तासु जीभ जो बसाई। श्रवन मूदि न त चलिअ पराई।।

(मानस 1/64/2)

अर्थ–जहां संत, शिवजी या लक्ष्मीपति विष्णु भगवान की निन्दा सुनी जाये वहां ऐसी मर्यादा है कि यदि अपना वश चले तो उस (निन्दा करने वाले) की जीभ काट ले और नहीं तो कान मूंद कर वहां से भाग जाये।

भगवान श्रीराम एक आस्था और विश्वास के विषय हैं न कि तर्क कुतर्क के। जिसने जीवन में उनकी भक्ति पाई है वही उनके अस्तित्व को समझ सकते हैं। मेरे जीवन में आये दिन ऐसी घटनायें घटित होती हैं जिससे मानस की निम्न चौपाइयों का साक्षात् अनुभव होता रहता है।

''बिनु पद चलइ सुनइ बिनु काना। कर बिनु करम करइ विधि नाना।।
आनन हीन सकल रसभोगी। बिनु बानी बकता बढ़ जोगी।।

(मानस 1/118/3)

भगवान श्रीराम ने मेरी पूज्या मां को यह श्रेय दिया कि वह मुझमें भक्ति तथा आस्था उत्पन्न करें। यह घटना सन् 1941 की होगी। मेरे पिताजी अंग्रेजी शासन में मुरादाबाद में जज थे। मैं कोई 14 वर्ष का था और हाई स्कूल का विद्यार्थी था। मेरे पिताजी व माताजी की यह प्रबल इच्छा थी कि मेरे सबसे बड़े भाई, श्री देशदीपक ऊंची से ऊंची सरकारी नौकरी जैसे ICS, IPS आदि में आवे अन्यथा मुंसिफ में आ जावें। मुंसिफ ही आगे चलकर जज बनते थे। आजकल यह पद सिविल जज (जूनियर डिवीजन) कहलाता है। कुछ ऐसा हुआ कि वह किसी भी परीक्षा में सफल नहीं हुए और उनकी आयु सरकारी पदों की सीमा पार कर गई। घर में एक निराशा का वातावरण व्याप्त हो गया। द्वितीय विश्व युद्ध चल रहा था, परीक्षायें भी सरकार ने बंद कर दीं। सहसा एक विज्ञापन निकला कि सरकार मुंसिफ की कई वर्ष से रुकी हुई परीक्षा लेगी जिसकी आयु सीमा भी काफी ऊंची रखी गई थी। कुछ ऐसा संयोग था कि मेरे भाई उस सीमा के अंदर थे और परीक्षा में बैठ सकते थे। इस घटना से ही घर में पुनः रौनक आ गई। उन्होंने फार्म भरा और पढ़ाई शुरू की व मेरी माताजी ने दिया जलाकर सुन्दरकाण्ड का प्रतिदिन पाठ प्रारम्भ कर दिया। जब वह पाठ करती थीं तो मुझे भी बिठा लेती थीं।

मैं कुछ अधिक समझता नहीं था, परन्तु उनकी आज्ञा के पालन में बैठा रहता था। मुंसिफ का परीक्षाफल आया और मेरे भाईजी अंतिम स्थान पाकर चुन लिये गये।

घर में रौनक वापस आ गई। मैं अपनी माताजी के पाठ से प्रभावित हुआ और सोचा कि किसी कार्य की सफलता का यह सबसे आसान तरीका है। यहीं से विश्वास पैदा हुआ और श्री रामचरित मानस के प्रति जिज्ञासा तथा श्रद्धा का भाव आया जो कालांतर में बढ़ता गया। मेरी आयु 80 वर्ष की हो रही है और मैं अपने अनुभवों से कह सकता हूं कि यदि आप कोई कार्य चाहते हैं और वह हो जाता है तो यह स्वाभाविक रूप में प्रसन्नता का विषय है, परन्तु यदि वह नहीं होता तो निराश न हों क्योंकि उसमें प्रभु की इच्छा है और आपका हित है, बस आवश्यकता पूर्ण समर्पण व विश्वास की है। मेरे जीवन की अनेक प्रमुख घटनायें हैं जो मेरी इच्छा के विरुद्ध हुईं परन्तु बाद में उनसे मुझे बहुत लाभ हुआ। स्थानाभाव के कारण उन सबको यहां लिखना सम्भव नहीं है।

रामसेतु परियोजना से उत्पन्न वातावरण में मैं एक घटना का उल्लेख करूंगा। मैं जनकपुर (नेपाल) में पंचम अंतर्राष्ट्रीय रामायण सम्मेलन में भाग लेने गया था। वहां कुछ नेपाली मित्र बन गये, जिन्होंने मुझे वह स्थान दिखाने का प्रस्ताव रखा, जहां भगवान श्रीराम द्वारा शिवजी का टूटा हुआ धनुष आज भी देखा जा सकता है। दूसरे दिन मैं उन नेपाली मित्रों के साथ उस स्थान पर गया जो जनकपुर से कोई 10-15 किलोमीटर दूर होगा। वहां दो धनुषाकार शिलायें देखीं जो मान्यता के अनुसार उसी शिवजी के धनुष के अवशेष हैं जो भगवान ने तोड़ा था। उस ग्राम में अत्यधिक गरीबी देखी। जगह जगह पर नेपाली महिलायें अर्धनग्न अवस्था में जंगल में पैदा होने वाले फल आदि बेच रही थीं। हम लोगों को कार से उतरते देख वह पास आ गईं और अपने सामान (फल, फूल आदि) को बेचने का प्रयास करने लगीं। मैंने देखा कि अधिकतर महिलायें केवल आधी धोती से ही पूरा शरीर ढकने का प्रयास कर रही थीं। वही उनका ब्लाउज़, पेटीकोट व धोती था। मुझे दु:ख हुआ और उनके बारे में अपने नेपाली मित्रों से चर्चा करने लगा। उन महिलाओं से भी उनके सामान के दाम पूछे। इसी बीच में मैंने उनसे स्नेह दिखाते हुए कह दिया कि मैं अयोध्या से आ रहा हूं। बस यह सुनते ही उन महिलाओं के चेहरे से हंसी बंद हो गई और उन्होंने मेरी तरफ पीठ कर दी। मैं कुछ नहीं समझ पाया और हैरान हो गया।

तब मैंने अपने नेपाली मित्रों से पूछा कि यह सहसा क्या हो गया? उन्होंने बतलाया कि अयोध्यावासियों से यह लोग बहुत नाराज़ हैं, क्योंकि उनकी यह भावना है कि यहां की कन्या सीता जी को अयोध्या में जाकर बहुत कष्ट सहने पड़े थे। मुझे यह भी बतलाया गया कि यदि मेरे साथ वह नेपाली मित्र न होते तो शायद वह सब मेरे साथ कोई अन्य दुर्व्यवहार भी कर सकती थीं। मुझे बतलाया गया कि जनकपुर में अयोध्या काण्ड के आगे मानस का पाठ वर्जित है, क्योंकि उसके बाद से श्री सीताजी के कष्टों का प्रारम्भ होता है।

मैं किसी भी व्यक्ति को वह निमंत्रण देता हूं कि वह मेरे साथ जनकपुर चले और स्वयम् यह अनुभव करे कि क्या भगवान श्रीराम व श्री सीताजा किसी उपन्यास के काल्पनिक पात्र हैं अथवा उन्होंने इस धरती पर सशरीर लीलायें की थीं। मैं सब जानते हुए भी अनर्गल बातें करने वालों पर क्रोध नहीं करता हूं क्योंकि कलिकाल चल रहा है जिसका कुछ वर्णन गोस्वामी तुलसीदास जी ने मानस के उत्तरकाण्ड (दोहा 97 से दोहा 104) में किया है। नीचे केवल दो पंक्तियों का उल्लेख करता हूं।

''कलिमल ग्रसे धर्म सब लुप्त भये सदग्रंथ।
दंभिन्ह निज मति कल्पि करि प्रगट किए बहु पंथ॥''

भगवान से प्रार्थना है कि ऐसे व्यक्तियों को सद्बुद्धि दे।

रामकथा की कृपा अनुभूतियां

– श्रीमती क्रांति त्रिवेदी

लखनऊ के मोती महल प्रांगण में श्री रामकिंकर जी महाराज की रामकथा चल रही थी। नित्य की तरह हम लोग भी गये। एक ओर पुरुषों के लिए कुर्सियां थीं दूसरी ओर महिलाओं के लिए। पुरुष दीर्घा में एक कुर्सी मिल गयी, उसमें पति बैठ गये। महिला दीर्घा में कोई कुर्सी खाली न थी। मेरे पैरों में ऐसा कष्ट था कि मैं नीचे बैठ नहीं सकती थी। कथा छोड़कर जाने का मन नहीं था। अत: विवश होकर निर्णय लिया कि खड़े होकर ही सुन लूँ पर जानती थी बीस मिनट से अधिक देर खड़ी नहीं रह सकूँगी, फिर भी मैं तल्लीन होकर सुन रही थी। कुछ ही समय बीता था कि जाने कहाँ से दो बालक वहाँ आये, अवस्था नौ-दस वर्ष की रही होगी। दोनों लकड़ी की एक छोटी बैंच लेकर आये थे। मेरे सामने रख दी। मैं कुछ कह सकूँ इसके पूर्व वे वहाँ से चले गये। उस समय की मन की अवस्था वर्णनातीत है।

आज तक मन यह कहता है कि सम्भव है वे साक्षात राम-लक्ष्मण थे। इसके अतिरिक्त क्या सोचा जा सकता है? रामकथा तथा रामकृपा के विषय में लिखने बैठी तो एक अन्य घटना भी स्मरण हो आई।

रामनवमी के अवसर पर मैं तथा पति श्री धरणीधर, अयोध्या नगरी के जानकी महल मन्दिर के अतिथि गृह में ठहरे हुए थे। संध्याकाल में आरती के पश्चात् मंदिर के गर्भगृह के सामने वाले हाल में रामचरित मानस पर बनारस के डा. श्रीनाथ मिश्र प्रवचन कर रहे थे। वे पहले एलोपैथी के डाक्टर थे। प्रवचन उत्कृष्ट एवं हृदयग्राही था। बैठने के लिये दरियों का प्रबन्ध था। नीचे बैठकर उठ सकने की असमर्थता के कारण मैंने सोचा कुछ देर खड़े होकर सुन लूँ अत: एक कोने में जो स्थान प्रवचनकर्ता की दृष्टि से ओझल था, वहाँ खड़ी हो गयी। प्रवचन सुनने में कदाचित ध्यान न रहा था सो मेरा हाथ एवं वस्त्र उन्हें दिख गये। प्रवचन रोककर उन्होंने आग्रह किया कि जो भी खड़ा हो वह बैठ जाये अन्यथा ध्यान हट जाता है। मैं किंकर्तव्यविमूढ़ खड़ी थी, क्योंकि उस भीड़ से निकलने का अर्थ था कि कम से कम उनके दस मिनट और व्यर्थ होते। श्रोता अधीर हो रहे थे तब तक उठने में नहीं किन्तु बैठने में समर्थ थी अत: भगवान का नाम लेकर बैठ गयी, क्योंकि उन्होंने पुन: आग्रह किया था, 'कृपया बैठ जाइये।'

यथासमय कथा समाप्त हो गयी, ध्यान मग्न लोग उठकर प्रवचनकर्ता को प्रणाम करने जाने लगे। मैं भी दीवार के सहारे उठने का प्रयत्न करने लगी किन्तु सारे प्रयत्न व्यर्थ होते गये। तब तक प्रवचनकर्ता चले गये थे और उनके पीछे श्रोता समूह भी। उस समय उस

मन्दिर में केवल मैं और भगवान थे। बैठकर सोचा अब भगवान ही कुछ करें तो करें क्योंकि मैं कमरे से अकेली केवल दर्शन करने आई थी। उस समय पति स्नानगृह में थे अतः उन्हें सूचना नहीं दी थी।

समय बीत रहा था जाने क्यों पुजारी भी वहाँ नहीं थे। इतने में ही एक अच्छी स्वस्थ लम्बे कद की महिला वहाँ आयी और मुझसे पूछा आप यहाँ क्यों बैठी हैं। मैंने समस्या से अवगत कराया। एक क्षण का विलम्ब किये बिना उसने पीछे से ही अपने दोनों हाथ मेरे कंधों के नीचे, बांह के नीचे डालकर मुझे फूल की तरह उठाकर खड़ा कर दिया। मैं मुड़कर देखूं, धन्यवाद दूँ, इसके पहले वह जा चुकी थी। मन में भाव आता है कि रामकथा में महावीर हनुमान उपस्थित रहते हैं कहीं उसी वेश में तो नहीं आये थे? बाद में मन्दिर के अतिथियों में उसे नहीं खोज पाई थी, क्योंकि मुखाकृति भलीभांति नहीं दिखाई दी थी।

श्री हनुमानजी की वह प्रेरणा : हम धन्य हुए

- श्रीमती ऊषा एवं श्री लक्ष्मीनारायण मेहरा (अमेरिका)

इन घटनाओं का आरंभ लगभग 1993 से है। अमरीका में रहते हुए हमारे दाम्पत्य जीवन के पच्चीस वर्ष व्यतीत हो चुके थे। प्रवासी भारतीयों की संख्या न्यूयार्क, शिकागो व हूस्टन इत्यादि नगरों में बढ़ चुकी थी। अधिकांश मित्र वर्ग में शिक्षा व समृद्धि का अभाव न था। यदि अभाव था तो केवल आत्मिक जिज्ञासा का। परिवारों में बच्चों की शादियों व धूमधाम पार्टियों का सिलसिला आरंभ हो चुका था, परंतु पार्टियों में पुराने भौतिकवाद, धन-प्रतिष्ठा और राजनीति के स्थान पर आध्यात्मिकता की चर्चा होने लगी थी। समय समय पर भारत से धर्मगुरु आते और चर्चा करके भारत लौट जाते। इस समय तक आध्यात्मिक उत्थान के लिये न कोई प्रयास था और न कोई एकाग्रता - जो सुना, कुछ समय ग्रहण किया - क्षणिक अनुभव किया - फिर भूल गये। अपनी भाषा व संस्कृति की चर्चा तो करते थे परंतु किसी भी निश्चयात्मक कार्य का पूर्ण अभाव था।

ऐसे ही सामाजिक वातावरण में मेरे व मेरी पत्नी ऊषा के जीवन में विशेष अनुभव का बीज फूटा। हमारे एक बनारसी मित्र हिंदी के विशेष प्रेमी हैं। हिंदी के शिक्षक भी हैं और साहित्य के उत्थान में भी कार्य करते रहे हैं। उन्होंने सूचित किया कि हूस्टन में एक 'हिंदी सम्मेलन' का आयोजन किया गया है और कुछ हिंदी व साहित्यिक विद्वानों को भारत से भी आमंत्रित किया गया है। इन विद्वानों के निवास का प्रबंध अधिकतर लोगों ने अपने घरों में ही किया था और उनकी रुचि के अनुसार सायंकाल में गोष्ठी के पश्चात् सत्संग व प्रश्नोत्तर का कार्यक्रम था।

दूसरे दिन के प्रोग्राम के बाद हमें सूचित किया गया कि भारत से आये हुए विद्वानों में एक सज्जन रामायण के विशेष मर्मज्ञ हैं और तुलसी रामायण से सुंदर कांड का पाठ व विवेचना करेंगे। यह बता दूँ कि हम दोनों पति-पत्नी को तुलसी रामायण से विशेष जुड़ाव है। दिल्ली निवासी होने के कारण रामलीला मैदान की रामलीला में भाग लेना और अन्य पारिवारिक अवसरों पर रामायण पारायण तो एक परंपरा रही है।

मित्र के घर में प्रवेश करते ही एक विचित्र शांति का अनुभव हुआ। देखा कि मध्यम कद के एक सज्जन बड़ी शांत और मधुर वाणी में सुंदरकांड का पाठ कर रहे हैं। उनकी तन्मयता के कारण मानों सारा वातावरण राममय हो गया था। अनायास ही मैं और पत्नी एक साथ बोल उठे, "यहां तो साक्षात् हनुमान जी विराजमान हैं।" "बिनु हरि कृपा मिलहि नहिं संता" - इन पंक्तियों का साक्षात् अनुभव हुआ। एक ऐसी आत्मीयता का भास हुआ कि विचार विमर्श करते-करते अर्धरात्रि से अधिक समय निकल गया। इस अनुभव की अमिट छाप लेकर जब घर लौट रहे थे तो भी मन उस सज्जन की ही ओर

आकर्षित था और इस बात का तो जरा भी संकेत नहीं था कि इस प्रभावशाली व्यक्ति से हमें भावी जीवन में महत्त्वपूर्ण अनुभव होंगे। आपकी जिज्ञासा पूर्ण करने को बता दूँ कि यह सज्जन श्री लल्लन प्रसाद व्यास जी हैं।

श्री व्यास जी से पहली दो भेंट में लगा मानों यह पुराना संबंध है। जीवन में जो आध्यात्मिक प्रश्न उठते रहे थे - उनके उत्तर मिलने आरंभ हो गये। लगने लगा कि एक कुशल मार्गदर्शक के साथ-साथ प्रेरक भी मिल गया है। उनकी प्रेरणा से रामायण द्वारा बहुत ही जिज्ञासाओं का समाधान हुआ। संयोगवंश व्यास जी की कई बार दक्षिण अमेरिका की यात्रा हुई और हर बार उनसे हूस्टन में मिलने का योग बनता रहा।

इसी शृंखला में दो और कार्यक्रम हूस्टन में आयोजित हुए जो उल्लेखनीय हैं। 1997 में पहली बार उत्तर अमेरिका के हूस्टन में अन्तर्राष्ट्रीय रामायण सम्मेलन हुआ। इस सम्मेलन में कुछ ऐसी अनुभूतियां हुईं जो स्वयं में विचित्र घटनायें हैं। दूसरी बार 2005 में व्यास जी की प्रेरणा से राम विवाह पंचमी के अवसर पर उनके साथ चित्रकूट व प्रयागराज जाने का सौभाग्य प्राप्त हुआ।

बचपन से ही मेरी पत्नी को 'राम मिलेंगे?' प्रश्न उठता रहा है। एक बार गायत्री सिद्धपीठ जाने का संयोग हुआ और साक्षात् 'राम मिलेंगे' यह संकेत मिला।

इस शृंखला की दूसरी कड़ी में सन् 2006 में हूस्टन में 'हनुमान सम्मेलन' का आयोजन हुआ। इसमें जो हनुमान यज्ञ हुआ वह असाधारण घटना थी। जनता ने साक्षात् पवनपुत्र की उपस्थिति का अनुभव किया। श्री व्यास जी की प्रेरणा और संचालन से श्रीराम और हनुमान जी - स्वामी और सेवक का मिलन मनमोहक था। इन सम्मेलनों के निमित्त मात्र ही होने पर हम अपने को धन्य मानते हैं और विशिष्ठ साधुजनों व विद्वानों की सेवा तो राम कथा का प्रसाद ही है।

इन घटनाओं को हुए काफी समय व्यतीत हो गया है। व्यास जी ने रामायण से जो अटूट संबंध स्थापित करा दिया है - वह तो जन्म जन्मांतर की संचित संपत्ति हो गई है। इस संपत्ति को भावी पीढ़ियों में बांटने का प्रयास जारी है। आगे तो 'होइहि वही जो राम रचि राखा।'

रामायण से जुड़ने में अलौकिक प्रेरणा

- सत्यदेव गुप्ता (अमेरिका)

यूँ तो एक भक्त हिन्दू परिवार में जन्म के कारण तुलसी रामायण से परिचय बचपन में ही हो गया था, पर शिक्षा व जीविका के लिए गाँव से निकलने पर यह लगाव नाम मात्र ही रह गया। अमरीका पहुँचने के बाद नब्बे के दशक के शुरू में कुछ प्रतिकूल परिस्थितियों के कारण मेरी मनोदशा सही नहीं चल रही थी। अपने निजी व्यवसाय में भी ध्यान नही दे पा रहा था। ऐसे समय में रामायण पर काम करने का एक प्रस्ताव मुझे मिला और पूरी तरह अनुकूल न होते हुए भी मैंने उसे स्वीकार कर लिया। इसी सिलसिले में भारत आने का कार्यक्रम बन गया। मैंने रामायण पर कुछ खोज की आवश्यकता का जिक्र अपने एक निकट मित्र बंकटा जी से किया और उन्होंने अपने घर बुलाकर अपने पुराने सहपाठी श्री राजेन्द्र अरुण से परिचय करवाया जो उसी दिन शाम को मौरिशस वापस जा रहे थे। श्री अरुण रामकथा पर जाने माने लेखक हैं। इसी संदर्भ में मेरा परिचय प्रभात प्रकाशन के मालिक श्री श्याम सुंदर अग्रवाल से भी हुआ। उन्हीं दिनों श्री बंकटा जी की प्रेरणा से मेरा संपर्क श्री लल्लन प्रसाद व्यास से हुआ जो बाद में स्थायी हो गया। तभी मुझे श्री विद्यानिवास मिश्र से भी मिलने का अवसर मिला। इन सभी महानुभावों से समय समय पर रामायण और कामकथा पर चर्चाएं हुईं। मुझे ऐसा लगा कि मैं रामायण से फिर जुड़ गया हूँ। व्यास जी से मेरा संपर्क एक विशेष संबंध बन गया जिसे मैं अपनी आध्यात्मिक प्रेरणा और प्रगति की संज्ञा देता हूँ। उनके माध्यम से मैं अंतर्राष्ट्रीय रामायण सम्मेलनों से जुड़ा। पंद्रह साल बाद यह सब एक अच्छे सपने की तरह आनंददायक लगता है।

इस संदर्भ की अलौकिकता का यह आरंभ मात्र ही था। रामायण के तथाकथित प्रौजेक्ट के संदर्भ में मुझे रामकथा संक्षिप्त रूप में लिखने की प्रेरणा हुई। मैंने बहुत दिनों के बाद हिन्दी में लिखना शुरू किया। मेरा यह प्रयास अभी पूरा नहीं हो पाया। इस संक्षिप्त रामकथा में मैंने रामचरितमानस की उपयुक्त चौपाई व दोहों का समावेश भी किया था। उन्हीं दिनों व्यास जी का अमरीका आने का संयोग बना और काफी समय मुझे उनके साथ समय बिताने का अवसर मिला। इस संपर्क से मेरे रामायण के साथ जुड़ाव में और प्रगाढ़ता आ गई। उसी दौरान मैं अपने अच्छे मित्र श्री दामोदर ऐरन से मिलने उनके ऑफिस में गया। अपने रामायण के लेखन का जिक्र करने पर उन्होंने अकस्मात सलाह दी 'भाई साहब आप रामचरित मानस का अंग्रेजी में पद्य रूपांतर क्यों नहीं करते हो?' अनायास ही मेरे मुँह से निकला 'यार ! पागल हो गये हो क्या? मैं और रामचरितमानस का अंग्रेजी रूपांतर और वह भी पद्य में? असंभव !' इसके बाद मैं वापस

अपनी जगह पर आकर लेखन कार्य में लग गया। इस घटना के कुछ दिन बाद मेरी नींद अचानक मध्य रात्रि में खुल गई और प्रयास करने पर भी नहीं सो सका। साधारणत: ऐसा होता नहीं था। पता नहीं क्यों, मेरे मन में अंग्रेजी पद्यांतर का विचार कौंधा और मैंने इस दिशा में प्रयास करने की सोची। संक्षिप्त रामकथा में तात्कालिक संदर्भ परशुराम संवाद चल रहा था। मैंने उन चौपाईयों को अंग्रेजी में रूपांतर का प्रयास किया। मुझे पढ़ने पर ऐसा लगा कि यह असंभव नहीं है। सिलसिला शुरू हो गया, रूपांतर की गाड़ी चलने लगी। हिचकोले खाते व बीच बीच में रुकते चलते, अंत में पार लग गई जो मेरे स्वभाव के अनुरूप नहीं था। इस प्रयास में मुझे आठ दस वर्ष लग गये। मैं इसे राम कृपा ही मानता हूँ।

राम कृपा का संदर्भ मेरी प्रथम चित्रकूट यात्रा के वर्णन बिना पूरी नहीं होगा। मुझे समय तो ठीक से याद नहीं है पर मैं भारत आया था। व्यास जी चित्रकूट के रामायण मेले में निमंत्रित थे। मुझे भी चलने के लिये प्रेरित किया। जिक्र करने पर परिवार के अन्य सदस्य भी चलने को तैयार हो गये। आखिरी मौके पर व्यास जी का कार्यक्रम बदल गया। उन्होंने मुझे कुछ नाम परिचय के लिये दिये तथा प्रेरणा दी कि हो सके तो वहाँ **'रामार्चा यज्ञ'** में सम्मिलित होने का प्रयास किया जाए। इस माध्यम से मेरा परिचय तमिल के हिन्दी विद्वान श्री शेषन से हुआ जो वहाँ रामायण मेला में भाग लेने गये थे। उन्हीं के आग्रह से हम भी वहाँ गये। मुझे वहाँ मंच पर भी बुलाया गया। अकस्मात् ही उन्होंने कहा कि यहाँ अमरीका से अंग्रेजी के कवि उपस्थित हैं जो मानस का पद्य-रूपांतर कर रहे हैं। मैं घबरा गया क्योंकि मुझे सार्वजनिक भाषण का अभ्यास नहीं था। पर वे कहाँ मानने वाले थे। मुझे बोलने का आग्रह किया गया। मैंने संक्षेप में यही कह कर अपना दायित्व पूरा किया कि मेरा विनम्र आग्रह है कि मुझे कवियों की श्रेणी में नहीं समझा जाए। जो चल रहा है, वह तो केवल बाल सुलभ प्रयास ही है। हाँ ! हाथ जोड़कर मैंने यह भरोसा अवश्य दिलाया कि रामस्थल में वायदा करता हूँ कि इसमें अंत तक लगा रहूँगा।

मुझे विश्वास है कि अनुकूल रामकृपा और प्रेरणा मुझे निरंतर मिलती रही है। इसी प्रयास में मैंने सुखद अनुभव किया कि समाधि क्या होती है? बीच, बीच में कई रोचक और आध्यात्मिक स्थलों व प्रसंगों में मुझे समय का भान पूर्णरूपेण विस्मृत हो गया। मैं निश्चित रूप से मानता हूँ कि यही समाधि की अवस्था है, जिसे इसके पहले मैंने कभी अनुभव नहीं किया। इस स्थिति का मेरे व्यक्तित्व में प्रवेश का मुख्य कारण रामकृपा ही हो सकती है।

चित्रकूट यात्रा की समाप्ति पर एक ऐसी घटना घटी जो मुझे आध्यात्मिक रूप से अद्‌भुत व भगवदीय प्रेरणा लगती है। रामायण मेला के बाद हम सभी मेरे गुरु जी श्री अवधकिशोर दास जी महाराज के पास गये। हमारे आग्रह पर उन्होंने श्री रामार्चा यज्ञ की व्यवस्था कर रखी थी। सब भली प्रकार संपन्न हो गया। उसी समय में मैंने अपने रामायण

लेखन के प्रयास का जिक्र गुरु जी से किया। मुझे ऐसा लगा कि शायद उन्होंने उस बात पर खास ध्यान नहीं दिया। गुरुजी ने हम सभी को पहाड़ी पर स्थित हनुमान मंदिर के दर्शन का सुझाव दिया। साथ में आश्रम की गाड़ी की व्यवस्था कर दी। दर्शन के बाद गाड़ी हमको स्टेशन पर छोड़ने वाली थी। गुरुजी से विदा माँगकर हम सब चल दिये। वापसी का मार्ग, मंदिर के समीप ही स्थित नदी की पुलिया पर होकर ही जाता है। हनुमान मंदिर से वापसी में जैसे ही वहाँ से गुजरे कार में गड़बड़ी होकर वह रुक गई। गड़बड़ कार को ऐसे ही छोड़कर जाना उचित नहीं था। हम सब कार से उतर कर, आश्रम वापस पहुँचकर गुरुजी से फिर मिले और उन्हें कार की खराबी की सूचना दी। ठीक करने की व्यवस्था कर दुबारा विदाई का अवसर मिला। चलते समय गुरुजी ने सहज रूप में मेरे कंधे पर हलके से स्पर्श कर मुझे अलग ले गये और कहा 'सत्यदेव, जो प्रयास तुम कर रहे हो, उसमें लगे रहना। रामकृपा से सफल हो जाओगे।' मैं उसे दैवी प्रेरणा ही मानता हूँ जो मुझे समय समय पर उत्साह बनाये रखकर मेरा पथ प्रदर्शन करती रही।

मेरे इस तथाकथित प्रयास में मैं श्री व्यास जी के अनुग्रह, प्रेरणा व समय समय पर पथ प्रदर्शन को भी राम का प्रसाद ही मानता हूँ तथा हृदय से उनका आभार व्यक्त करता हूँ। उनके साथ प्रथम परिचय, संपर्क और यहाँ तथा अमरीका में अनेक अवसरों पर साथ रहने, संपर्क व सत्संग होने को मैं दैवी कृपा से किसी भी तरह कम नहीं मानता। मेरे जीवन में जो भी न्यूनाधिक राम और रामायण से जुड़ाव हुआ है, उसकी शुरुआत व प्रगाढ़ता इसी कृपा का प्रसाद है। वह कृपा प्रसाद निरंतर है। मैं धन्यवाद व्यक्त कर उसके प्रभाव की महत्ता को कम नहीं करना चाहता और फिर -

बिनु सतसंग विवेक न होई।
राम कृपा बिनु सुलभ न सोई॥

रामायण के पात्र समाज के सच्चे आदर्श

- विष्णुहरि डालमिया

परात्पर परमब्रह्म, निखिल कोटि ब्रह्माण्ड नायक मर्यादापुरुषोत्तम भगवान श्रीराम के प्रति पूज्य श्रीपिताजी एवं पूज्या माताजी का भक्ति भाव रहा था। उनकी प्रेरणा ही मेरे लिए भी श्रीरामचरितमानस के प्रति रुझान होने का निमित्त बनी। गोस्वामी श्रीतुलसीदासजी द्वारा रचित श्रीरामचरितमानस मैं बाल्यकाल से ही पढ़ा करता था और इस ग्रंथ के प्रति रुचि निरंतर बढ़ती ही चली गयी। जब हमारा परिवार व्यवसाय के निमित्त बिहार प्रांत में रहता था, उस समय बिहार के लोगों का एक वर्ग कीर्त्तन के साथ सस्वर श्रीरामचरितमानस का पाठ करता था और बहुधा हमारे निवास स्थान पर भी वे लोग आया करते थे। मुझे इस आयोजन में उनके साथ बैठकर बड़ा आनंद आता था।

श्रीरामचरितमानस में वर्णित भगवान श्रीराम के कृपा प्रसंगों में मेरी अधिक रुचि रही है जैसे- केवट पर कृपा, शबरी पर कृपा, विभीषण पर कृपा आदि। शनैः शनैः मेरे मस्तिष्क में यह बात बैठती चली गयी कि भगवत्.कृपा का आश्रय ही अन्य सब साधनों से सर्वोपरि है।

भगवान श्रीराम ने अपनी नर-लीला में माता पिता की आज्ञा के पालन को सर्वोपरि रखा इसके लिए उन्होंने राजसिंहासन के स्थान पर 14 वर्ष का वनवास सहर्ष स्वीकार किया। यद्यपि श्रीरामचरितमानस में यह दर्शाया गया है कि भगवान श्रीराम ने माता-पिता की आज्ञा को कितनी महत्ता दी, किन्तु आज के आधुनिक युग में यह कितना बड़ा परिवर्तन है कि वृद्धावस्था आने पर माता-पिता को वृद्धाश्रम भेज दिया जाता है। क्या ऐसे लोग मानव देह धारण करके भी वास्तव में मानव कहलाने के योग्य हैं?

श्रीभरतलालजी का त्याग भी कितना विलक्षण है। श्रीलमक्ष्मणलाल जी एवं शत्रुघ्नलालजी का त्याग भी कोई कम नहीं है। श्रीभरतलालजी द्वारा राज्य का परित्याग कर वनवासी जीवन व्यतीत करना तथा श्रीलक्ष्मणलालजी का सहर्ष हठपूर्वक भगवान श्रीराम के साथ उनकी सेवा के लिए वन जाना एवं शत्रुघ्नलालजी का त्याग - दूसरों के सुख के लिए राजकीय वेशभूषा एवं राजमहल में निवास करते हुए भी गहन मानसिक वेदना को सहते रहना कितना बड़ा आदर्श प्रस्तुत करता है।

श्रीरामचरितमानस ने मेरे जीवन पर क्या प्रभाव डाला? इस प्रश्न पर अगर विचार करता हूँ तो उत्तर शून्य ही मिलता है। प्रभु का एक नाम 'पतितपावन' भी है। 'पतित नहीं होते जग में तो कौन पतित पावन कहता।' इस नाम को सार्थक करने में मेरा भी योगदान है - इतनी सेवा तो मुझसे बन ही गयी।

जीवन में रामायण का प्रवेश

- मधुकर लेले

मेरा सौभाग्य रहा कि वाराणसी में मेरा जन्म और बाल्यकाल बीता, जहाँ रामायण से सारा वातावरण ओतप्रोत था। नित्य प्रति रामायण पाठ, कथावार्ता और रामलीला प्रसंग सुनने और देखने को मिलते थे। अवश्य ही उससे मैं संस्कारित हुआ और मेरे व्यक्तित्व निर्माण में उसका प्रभाव महत्व का रहा है।

हमारा परिवार मूल महाराष्ट्र से था, जो काशी में लगभग 150 वर्ष पूर्व आकर बस गया था। परिवार में मराठी मातृभाषा थी पर अधिकांश रूप से हमारा सारा व्यवहार भोजपुरी या हिन्दी में ही होता था। घर में संस्कृत ग्रंथों, मराठी संत साहित्य और रामचरित मानस का त्रिवेणी संगम था। विशेष रूप से रामचरित मानस की सूक्तियों का पारिवारिक संवाद से भरपूर उपयोग हुआ करता था। इस कारण रामायण हमारे लिए एक धर्मग्रंथ से अधिक जीवन शैली का कोष बन गया था।

निस्संदेह 'सुंदरकांड' भक्त और भगवान का अंतरंग संबंध हनुमत चरित्र से ही स्पष्ट होता है। मेरे लिए हनुमान भक्ति और शक्ति के मानक रहे हैं।

सन 1982 से 84 के बीच मैं भारत सरकार की ओर से मारिशस देश में 'प्रसारण सलाहकार' के रूप में प्रति नियुक्ति पर भेजा गया था। किसी गौरव ग्रंथ का क्या महत्व होता है ये आप मारीशस में बसे भारतीय प्रवासी जनों के जीवन से भलीभांति जान सकते हैं। दासता जैसी विपरीत परिस्थितियों के बावजूद इन प्रवासी भारतीयों की धर्म और संस्कृति अविच्छिन्न बनी रही इसका श्रेय मूलत: रामायण को ही जाता है, जो उनका वहां एकमात्र संबल रहा।

तुलसीकृत रामायण के विषय में एक और प्रसंग भी सदा स्मरणीय रहेगा। सन सत्तर के दशक के अंत में लखनऊ में दूरदर्शन केन्द्र के संचालक के रूप में मेरी नियुक्ति हुई। मेरे एक ज्येष्ठ कुलभ्राता डा. केशव लेले वहां बीरबल सहानी नेशनल पोलि बाटनी संस्थान में वरिष्ठ प्रोफेसर थे। मैं यदाकदा उनसे मिलने जाता था। एक दिन उन्होंने मुझ से पूछा कि तुम रामायण पढ़ते हो या नहीं? "क्यों नहीं, तुलसीकृत रामचरित मानस तो अपना धर्मग्रंथ है।" मैंने उत्तर दिया। तुरंत उन्होंने कहा–"केवल धर्मग्रंथ नहीं, वह जीवन का अद्‌भुत रसायन है, उसे ध्यान से पढ़ो और उसकी शिक्षा को आत्मसात करो।" उनकी इस टिप्पणी ने मानस के अध्ययन-मनन के लिए मुझे एक नई दृष्टि दी। वे वैज्ञानिक थे और धर्म को भी वैज्ञानिक दृष्टि से स्वीकार करते थे।

रामचरित मानस के अखण्ड पाठ की कृपा

- रामकृपाल शुक्ल

बात मेरे बचपन की है। मेरे स्वर्गीय पिता पं. प्रयागदीनजी शुक्ल उन दिनों आगरा अवध सूबे के बोर्ड आफ रेवेन्यू के सीनियर मेम्बरों के हैड थे और गर्मियों में उन्हें नैनीताल तथा जाड़ों में लखनऊ रहना पड़ता था। बात सन् 1910 की है। हम लोग नैनीताल से लखनऊ आये थे। उनके दफ्तर की तमाम मिसलों के बस्ते, जो उन दिनों ठेले से लदकर चार बाग स्टेशन से छतर मंजिल के समीप कचहरी में लाकर रखे जाते थे, यथाविधि सदा की भांति लाकर रखे गये। परंतु जब पिताजी ने उनको गिनवाया तब उन ढेर से ठेले भर के उतारे बस्तों में एक बस्ता कम उतरा, जिसकी मिसलों के कागजात सबेरे ही किसी बड़े भारी मुकदमे में पेश होने थे। बोर्ड के सीनियर और जूनियर मेम्बरों के नाम थे–मिस्टर हार्डी तथा मिस्टर पेरी। ये दोनों अंग्रेज आई.सी.एस. अफसर बड़े सख्त और बड़े योग्य थे। ये तत्कालीन ब्रिटिश राज्य के विश्वासपात्र अधिकारी माने जाते थे।

मेरी स्वर्गीया माता बड़ी ही दयालु और रामायण की भक्त थीं। नित्य रामायण का नियमित पाठ करतीं और जब कभी परिवार पर कोई संकट पड़ता, तब झट से अखण्ड रामायण का पाठ लेकर बैठ जाया करती थीं तथा मुझे एवं मेरी बड़ी बहिन को आदेश करतीं कि बैठकर शान्तिपूर्वक सुनते रहें और यदि आवश्यकता पड़े तो उन्हें अवकाश देने में सहायक बनें।

उस दिन जब संध्या को पिताजी घर लौटे, तब सीधे उदास मन अपनी मेज पर बैठे और एकाग्रचित्त होकर उस मेज की ऊँचाई के बराबर, जो मिसलें चारों ओर रखी थीं, उनका निरीक्षण करने लगे। उदास मन उन्होंने माँ को बुलाकर उनसे सब समाचार बताते हुए कहा कि 'हम आज भोजन नहीं करेंगे, कल सबेरे अमुक फाइल के अभाव में साहेब न जाने क्या करें। कल जिस मुकदमे की पेशी है, उसी का बस्ता गायब है। अफसर न्यायानुसार यही समझेंगे कि रिश्वत लेकर सारे केस की फाइलें गायब करा दी गयी हैं।' उनकी आँखें यह कहते हुए डबडबा आयीं और उन्होंने कहा कि कल जेल जाने की नौबत है।

बस फिर क्या था। तत्काल माँ ने हम लोगों को बुलाकर अखण्ड रामायण प्रारम्भ कर दिया। रात्रि व्यतीत हो गयी और पिताजी नित्य-कर्मानुसार कचहरी के लिए चल दिए। उनकी गम्भीर मुद्रा मुझे आज भी स्मरण है। यहाँ इतना बताना और आवश्यक है कि पिताजी भगवान शंकर के और माता श्री रामसिया के उपासक थे। पिताजी इजलास में पधारे। साथ में अर्दली लोग भी थे। वहाँ वे चिन्ता-निमग्न झारखण्डेश्वर महादेव का स्मरण करते थे और कुशलपूर्वक उक्त कठिन काल में उनकी कृपा माँग रहे थे कि इतने में न्यायालय

के दोनों सज्जन श्री हार्डी और श्री पेरी आ पहुँचे तथा न्यायमंच पर बैठ गये। उन्होंने पिताजी को उदास और घोर चिन्ता की मुद्रा में देखते ही प्रश्न किया कि 'क्या तुम्हारा कोई सरकारी बस्ता कहीं खो गया है?' पिताजी ने तत्काल उत्तर दिया, 'जी हाँ।' तब उसमें से सीनियर मेम्बर ने संकेत करते हुए कहा कि 'रिटायरिंग रूम में जाकर देखो कि क्या वह वही बस्ता था।' और पिताजी ने सहर्ष लौटकर बताया कि 'हाँ, वही बंडल है।' तब उस साहब ने कहा कि यह बस्ता मार्ग में कहीं ठेले से गिर गया था और इसे स्टेशन मास्टर के किसी आदमी ने पड़ा पाया और उनके पास भिजवा दिया। चार बाग के स्टेशन मास्टर ने देखा कि उस पर सरकारी चिह्न 'बोर्ड आफ रेवेन्यू, यू.पी.' अंकित था तो उसे उनके पास बँगले पर भिजवाया। इधर उसी समय जब यह घटना वहाँ हो रही थी, तब माँ की अखण्ड रामायण समाप्त होकर आरती हो रही थी, और हम लोग घण्टा-घड़ियाल बजाते हुए 'आरति श्रीरामायन जी की। कीरति कलित ललित सिय पी की' गा रहे थे-पिताजी ने अर्दली के द्वारा माताजी को सूचना भिजवायी कि उनका खोया हुआ बस्ता मिल गया है, घबराने की बात नहीं है। उसके बाद दोपहर को जब वे घर आये तब बताया कि वह बस्ता ठेले से मार्ग में खिसककर गिर गया था और अँधियारे में दिखाई नहीं पड़ा। उन दिनों वहाँ पर जंगल था। रेलवे का एक केबिन भी उसी जगह था। चार बाग का स्टेशन उन दिनों और तरह का बना था। मार्ग में प्रात:काल किसी यात्री ने उस बस्ते को पाकर उठाया ओर यह समझकर कि उसमें कोई वस्तु मूल्यवान् प्राप्त हो जायेगी, उसी जंगल की एक खाई में छिपकर खोला और अपने मतलब की कोई वस्तु न पाकर वह उसी जगह गड्ढे में विसर्जन करके चल दिया। इसके पश्चात् कोई रेलवे केबिन का कर्मचारी शौच के लिए निकला और उसी ओर जाकर एक गड्ढे में बैठने को ही था कि उस गड्ढे से एक खरगोश निकल भागा। वह खलासी कर्मचारी शिकारी था। उसके हाथ में डंडा था, जिसे उसने फेंककर उस खरगोश के ऊपर चलाया और दौड़ा। वह खरगोश घायल-सा होकर भागकर उसी गड्ढे में जा गिरा, जहाँ यह बस्ता खुला पड़ा था। वहाँ जाकर उक्त कर्मचारी का खरगोश शिकार लुप्त हो गया, किंतु यह बस्ता मिला। उसने बिखरे कागजों को एकत्रित करके बाँध लिया और यह सोचकर कि यह सरकारी रेलवे के कागज कहीं रेल से न गिर गये हों उसे वह अपने स्टेशनमास्टर को दे आया एवं स्टेशन मास्टर साहब ने तत्काल उसे बोर्ड आफ रेवेन्यू के नाम को पढ़कर उसे सीनियर मेम्बर की कोठी पर भिजवा दिया। परंतु घटना के अनुसार यह निश्चय है कि भगवद् भक्त का बाल बाँका नहीं हो पाता; क्योंकि भगवान निज भक्त की विपत्ति का भंजन स्वयं करते हैं। वे प्रभु, भक्त-विपत्ति भंजन के लिए मानो खरगोश बनकर उसी गड्ढे में जाकर उस खलासी को ले गये और माताजी की भावभक्ति पर रीझ गये। इसे कौन इनकार करेगा? ऐसे उदार और भक्तजनों पर असीम कृपा करने वाले प्रभु की जय हो। वे कृपालु सदा सब पर दया करें।

खण्ड-2

विदेश में रामायण के सूत्र

विदेश में रामायण के सूत्र

- लल्लन प्रसाद व्यास

पड़ोसी देशों की खाक छानते रामायण के सूत्र-रत्न मिले

यह सत्य बहुत साफ लगता है कि मई 1964 से मेरी जो विदेश यात्राएं शुरू हुईं, वह जीवन में नित नयी ऊँचाइयों और अनेकानेक महत्वपूर्ण उपलब्धियों के द्वार को खोलने वाली सिद्ध हुईं। शुरू में तो यात्रा सिर्फ थाईलैण्ड के लिए थी जिसके सूत्र बने थे प्रवासी भारतीयों में विशेष लोकप्रिय संन्यासी स्वामी कृष्णानंद सरस्वती। उन्होंने थाई राजधानी बैंकाक स्थित थाई-भारत कल्चरल लॉज के तत्कालीन संचालक पं. रघुनाथ शर्मा को सुझाव दिया था कि वे मेरे जैसे एक युवक लेखक-पत्रकार को उस देश में बुलाएं जो दो-तीन माह वहां रहकर विभिन्न भागों का भ्रमण करते हुए उस देश का सांस्कृतिक अध्ययन करे और भारत-थाई समान सांस्कृतिक धरोहर को उजागर करे ताकि दोनों देशों के सांस्कृतिक सूत्र दृढ़ हों। इस प्रकार 8 मई 1964 को मैं बर्मा में एक दिन रुकते हुए थाईलैण्ड पहुँच गया।

पं. रघुनाथ शर्मा ने लगभग डेढ़ माह तक उत्तर से दक्षिण तक की मेरी यात्राओं की व्यवस्था की और महत्वपूर्ण व्यक्तियों तथा संस्थाओं से मिलवाया। इसी देश की यात्रा के दौरान मुझे अचानक एक अकल्पनीय घटना के माध्यम से ऐसे देश की राजकीय यात्रा का निमंत्रण मिला जहां न मेरा कोई परिचित और परिचय सूत्र था। इस घटना ने जीवन में पहली बार मुझे उस परम सत्ता के अस्तित्व का भान करा दिया जो सारे विश्व-ब्रह्माण्ड को संचालित करती है और उसने कृपा करके मेरे जीवन में भी प्रवेश कर लिया था। इस एक घटना ने मेरा तन-मन अपनी कृपा के प्रकाश से भर दिया था। साथ ही, आस-पास स्थित देशों हांगकांग, कम्बोडिया, मलेशिया, सिंगापुर और वियतनाम (उस समय अमेरिका से युद्ध चल रहा था) की यात्राओं का मार्ग भी प्रशस्त कर दिया था जिसके बारे में मुझे पहले से कुछ भी पता नहीं था। बस, ऐन वक्त पर ऐसी परिस्थितियां बनती चली गईं जिनके कारण मैं इन देशों में जा सका। मार्ग में जब कोई बड़ी बाधा आती और लगता कि अब तो यहीं अटक जाऊंगा तो उस समय कोई अदृश्य सहायता का समर्थ हाथ बड़े अनहोने ढंग से उन बाधाओं को दूर कर देता और मैं आगे बढ़ जाता। मुझे अपने जीवन की ये घटनाएं कभी स्वामी विवेकानन्द और कभी स्वामी रामतीर्थ के जीवन की विभिन्न घटनाओं का स्मरण दिला देतीं जिनके बारे में किताबों में पढ़ रखा था। एक विचित्र तरह की प्रेरणा, आत्मविश्वास और शक्ति का मन ही मन अनुभव करने लगा था-विशेष रूप से इसलिए कि अपने पास पैसा, पद या प्रभाव की कोई बैसाखी नहीं थी। साफ-साफ अनुभव यह दीखने लगा कि कोई कृपा शक्ति जीवन के इस नये दौर का न केवल संचालन कर रही

है, बल्कि मुझे उसकी अनुभूति भी करा रही है। यह सब हमारे पूर्ण समर्थ सत्यनिष्ठ गुरुदेव स्वामी नारदानंद सरस्वती का पुण्य प्रताप था जिनके जीवन में प्रवेश करते ही आत्मोन्नति के नित नये आयाम खुलने लगे जो अन्तर और बाह्य दोनों व्यक्तित्व को प्रकाशमान और गौरव-गरिमा से मण्डित करने में सहायक थे।

1964 के इस प्रथम विदेश यात्रा-क्रम में बर्मा और थाईलैण्ड के अतिरिक्त कम्बोडिया, हांगकांग, ताईवान, वियतनाम (दक्षिणी), मलेशिया और सिंगापुर देखा-समझा। 1966 में पुनः इन देशों की यात्रा के साथ-साथ जापान और लाओस की यात्राएं भी हुईं जिनमें थाईलैण्ड और लाओस की यात्रा में पत्नी शैल कुमारी भी साथ थी। दोनों यात्राओं के दौरान मेरे जैसे एक भारतीय को इन देशों की भाषा, साहित्य और सामाजिक परम्पराओं के संदर्भ में जो सम्भावनाएं दिखाई पड़ीं उन पर मन झूम उठा। लगा कि भारत की यह पूर्व की दिशा भारत के विजय की दिशा है-राजनैतिक नहीं, सांस्कृतिक। यह ऐसी अपूर्व विजय थी जिसमें भारत ने कुछ भी छीना-झपटा नहीं, बल्कि उन्हें धर्म और संस्कृति की उदार परम्पराएं और दर्शन प्रदान किए। इसके विपरीत पश्चिम तो भारत की पराजय की दिशा रही है। राजनैतिक रूप से भी और सांस्कृतिक-सामाजिक अवमूल्यन के रूप में भी।

तो पड़ोसी दक्षिणपूर्व एशियाई देशों में भारत के साथ जो समान सांस्कृतिक धरोहर शताब्दियों की उथल-पुथल के बावजूद विद्यमान है और जिसे इनमें से कई देशों ने बड़े जतन से संजो कर रखा है, उसे आधार बनाकर इन देशों से सांस्कृतिक संबंध सुदृढ़ करने और बढ़ाने के उद्देश्य से हमने "प्राच्य संस्कृति परिषद" (Council for Cultural Relations in the East) की स्थापना 1965-66 में लखनऊ में की। इसके लिए हमें तत्कालीन प्रधानमंत्री श्री लाल बहादुर शास्त्री तथा भावी प्रधानमंत्री श्री मोरारजी देसाई का पूर्ण सद्भाव और समर्थन मिला। साथ ही इसके अध्यक्ष बने बाबू श्री प्रकाश जी तथा उपाध्यक्ष थे *नवभारत टाइम्स* के प्रसिद्ध सम्पादक श्री अक्षय कुमार जैन। मैं महासचिव के नाते मुख्य कार्यकर्ता था।

इस अभिनव संस्था का औपचारिक उद्घाटन मई 1967 में तत्कालीन उप प्रधानमंत्री श्री मोरारजी देसाई ने विज्ञान भवन, नयी दिल्ली में किया। इसके बाद जनवरी 1968 में इसका दो दिन का विशाल आयोजन लखनऊ में हुआ। दोनों आयोजनों ने संस्कृति को एक अपना विशिष्ट स्वरूप प्रदान कर दिया था। इसके बाद मुझे प्रेरणा हुई कि इसका पहला आयोजन विदेश की धरती थाईलैण्ड में हो। समय था जनवरी 1969 का। राजधानी बैंकाक में दो दिन की अपूर्व विचार गोष्ठी हुई। विषय था "दक्षिण पूर्व एशियाई देशों में समान सांस्कृतिक मूल्य"। भारत के राष्ट्रपति डां. जाकिर हुसैर मुझ पर पहले से ही मेहरबान थे, अतएव उन्होंने मेरे अनुरोध पर बहुत अच्छा शुभकामना संदेश भेज दिया जिससे काफी अनुकूलता बन गई। भारतीय राजदूत थे श्री के. आर. नारायणन जो बाद में भारत के राष्ट्रपति हुए उन्होंने आशा से कहीं अधिक सहयोग दिया। उद्घाटन किया थाईलैण्ड के उप प्रधान

मंत्री वान वैद्याकरण ने। इसमें उस देश के भावी प्रधान मंत्री श्री संज्ञा धर्मशक्ति एक अच्छे मित्र की तरह पूरे आयोजन में साथ रहे। वहां के स्थानीय विद्वान तथा प्रवासी भारतीय बड़ी संख्या में उपस्थित हुए। इस आयोजन ने हमारी संस्था को पूरी तरह अन्तर्राष्ट्रीय स्वरूप प्रदान कर दिया जिसकी भारत के सभी प्रमुख पत्र-पत्रिकाओं में तथा रेडियो आदि पर व्यापक चर्चा रही।

जनवरी 1970 में एक दिन वाराणसी और दूसरे दिन सारनाथ में इसकी गोष्ठियां हुईं। प्रथम दिन तत्कालीन उपराष्ट्रपति उद्घाटन के लिए पधारे। संबंधित देशों के कुछ राजदूत भी थे। बाबू श्री प्रकाश ने दोनों दिन अध्यक्षता की। सारनाथ की विचार गोष्ठी में महिमामयी महादेवी वर्मा और डॉ. हजारी प्रसाद द्विवेदी ने अपनी उपस्थिति से गरिमा ओर सार्थकता प्रदान की।

इस बीच प्रतिवर्ष मेरी इन देशों की सांस्कृतिक यात्राएं चल रही थीं। इसी वर्ष यानी 1970 के मई माह में मेरा जापान सहित चार देशों की यात्रा का अचानक कार्यक्रम बन गया और उसी के साथ जीवन में रामायण का प्रवेश मानों एक दिव्य विधान के अंतर्गत हो गया। घटना यह थी कि जब विदेश यात्रा पर प्रस्थान से पूर्व कुछ साधारण खरीददारी के लिए लखनऊ के अमीनाबाद बाज़ार में गया तो अचानक निगाह पड़ी गीताप्रेस की पुस्तकों की दुकान पर रखे ''रामचरितमानस'' के अंग्रेजी अनुवाद पर। उसका मूल्य देखा तो 10 रुपए था और अपनी जेब देखी तो उसमें पचास रुपए थे। मैंने तत्काल पांच प्रतियां खरीद लीं—इस विचार के साथ कि चारों देशों में बड़े समारोह के साथ इसकी एक-एक प्रति देश के शीर्ष राजनेता या विद्वान को भेंट करूंगा जिससे इसी बहाने विदेशों में रामायण की चर्चा होगी। और भगवद्कृपा से ऐसा ही हुआ। फलस्वरूप मेरा अन्तःकरण एक विशेष प्रेरणा और उत्साह से भर गया।

इसके पूर्व की यात्राओं में मुझे अनुभव हुआ था कि इन देशों को सांस्कृतिक एकसूत्रता में बांधने में सबसे बड़ी भूमिका रामायण की है और भविष्य में कहीं और अधिक होगी। इसी भावना से मैंने इन देशों में विद्यमान इनकी विभिन्न रामायणों का संग्रह कर रखा था। उद्देश्य था उचित समय पर इनके सार-संग्रह को एक ग्रंथ के रूप में प्रकाशित करना।

तो भगवद्कृपा से जैसी प्रेरणा लखनऊ में ''रामचरितमानस'' की प्रतियों को खरीदते समय हुई थी, उसी से जुड़ी एक आगे की अत्यन्त महत्वपूर्ण प्रेरणा अचानक उस समय हुई जब जापान में एक टैक्सी में यात्रा कर रहा था। इसके अंतर्गत विचार यह बना कि जनवरी 1971 में अपनी संस्था की ओर से ''प्रथम एशियाई रामायण सम्मेलन'' विज्ञान भवन, नयी दिल्ली में आयोजित किया जाए जिसमें राष्ट्रपति को बुलाया जाए और उसी समय एशियाई रामायणों का सार-संक्षेप-संग्रह हिन्दी-अंग्रेजी में ''Ramayana in Asia'' नामक ग्रंथ के रूप में प्रकाशित किया जाए। जिस समय यह प्रेरणा हुई और मैंने इसकी

चर्चा उस समय चल रहे अपने मित्र से की तो उसने भी किसी प्रेरणा से वशीभूत होकर वचन दे दिया कि इस ग्रंथ के प्रकाशन पर जो खर्च होगा, वह करेगा। इस प्रकार एक बड़े खर्च की व्यवस्था आनन-फानन में हो गई।

जापान से लौटते ही, एक ऐसी योजना मेरे सामने अचानक आ गई जिसके अन्तर्गत मैं 1970 की दिवाली तक लखनऊ से दिल्ली आ गया। किराए का मकान वहां भी था, सो किराए पर ही दिल्ली में ले लिया। इसके बाद पूर्व प्रेरणा के अनुसार, 1971 में विज्ञान भवन, नयी दिल्ली में रामायण के नाम पर पहला अन्तर्राष्ट्रीय आयोजन ''एशियाई रामायण सम्मेलन'' सम्पन्न हुआ। उद्घाटन राष्ट्रपति श्री वी. वी. गिरि ने किया और अध्यक्षता की केन्द्रीय मंत्री डॉ, कर्णसिंह ने। हमारे श्रद्धेय सहयोगी स्वामी कृष्णानन्द भी मंच पर उपस्थित थे। इन अनेक देशों के राजदूतों ने उपस्थित होकर इस सर्वप्रथम अन्तर्राष्ट्रीय रामायण यज्ञ में अपने-अपने देश की ओर से आहुति डाली।

इसके लिए भगवान की कृपा मानूं या गुरुदेव भगवान की जिन्होंने एक अपूर्व ऐतिहासिक कार्य का निमित्त बना दिया था। तत्वत: दोनों कृपा एक ही हैं। इण्डोनेशिया में जो बहुचर्चित एशियाई रामायण सम्मेलन हुआ, वह इसके छ: माह बाद था। अपना आयोजन दैवी कृपा और दिव्य व्यवस्था से संभव हुआ। अपूर्व सौभाग्य से रामायण संबंधी अपना प्रकाशन भी इस विषय पर सर्वप्रथम था। उसके कई वर्ष बाद साहित्य अकादमी के सौजन्य से इस विषय पर क्रमश: प्रकाशन किए गए।

ऐसी चर्चा करने का उद्देश्य सर्वप्रथम हुए ऐतिहासिक **वैश्विक अधिष्ठानों** का श्रेय स्वयं लेना नहीं है। जो कार्य भगवद्कृपा से उन्हीं की प्रेरणा से किए जाते हैं, उनका कोई व्यक्तिगत श्रेय लेना चाहे तो वह उसकी नादानी होगी जो मैं जानते हुए कभी नहीं कर सकता। वास्तविक उद्देश्य तो दैविक अनुष्ठानों की अपूर्व श्रेष्ठता या महत्ता बखान करना है। कोई व्यक्ति निमित्त बना लिया जाए, वह उसकी धन्यता है।

अब मुझे यह घोषित करने में कोई संकोच नहीं है कि उक्त ''एशियाई रामायण सम्मेलन'' ही आगे चलकर 1984 से विश्व रामायण सम्मेलनों की शृंखला का बीज बना।

देश-विदेश में रामायण सम्मेलनों की दिव्यता

- लल्लन प्रसाद व्यास

(अध्यक्ष-अन्तर्राष्ट्रीय रामायण सम्मेलन)

इन पंक्तियों के लिखे जाने तक संसार के 15 पूर्वी और पश्चिमी देशों में 23 विश्व रामायण सम्मेलनों का आयोजन हो चुका है जिसमें संसार के प्रमुख विद्वानों ने तो भाग लिया ही है, साथ ही सम्बन्धित देशों के राष्ट्रपति, प्रधान मंत्री आदि शिखर के राजनेताओं ने भी शामिल होकर अपना सौभाग्य अनुभव किया। सम्प्रदाय, धर्म, जाति, शासन पद्धति आदि के भेदों से ऊपर उठकर सम्पूर्ण मानवता के कल्याण हेतु इन सम्मेलनों के आयोजन की मेरी पात्रता क्या रही है, यह प्रश्न यदि मुझसे पूछा जाए तो मैं इसके सिवाय और क्या उत्तर दूं कि यह राम कृपा के अतिरिक्त और कुछ नहीं। रामकृपा के बिना रामकाज कैसे सम्भव है? और अपने परिवार में रामायण की कोई पृष्ठभूमि देखने की कोशिश करूं तो सिवाय इसके और कुछ नहीं मिलेगा कि मेरे माता-पिता रामायण भक्त थे। माताजी की कोई शिक्षा न थी, किन्तु वे रामायण बाँच लेती थी और बांचते समय रोती रहती। पिताजी के व्यक्तित्व और कृतित्व से मैं अनभिज्ञ रहा, क्योंकि मेरी पांच वर्ष की आयु में वे हमसे बिछुड़ चुके थे। मैंने सुना था कि पिताजी ने छोटे से नगर बहराइच में किसी देहात से आये व्यक्ति की जीविका चलाने के लिए उसको रामचरितमानस की एक प्रति दे दी थी और कहा था कि नदी के किनारे बैठकर छोटे से मन्दिर में हनुमान जी को सुनाया करो। धीरे-धीरे न सिर्फ उस व्यक्ति की जीविका की समस्या हल हो गई, बल्कि वह नगर में प्रतिष्ठित बाबा बन गया। बचपन में मुझे उस बाबा से मिठाई-प्रसाद मिला करता था।

रामायण की पहली प्रेरणा

मैं पहले ही कह चुका हूँ कि रामायण के प्रति मेरी रुचि मई 1970 में जागृत हुई जब मैं तीन देशों की यात्रा करते हुए जापान जाने वाला था। उस समय लखनऊ में रहता था और यात्रा के सिलसिले में कुछ सामान खरीदने के लिए बाजार गया। वहीं अचानक एक पुस्तक विक्रेता की दुकान पर निगाह गई जहां गीता प्रेस से प्रकाशित रामचरितमानस का अंग्रेजी अनुवाद बिक रहा था। मैंने तुरन्त उसकी पांच प्रतियां खरीद लीं और वहीं खड़े-खड़े विचार आया कि चार देशों की यात्रा में मैं इनमें से चार प्रतियों को बड़े समारोहपूर्वक इन देशों के विशिष्ट पुरुषों या संस्थाओं को प्रदान करूंगा। यात्रा का पहला पड़ाव थाईलैण्ड था जहां की राजधानी में बौद्ध देश के राजगुरु और भारतीय राजदूत की उपस्थिति में वहां के राजा के बाद दूसरे नम्बर के राजनेता प्रिंस धानी को एक प्रति भेंट

की गई। दूसरी प्रति हाँगकाँग के गाँधी पुस्तकालय को भारतीय प्रभारी दूत के द्वारा भेंट कराई गई। तीसरी प्रति तैवान के उपराष्ट्रपति-प्रधान मंत्री को दी गई और चौथी जापान में टोक्यो विश्वविद्यालय के प्रो. तनाका को भेंट की गई जिन्होंने सुन्दरकाण्ड का जापानी अनुवाद किया था।

पहले एशियाई रामायण सम्मेलन का निमित्त

जापान में ही मुझे अचानक प्रेरणा हुई कि एशियाई देशों की विभिन्न रामायणों का संग्रह करके एक ग्रंथ प्रकाशित किया जाए और उसका लोकार्पण सर्वप्रथम आयोजित एशियाई सम्मेलन में किया जाए जो दिल्ली में हो। तदनुसार कार्यक्रम बना। जनवरी 1971 में विज्ञान भवन में तत्कालीन राष्ट्रपति डॉ. वी. वी. गिरि ने प्रथम एशियाई रामायण सम्मेलन का उद्घाटन किया और एशियाई रामायणों का यह सर्वप्रथम ग्रंथ भी उस समय प्रकाशित हुआ जिसकी सर्वत्र सराहना की गई। उस समय मुझे नहीं मालूम था कि यह सब विश्व रामायण सम्मेलनों की शृंखला की आधारशिला बनने जा रहा है। इसके बाद के वर्षों में कई बार विश्व रामायण सम्मेलन आयोजित किए जाने की चर्चा सुनाई पड़ती रही। जनता पार्टी के शासन में एक बार चित्रकूट में विदेश मंत्री ने घोषणा भी कर दी कि अगले वर्ष विश्व रामायण सम्मेलन आयोजित किया जाएगा। किन्तु तब तक वह शासन नहीं रहा।

भावना में श्रीराम के साथ विश्व परिक्रमा शुरू

इसके बाद जनवरी 1983 में जब मुझे चित्रकूट से ही विश्व रामायण सम्मेलन आयोजित करने की स्पष्ट प्रेरणा मिली तो कई महीनों तक इस उहापोह में पड़ा रहा कि जब इतने बड़े सरकारी स्तर पर योजना नहीं पूरी हुई तो मेरे जैसे साधनहीन व्यक्ति से यह कैसे पूरी होगी? फिर भी प्रेरणा ही थी। लगभग दो माह बाद ''विश्व साहित्य संस्कृति संस्थान'' नामक अन्तर्राष्ट्रीय साहित्यक-साँस्कृतिक संस्था बनाने का निश्चय हुआ और उसके साथ ही यह भी निर्णय हुआ कि इसका पहला आयोजन ''अन्तर्राष्ट्रीय रामायण सम्मेलन'' हो। इसके साथ ही, यह विचार बना कि मुझे रामायण सम्मेलन को सफल बनाने के लिए विश्व परिक्रमा करके विभिन्न देशों के रामायण विद्वानों से मिलकर उन्हें निमंत्रित करना चाहिए।

तभी हमने कुछ ऐसा प्रयास किया कि मूर्ति के हमारे साथ विश्व के प्रथम पड़ाव थाईलैंड तक साथ जाने की व्यवस्था बना दी जाए। जिसकी चर्चा पहले कर चुका हूँ। ऐसा ही हुआ और हवाई अड्डे पर कस्टम विभाग की कुछ समस्याओं के बावजूद मूर्ति हमारे साथ भेजे जाने की व्यवस्था हो गयी।

बालू में नाव चलाने का प्रयास

मेरा भाव यही था कि मैं श्रीराम के साथ विश्व परिक्रमा का श्रीगणेश कर रहा हूँ। थाई नरेश को मूर्ति भेंट की जानी थी। अतएव बैंकाक के कस्टम विभाग ने कोई समस्या नहीं की और मैं उसे साथ लेकर ही थाई-भारत कल्चरल लॉज नामक संस्था के भवन में पहुँच गया। उसी समय यह प्रेरणा हुई कि दूसरा अन्तर्राष्ट्रीय रामायण सम्मेलन थाईलैंड में हो और उसका आयोजन थाई-भारत कल्चरल लॉज के द्वारा किया जाए। जब मैंने इस आशय की भावना संस्था के सचिव के सामने व्यक्त की तो उन्होंने मुस्कराहट के अतिरिक्त और कोई उत्तर नहीं दिया।

अभी पहला सम्मेलन हुआ नहीं था और दूसरे की भूमिका बन गयी थी। श्रीराम की मूर्ति का थाई राजधानी बैंकाक में शानदार स्वागत किया गया, शोभा यात्रा निकाली गई तथा थाई नर्तकियों ने शास्त्रीय नृत्यों से भाव-भीना स्वागत किया। बड़ी संख्या में थाई एवं भारतीय उपस्थित थे। फिर इसे 11 दिनों तक एक प्रसिद्ध बौद्ध मन्दिर में रखा गया जहाँ थाई राजकुमारी चक्री ने राजमहल में एक बड़े समारोह में स्वीकार किया। इस विश्व परिक्रमा में मैंने पूर्व और पश्चिम के अनेक देशों के रामायणप्रेमी विद्वानों से भेंट की और उन्हें प्रस्तावित सम्मेलन में निमन्त्रित किया। अनेक ने स्वीकृतियाँ प्रदान कीं, किन्तु भारत लौटने के बाद साधनहीनता मुंह बाए खड़ी थी। कभी-कभी ऐसा लगता था कि जैसे बालू में नाव चलाने का प्रयास किया जा रहा है, जबकि नाव तो पानी के साधन में ही चलती है। विश्व परिक्रमा के लगभग 17 हजार रु. के हवाई टिकट की भी व्यवस्था कैसे हुई थी, उसकी अपनी अलग कहानी है।

इंदिरा गांधी से भेंट

एक और विचित्र समस्या हमारे सामने थी। प्रस्तावित अन्तर्राष्ट्रीय रामायण सम्मेलन के लिए हमने भारत सरकार से औपचारिक स्वीकृति नहीं ली थी-यह विचार करके कि विदेश मंत्रालय के अधिकारी किसी काल्पनिक आशंका से स्वीकृति प्रदान करने में आनाकानी न कर दें, लेकिन जब सम्मेलन को सिर्फ तीन माह रह गए तो अचानक एक दिन विचार आया कि सम्मेलन में यदि कहीं कोई समस्या हो गयी और भारत सरकार ने अनुमति के अभाव में सम्मेलन करने के लिए जवाब-तलब किया तो हम क्या बतायेंगे।

एक उपाय सूझा कि यदि प्रधानमंत्री श्रीमति इन्दिरा गांधी 27 नवम्बर, 1984 को श्रीसीताराम विवाह पंचमी पर अयोध्या में इसका उद्घाटन स्वीकार कर लें तो सरकारी अनुमति की समस्या अपने आप सुलझ जाएगी। मुझे नवरात्र के कारण कम से कम 9 दिन दिल्ली में रहना भी था, अतएव मैंने उनसे भेंट के लिए समय माँगा। कई दिन बीत गए, कोई उत्तर नहीं मिला। अचानक पत्र आया कि मैं 18 अक्तूबर को प्रात: 8.30 बजे उनसे भेंट करने के लिए आऊँ-यानी उनकी हत्या से 13 दिन पूर्व उनसे मिलने का कार्यक्रम

बना था। जब मैं यथासमय भेंट के लिए पहुंचा तो प्रधानमंत्री निवास पर चार-पाँच सौ लोगों की भीड़ देखकर ऐसा लगा कि प्रधानमंत्री से अलग भेंट कैसे हो सकेगी और यदि सबके साथ भेंट हुई तो उनसे हम अपना अनुरोध कैसे कर सकेंगे। सम्मेलन का उद्देश्य समझने के लिए उनके पास समय भी कितना होगा?

किन्तु थोड़ी देर बाद परिस्थितियाँ ऐसी बनीं कि मैं उस कक्ष के पास तक पहुँच गया जहाँ वे अन्दर विशिष्ट लोगों से भेंट कर रहीं थीं। दो-चार मिनट प्रतीक्षा की होगी, तभी किसी ने मेरा नाम पुकारा और मुझे अन्दर कमरे में ले गया जहाँ इन्दिरा जी ने द्वार पर ही स्वागत करके बड़े स्नेह के साथ बैठकर बात शुरू की। मुझे ऐसा पूर्वाभास था कि वे अपने मन की कुछ बातें मुझसे कर सकती हैं, इसलिए मैं सम्मेलन के किसी और अधिकारी को साथ नहीं ले गया। उस भेंट में उन्होंने अयोध्या में बाबरी मस्जिद के ढाँचे के स्थान पर मंदिर बनाने की मांग का जिक्र किया था और बड़ी असहायता के साथ ऐसा कहा था कि यह काम आजादी मिलते ही हो गया होता तो शायद लोग स्वीकार कर लेते, किन्तु अब तो कुछ करने पर खाड़ी देश हो-हल्ला मचाने लगेंगे। मैंने उत्तर दिया कि आप अपनी भावना को सम्मेलन में आकर प्रकट करें।

कुछ और चर्चा के बाद उन्होंने 27 नवम्बर को उद्‌घाटन की स्वीकृति दे दी और यह भी बता दिया कि उन्होंने इस बीच अपने विशेष प्रतिनिधि को भेजकर सारी रिपोर्ट मंगा ली है। मुझसे उन्होंने मुख्यमंत्री श्री नारायण दत्त तिवारी से मिलने के लिए भी कहा जिनसे विचार-विमर्श करके कार्यक्रम बना लिया जाए।

प्रधानमंत्री से भेंट के बाद उत्साह नहीं

प्रधानमंत्री निवास से जब मैं निकला तो अन्दर से बहुत प्रसन्न था, किन्तु कुछ क्षणों के बाद यह प्रसन्नता इस आशंका पर विचार करके तिरोहित हो गयी कि कहीं किसी को ऐसी गलतफहमी न हो जाए कि हम रामायण सम्मेलन का उपयोग किसी राजनैतिक उद्देश्य से करने दे रहे हैं। इस असमंजस के कारण मैंने तुरन्त प्रेस में घोषणा भी नहीं की।

मेरी नहीं राम की चिन्ता

13 दिन बाद इन्दिरा जी की हत्या के रूप में ऐसी दुर्घटना हुई जिसने 10-12 दिनों तक भारत के प्रशासन को ही ठप्प जैसा कर दिया था। शान्ति व्यवस्था बनाए रखना कठिन हो गया। पश्चिमी देशों की दृष्टि में भारत अशान्त क्षेत्र घोषित हो गया। भारत सहित विदेशों के हमारे शुभचिंतकों और सहयोगियों ने मान लिया कि रामायण सम्मेलन भी टल गया। मैं 10-12 दिन तो चुपचाप परिस्थितियां ठीक होने की प्रतीक्षा करता रहा। फिर अचानक एक प्रेरणा हुई कि जब हमें यह बता दिया गया है कि रामायण सम्मेलन ''रामकाज'' है तो सम्मेलन के आयोजन के रूप में हम क्यों चिन्तित हों। जिसका यह काम है, चिन्ता

तो उसी को होगी। बस-यह विचार आना था कि मैंने अपने सभी विदेशी बन्धुओं को जिन्होंने सम्मेलन में आने का वचन दिया था, फोन करना शुरू किया कि वे जरूर सम्मेलन में भाग लें।

तीन दिन पहले तत्कालीन सोवियत संघ के प्रमुख भारतविद् प्रो. ई. पी. चेलीशेव आ गए और उन्होंने मुझसे कहा कि मैं अपने भाई को सहयोग देने आया हूँ उन का सहयोग रामकृपा का ही परिचायक था। उनके साथ एक और विद्वान प्रो. लिपरोव्हस्की भी आए थे। कनाडा से प्रो. हरिशंकर आदेश आ गये तथा सब मिलाकर 9 देशों के प्रतिनिधि हो गए।

सम्मेलन से एक दिन पूर्व हमने प्रो. चेलीशेव, प्रो. हरिशंकर आदेश, अमेरिका के पं. रामलाल और हालैण्ड की श्रीमती कमला सिंह और ब्रिटेन के हिन्दी पत्रकार श्री जगदीश मित्र कौशल को दिल्ली के एक आयोजन में "विश्व हिन्दी सम्मान" से विभूषित किया। 27 नवम्बर 1984 को दोपहर में हम अपने विद्वान प्रतिनिधियों के साथ अयोध्या में सरयू के तट पर थे। जहां प्रथम अन्तर्राष्ट्रीय रामायण सम्मेलन के रूप में विश्व के कोने-कोने में आयोजित होने वाले रामायण सम्मेलनों की विश्वश्रृंखला का सूत्रपात होने जा रहा था। कैसी थी यह शुभ घड़ी।

इसके बाद के 23 वर्षों में अर्थात् सन् 2007 तक 23 सम्मेलन भारत से शुरू होकर क्रमशः थाईलैंड, कनाडा, भारत, नेपाल, मोरिशस, सूरीनाम, बेल्जियम, इंडोनेशिया, हालैंड, चीन, अमेरिका, हयूस्टन, ट्रिनिडाड, भारत, थाइलैंड, दक्षिण अफ्रीका, जाम्बिया, भारत (तिरूपति), अमेरिका (न्यूयार्क), यू.के. (बरमिंघम) और भारत (गुजरात विद्यापीठ, अहमदाबाद) में आयोजित हुए जो हनुमदकृपा से विश्व रिकॉर्ड है। इसके साथ ही 2001 से महुआ (भारत) से शुरू होकर मोरिशस, दक्षिण अफ्रीका, थाईलैंड और अमेरिका (हयूस्टन) में अन्तर्राष्ट्रीय श्री हनुमान सम्मेलनों का आयोजन श्री रामकृपा से संभव हुआ।

वनवासी राम के यात्रा-पथ पर

'उर प्रेरक रघुवंश बिभूषन'—मानस की यह अर्द्धाली कई बार कानों से टकराई थी और हृदय में कहीं यह चाह पैदा हो गई थी कि रघुवंश विभूषण कभी अपने हृदय को भी प्रेरित करें। तभी ऐसी ही उर-प्रेरणा उस समय अनुभव हुई जब 27 नवम्बर, 1984 को श्रीराम विवाह के शुभ पर्व पर अयोध्या में 'अन्तर्राष्ट्रीय रामायण सम्मेलन' शुरू होकर सुदूर दक्षिण में रामेश्वरम् तक उसका विस्तार हुआ। सर्वप्रथम सम्मेलन और उससे सम्बन्धित श्रीराम तीर्थों की यात्रा और उसके दौरान होने वाली विचार-गोष्ठियों की प्रेरणा कैसे हुई? वास्तव में ऐसी प्रेरणा 26 जनवरी, 1983 को चित्रकूट में हुई थी जब एक 'अन्तर्राष्ट्रीय हिन्दी गोष्ठी' वहाँ चल रही थी, किन्तु उस प्रेरणा का विवरण बहुत स्पष्ट न था। अतएव अगले वर्ष सम्मेलन से सम्बन्धित जिन श्रीराम तीर्थों की यात्रा निश्चित की थी, वह अयोध्या

से शुरू होकर पूर्व में नेपाल में स्थित जनकपुर और फिर सीतामढ़ी, काशी, प्रयाग, चित्रकूट होते हुए रामेश्वरम् तक जाने की योजना थी।

किन्तु सम्मेलन प्रारम्भ होने से लगभग दो माह पूर्व मुझे यह बताया गया कि बाढ़ से जनकपुर के आस-पास का क्षेत्र जलमग्न हो गया है और वहां की सड़कें बाढ़ समाप्त हो जाने के बाद भी यातायात के योग्य नहीं रहेंगी। मुझे ऐसा लगा कि यह भी श्रीराम प्रेरणा हो सकती है, अतएव हमने तत्काल जनकपुर से काशी तक के सभी श्रीराम तीर्थों की यात्रा का विचार छोड़ दिया और अयोध्या से रामेश्वरम् तक का लगभग वही मार्ग तय किया जो वनवासी राम के परम पावन चरणों से पवित्र हो चुका था। इस मार्ग में अयोध्या, नन्दिग्राम, शृंगवेरिपुर, प्रयाग, चित्रकूट, पंचवटी, किष्किंधा और रामेश्वरम् सम्मिलित थे। प्रयाग तक की यात्रा बस से होनी थी और उसके बाद ट्रेन से रामेश्वरम् तक जाना था, किन्तु कुछ ही दिनों पूर्व जब चित्रकूट के श्रीराम भक्त प्रशासक (अब स्वर्गीय) श्री महेन्द्र प्रताप सिंह से व्यवस्था के सम्बन्ध में सम्पर्क हुआ तो उन्होंने सम्भवतः श्रीराम प्रेरणा से वशीभूत होकर ही यह सुझाव दिया कि सम्मेलन के प्रतिनिधिगण प्रयाग होते हुए चित्रकूट आकर पुनः प्रयाग जाकर ट्रेन न पकड़ें, बल्कि चित्रकूट में इलाहाबाद-बम्बई रेलवे लाइन स्थित सतना स्टेशन से ट्रेन पर सवार हों और चित्रकूट तथा सतना के बीच स्थित श्रीरामकालीन दो ऋषियों–सरभंग जी और सुतीक्ष्ण जी के आश्रमों के दर्शन करते हुए सतना पहुंचे। साथ ही, उन्होंने यह भी विश्वास दिलाया कि रामचरितमानस में वर्णित इन ऋषियों के आश्रमों पर जाने का पथ यद्यपि दुर्गम है, किन्तु वे समुचित व्यवस्था कर देंगे। मुझे लगा कि अपने अज्ञानवश श्रीराम वनगमन का जो मार्ग हमें पता नहीं था अथवा मार्ग की दुर्गमता के कारण उधर जाना सम्भव नहीं था, वह श्रीराम की कृपा के कारण पता लग गया और वहां जाने की व्यवस्था भी हो गई। इस प्रकार अदृश्य महाशक्ति की कृपा से हमारी यात्रा का लगभग वही मार्ग बन गया जो सम्भवतः श्रीराम के वन गमन का मार्ग था। अभी भी सम्भवतः इसलिए कह रहा हूं, क्योंकि हजारों-लाखों वर्ष पूर्व विश्व की महानतम विभूति की उस यात्रा की सुनिश्चित जानकारी का दावा करना किसी के लिए भी सम्भव नहीं है। उनकी कृपा के बिना न उन्हें समझा जा सकता है और न उनके मार्ग को–'सोइ जानहि जेहि देहु जनाई'।

भक्तों द्वारा तीर्थयात्राएं कोई नई बात नहीं। आदिकाल से चली आ रही हैं, किन्तु देश-विदेश के प्रतिनिधियों की लगभग दो सप्ताह की श्रीराम तीर्थों की यह यात्रा अनजाने में ही एक नयी घटना थी। इसके आयोजन में शुरू से जिन असाधारण कठिनाइयों और साधनों का पूर्ण अभाव अनुभव होता था उन्हीं के कारण मेरे मन के अन्दर कहीं ऐसा भाव जग रहा था कि यह भगवद्-प्रेरित आयोजन है, अतएव ऐसी परिस्थितियों का उत्पन्न होना स्वाभाविक है। जब इन्हीं परिस्थितियों को पार करना मुश्किल हो रहा था और सहयोगी तथा शुभचिन्तकगण बार-बार इसकी सम्भावना के बारे में संशय उत्पन्न कर रहे थे, उसी

समय ठीक चार सप्ताह पूर्व अचानक प्रधानमंत्री श्रीमती इन्दिरा गांधी की हत्या हो गयी और सम्पूर्ण आयोजन की सम्भावना पर बहुत बड़ा प्रश्नचिह्न लग गया। लोगों ने तो अपने आप ही मान लिया कि आयोजन स्थगित हो गया। उस समय भी अन्तर्मन कहीं यह कह रहा था कि यह भी हमारी परीक्षा ही है और इसमें भी उसकी इच्छा और कृपा निहित है।

और सबसे अधिक सन्तोष की बात तो यह रही कि ठीक एक वर्ष पूर्व ही यह प्रेरणा और घोषणा की गयी थी कि इस सम्मेलन और यात्रा का शुभारम्भ 27 नवम्बर, 1984 को होगा क्योंकि उस दिन श्रीराम विवाह की शुभ तिथि थी। मैं अब सोचता हूं कि यदि सैकड़ों ज्योतिषियों से भी ऐसी शुभ साइत निकलवाता तो वह शायद इससे अधिक ठीक नहीं निकलती। दो-एक सप्ताह के इधर या उधर हो जाने से इस सम्मेलन को स्थगित करने के अलावा और कोई विकल्प न बच पाता क्योंकि उसके पूर्व श्रीमती इन्दिरा गांधी की हत्या से उत्पन्न असाधारण संकट की परिस्थितियां थीं और उसके बाद आम चुनाव की निकटता के कारण चतुर्दिक चुनावी वातावरण और शोर-गुल।

प्रथम अन्तर्राष्ट्रीय रामायण सम्मेलन का शुभारम्भ

सम्मेलन तथा यात्रा के शुभारम्भ के समय 9 देशों के 15 विद्वान प्रतिनिधियों के साथ कुछ चुने हुए भारतीय विद्वान् सम्मिलित थे। स्थान था अयोध्या की मणिराम छावनी स्थित नवनिर्मित वाल्मीक भवन जहां के रामायणमय वातावरण में चारों ओर दीवारों पर वाल्मीकि रामायण संगमरमर के पत्थरों पर अंकित है तथा मंच के पीछे लव और कुश सहित वाल्मीकि जी की मूर्तियां हैं। ऐसा आयोजन अनेक दृष्टियों से अद्वितीय था और वैसा ही असाधारण महत्व प्रदान कर रहे थे अध्यक्ष के रूप में विराजमान विश्व प्रसिद्ध मानस मर्मज्ञ पं. रामकिंकर उपाध्याय तथा उद्घाटनकर्ता के रूप में उपस्थित विश्वप्रसिद्ध रूसी हिन्दी विद्वान प्रो. ई. पी. चेलीशेव। सम्पूर्ण वायुमण्डल में कुछ ऐसी दिव्यता थी जिसकी अन्दर ही अन्दर सभी उपस्थित जन अनुभूति कर रहे थे। यह दिव्यता अन्त तक यानी रामेश्वरम् तक बनी रही। देश-विदेश के प्रतिनिधि विशेष रूप से मग्न इसलिए थे कि उस दिन श्रीराम विवाह का आनंददायी शुभ पर्व था और वे अपने को श्रीराम की बारात का बाराती समझ रहे थे। भक्तों के मन में भगवान से सम्बन्धों को लेकर तरह-तरह की भावनाएं उठा करती हैं, किन्तु इस यात्रा में कैसे कहा जाए कि सभी भक्त थे? इन्हें तो हम बुद्धिजीवी के रूप में जानते और पहचानते हैं–विशेष रूप से उस समय जब रूस जैसे देश के विद्वान शामिल हों जहां साहित्य और संस्कृति का अध्ययन, मनन और विश्लेषण 'वैज्ञानिक' ढंग से होता है। जो राम त्रेता में हुए थे तो अब प्रतिवर्ष उनका विवाह रचाने का औचित्य क्या? किन्तु भक्तों का भावुक मन यह कहता है कि भले ही श्रीराम त्रेता में अवतरित हुए और उनका विवाह उसी काल में हुआ, किन्तु तब हम तो वहाँ नहीं थे, अतएव आज श्रीराम-विवाह रचाकर अपनी आंखों से हम उसे देखना चाहते हैं और उसका दिव्य आनन्द लेना चाहते

हैं और भक्ति का विज्ञान तो ऐसा है जो कार्य और कारण के स्थूल सम्बन्ध से परे है, क्योंकि भगवान उससे परे हैं। वह आज भी अपनी भावना की आंखों से श्रीराम-विवाह ही नहीं राम और कृष्ण की अनेक लीलाओं के दर्शन कर सकता है और करता है। इसके प्रमाण प्राचीन और मध्यकाल के भक्तों और सन्तों से लेकर आज तक उपलब्ध हैं। सूरदास जी की स्थूल आंखें न होते हुए भी उन्होंने कृष्णलीला का सूक्ष्म से सूक्ष्म चित्रण किन आंखों से देखकर किया है? तुलसीदास जी ने मानस में रामकालीन न जाने कितनी घटनाओं के रहस्य किन आंखों से देखकर उद्घाटित किए हैं? वे घटनाएं और उनका रहस्य यदि सत्य न होता तो रामचरितमानस संसार का सबसे अधिक लोकप्रिय ही नहीं पूजनीय अलौकिक ग्रन्थ न बन पाता, क्योंकि सत्य की ही विजय होती है और सत्य ही शाश्वत है।

अभी हाल में हमारे जीवनकाल में रहे 'कल्याण' के सम्पादक श्री हनुमान प्रसाद पोद्दार ने अपने 'पद रत्नाकर' ग्रन्थ की प्रस्तावना में जो सूचना दी है, उससे लगता है कि जिस समय उन्होंने रासलीला के पद लिखे, उस समय उनकी आंखों से सामने रासलीला घटित हुई। तथाकथित वैज्ञानिक युग में भी एक और विज्ञान है जो सदा से रहा है और जिसका तार सूक्ष्म से जुड़ा है और वह है—अध्यात्म विज्ञान। यही स्थूल और सूक्ष्म का सही सूत्र है, क्योंकि मानव जीवन ही नहीं सारी सृष्टि उस क्षेत्र से संचालित होती है, जो अदृश्य होते हुए भी सचेतन अनुभव होता है।

तो उसी सच्चे विज्ञान की सहायता से त्रेता युग का आनन्द लेते हुए हम सब श्रीराम के बाराती बनकर अयोध्या की गलियों-गलियों में स्थित मन्दिरों के दर्शन करने लगे जहां चैत्र शुक्ल नवमी के राम-जन्मदिन की तरह राम-विवाह का दिन भी बड़ी भक्ति भावना के साथ ही मनाया जाता है। श्रीराम की पवित्र जन्मभूमि होते हुए भी अयोध्या नगर न जाने कितनी बार काल की क्रूर गति का शिकार बना है। इससे यही व्यक्त है कि उस गति से कोई मुक्त नहीं है। भले ही, वह राम की नगरी ही क्यों न हो। यहां अन्तर इतना ही है कि आज सहस्रों वर्ष बाद भी जहां एक ओर अयोध्या में तीर्थों के स्वार्थ और पाप पनप रहे हैं, वहीं न जाने कितने ज्ञात-अज्ञात भक्तों को सीताराम की कृपा की निरन्तर अनुभूतियां हो रही हैं और उसी कृपा के कारण वे मुक्ति या निर्वाण के अधिकारी होते हुए भी उसकी चाह नहीं रखते। यदि कोई चाह रखते हैं तो सीताराम जी के चरणों में प्रीति की।

अरथ न धरम न काम रुचि गति न चहऊं निरबान।
जनम जनम रति राम पद यह बरदानु न आन॥

इसलिए न जाने कितनी मुक्त आत्माएं रामचरण रति के लिए बार-बार धरती पर आती हैं और ऐसे ही राममय वातावरण में रामरस का पान करती रहती हैं। उन्हें बाहर से कोई मतलब नहीं। वे अपने राम में ही रमे रहते हैं। किसी की शक्ल देखकर यह नहीं जाना जा सकता कि वह कितना बड़ा रामभक्त है। कभी-कभी भक्त दिखाई पड़ने वालों से निराशा भी हो सकती है। पर सच्चे रामभक्तों से सम्बन्धित न जाने कितनी अद्भुत सत्य

कथाएं हैं। इस दृष्टि से अयोध्या का श्री कनक भवन आज भी अत्यन्त जाग्रत है। मैंने अयोध्या के प्रसिद्ध सन्त परमहंस राममंगल दास जी जिन्हें किशोरावस्था में ही एक विशेष साधना और रामकृपा से हनुमान जी के दर्शन हुए थे, की जीवनी में पढ़ा था कि आज भी न जाने कितने सूक्ष्म शरीरधारी योगी प्रतिदिन इस मन्दिर के प्रांगण में आकर श्री सीताराम की अनुपम छवि निहारते रहते हैं। इसी जीवनी में मैंने यह भी पढ़ा था कि आज भी मध्य रात्रि में सरयू में एक दुग्ध धारा प्रवाहित होती है जिसे केवल योगी ही देख सकते हैं और पान कर सकते हैं। ऐसी दुग्ध धारा के बारे में मुझे चित्रकूट में भी बताया गया था कि वह कभी-कभी मन्दाकिनी नदी में प्रकट हुई है। वहां के पूर्व प्रशासक श्री महेन्द्र प्रताप सिंह के अनुज ने मुझे एक भेंट में बताया कि उन्होंने स्वयं ऐसी दुग्ध धारा को अचानक प्रवाहित होते देखा जो लगभग 10-15 मिनट ही प्रवाहित हुई, किन्तु तत्काल शोर मच जाने के कारण कुछ स्थानीय निवासियों ने बाल्टियों में भरकर भी अपने यहां रखा। उन्होंने यह भी बताया कि जिस समय यह धारा प्रकट हुई, उस समय अचानक अनेक सफेद बगुले शोर मचाते हुए उस दुग्ध रूपी जल में स्नान करते हुए उसका पान करने लगे। कहा जाता है कि ये साधारण बगुले नहीं, बल्कि श्रेष्ठ भक्त आत्माएं हैं जो ऐसे अमृतमय दुग्ध की प्रतीक्षा करते रहते हैं।

ऐसी बातें सुनकर विशेष रूप से विदेशी प्रतिनिधि और उनमें भी प्रवासी भारतीय बहुत आनंदित थे। उस जाड़े में भी वे प्रातःकाल सरयू स्नान का आनन्द लेते थे जबकि विदेशों में नदियों में स्नान करना स्वास्थ्य के लिए अहितकर मानते हैं, क्योंकि वे नदियों के जल को कीटाणुयुक्त समझते हैं। ऐसी परम पावन राम जन्मभूमि से अब हम तीन दिन बाद विदा ले रहे थे जिसके बारे में श्रीराम ने लंका से वापसी के समय पुष्पक विमान पर अयोध्या-दर्शन कराते हुए कहा था-

यद्यपि सब बैकुंठ बखाना। बेद पुरान बिदित जगु जाना।।
अवधपुरी सम प्रिय नहिं सोऊ। यह प्रसंग जानइ कोउ कोऊ।।
अति प्रिय मोहि इहां के बासी। मम धामदापुरी सुख रासी।।
हरषे सब कपि सुनि प्रभु बानी। धन्य अवध जो राम बखानी।।

नंदिग्राम के दर्शन

वाल्मीकि भवन के संस्थापक श्री नृत्यगोपाल दास जी सहित अनेक सन्त-महात्माओं से विदा लेकर हम भरत जी की तपोभूमि नंदिग्राम की ओर उन्मुख थे। यहां यह बता देना अप्रासंगिक न होगा कि नृत्य गोपाल दास जी ने भारत में सर्वप्रथम जिस विशाल वाल्मीकि भवन का निर्माण कराया है, वह उन्हें स्वप्न में श्री हनुमान जी की साक्षात प्रेरणा का प्रताप है और जिस मणिराम छावनी के वे महन्त हैं, वहां आज भी प्रतिदित लगभग 500 जवान-बूढ़े और निशक्त सन्त-महात्मा और अन्य रामभक्त निःशुल्क भोजन पाते हैं। स्वामी जी कहते

हैं कि मुझे नही मालूम कि इसके लिए अनाज-पानी कैसे जुटता है, किन्तु इसका सिलसिला बिना किसी अवरोध के निरन्तर चल रहा है। आज इस आत्म-स्वार्थी संसार में भारत में ही ऐसे कुछ स्थान शेष हैं, जहां की ऐसी बातों पर युग का प्रभाव नगण्य है।

बस जैसे ही अयोध्या से चलकर फैजाबाद नगर से कुछ ही दूर बाहर गई होगी, किसी ने अचानक उसे रुकवा दिया और बताया कि सड़क के दाहिनी ओर किनारे पर जो बड़ा-सा मंदिर है, वह हनुमान जी का है और यह वह स्थान है जहां संजीवनी बूटी लेकर जाते हुए आकाश में हनुमान जी को देखकर भरत जी को आशंका हुई थी कि कहीं यह कोई मायावी नभचर तो नहीं है और उन्होंने अपने बिना नोक के बाण से हनुमान जी को नीचे गिरा दिया। हनुमान जी के गिरते ही जब उनके मुख से श्रीराम नाम सुना तो उन्हें दुःख हुआ और पूछने पर सही स्थिति का ज्ञान हुआ। तब भरत जी ने कहा कि आप इसी बाण पर बैठ जाइए और यह संजीवनी पहाड़ सहित आपको श्रीराम और लक्ष्मण के पास लंका में ले जाएगा। हनुमान जी इस घटना से बहुत द्रवित हुए थे और इसे भरत जी का उपकार माना था, क्योंकि उन्होंने मन ही मन सोचा कि भरत जी के बाण ने मेरे मन में उठने वाले संभावित अभिमान को समाप्त कर दिया। अतएव उन्होंने उत्तर दिया कि हे प्रभो, आपके प्रताप का ध्यान करते हुए मैं प्रभु के पास तुरंत चला जाऊंगा। सन्तों की महिमा विचित्र से विचित्र होती है।

हमें शृंगवेरिपुर पहुंचने में अब देर होने लगी थी। इसलिए कुछ यात्रियों ने बिना रुके सीधे वहां पहुंचने का आग्रह किया, किन्तु रास्ते में भरत जी की तपोभूमि नंदिग्राम पड़ रही थी। उसके दर्शन बिना चले जाना तो बहुत बड़ी नादानी होती और यात्रा भी खण्डित मानी जाती। अतएव कुछ ही दूर चलने के बाद हम नंदिग्राम पहुंच गए। यह वही परम पुनीत स्थल है जहां भरत जी ने श्रीराम की दुर्लभ चरण पादुकाएं सिंहासन पर रखकर श्रीराम की अनुपस्थिति में रामराज्य का संचालन किया था। विश्व इतिहास की यह अनोखी घटना इसी स्थल से सम्बन्धित है। कहते हैं कि अनेक राजकीय निर्णयों में उचित-अनुचित या न्याय-अन्याय का निर्णय ये चरण पादुकाएं कर देती थीं, क्योंकि ये पादुकाएं कोई साधारण नहीं, परात्पर ब्रह्म श्रीराम की थीं। एक चीनी रामायण में यहां तक वर्णन आया है कि जब कोई निर्णय सही नहीं होता था तब ये पादुकाएं आपस में टकराने लगती थीं और भरत जी उनका संकेत समझ जाते थे। यहां पर्णकुटीर भरत जी का मन्दिर दर्शनीय है। एक स्थान पर लिखा है–

राम मिलेंगे धारि हिय, अवसि होई सब विधि भलो।
राम अनुज अनुकरन करि, भरत सु यात्रा महं चलो।।

शृंगवेरिपुर

हमने सुबह अयोध्या से प्रस्थान किया था और रास्ते में सुल्तानपुर तथा प्रतापगढ़ होते

हुए हम श्रृंगवेरिपुर के उस गंगा-तट पर पहुंच गए जहां साहित्य और अध्यात्म के क्षेत्र की एक अद्‌भुत घटना घटी थी। यहां उन राम ने एक निरीह और उपेक्षित केवट से गंगा पार जाने के लिए नाव मांगी थी, जिन्होंने रावण से युद्ध के दौरान रथविहीन होते हुए भी सर्वसाधन सम्पन्न इन्द्र के रथ की कामना नहीं की और अन्ततः उसे जब लगा कि श्रीराम तो बिना रथ के भी जीतेंगे ही तो क्यों न अपना रथ उन्हें भेज दिया जाये। और अयाचित भेज दिया गया जबकि केवट ने नाव से पार कराने के पूर्व तरह-तरह की शर्तें प्रस्तुत की थीं और श्रीराम ने लक्ष्मण जी की अव्यक्त असहमति के बावजूद उन्हें सहर्ष स्वीकार किया। यह ईश्वर की जीव के प्रति अहेतुकी कृपा की द्योतक घटना थी और साहित्य में तो इस सुन्दर प्रसंग ने न जाने कितने कवियों की लेखनी को धन्य किया है जिसे पढ़कर सहृदय पाठकों की आंखें सजल हो जाती हैं। उस हठीले केवट ने यह समझ लिया था कि राम उसके घाट इसलिए नहीं आये कि उन्हें ऐसी आवश्यकता थी, बल्कि वे कृपा करने आये हैं। इसीलिए उसने श्रीराम के आग्रह के बावजूद अंगूठी जैसी अत्यन्त मूल्यवान वस्तु उतराई के रूप में नहीं ली और कह दिया कि अगली बार जब आयेंगे, तब जो देंगे स्वीकार कर लूंगा। क्योंकि आज वह सर्वस्व पा गया था। उसके जैसा सौभाग्यशाली इस धरा पर और कौन था–

नाथ आजु मैं काह न पावा। मिटे दोष दुख दारिद दावा॥
बहुत काल मैं कीन्हि मजूरी। आज दीन्ह विधिबनि भलि भूरी॥
अब कछु नाथ न चाहिय मोरे। दीनदयाल अनुग्रह तोरे॥
फिरती बार मोहि जो देवा। सो प्रसादु मैं सिर धरि लेवा॥

श्रृंगवेरिपुर पहुंचते ही हम सबकी आंखों के सामने यह दृश्य मानो फिर से साकार होकर आ गया और गंगा की ओर शून्य दृष्टि से निहारते हुए हम उसका आनन्द मन ही मन लेने का प्रयास करने लगे।

साथ ही एक और घटना का स्मरण आ गया कि यहीं से वस्तुतः वनवासी राम की यात्रा शुरू हुई थी जब उन्होंने अपना रथ छोड़ दिया था और सुमन्त्र जी को वापस जाने के लिए कहा था। उसके बाद वट वृक्ष के रस से अपने सुन्दर घुंघराले काले केशों को जटाजूट के रूप में बना लिया था। वनवासी राम की यात्रा वनवासी वेश में यहां से शुरू हुई थी। बड़ा सुन्दर दृश्य है आज भी यहां का। पास में देवी शांता का मन्दिर है जो दशरथजी की पुत्री समान यानी श्रीराम की बहन मानी जाती थी। कुछ विदेशी रामायणों में भी देवी शांता की चर्चा है। राम-केवट की इस मिलन-स्थली से बिछुड़ने का गन नहीं हो रहा था, किन्तु प्रयाग स्थित संगम मानो पुकार रहा था। शाम ढलते-ढलते वहां पहुंच जाना था और यहां से लगभग एक घण्टे का रास्ता तय करना था। हममें से अनेक मानस की इन पंक्तियों का स्मरण करते हुए प्रयाग की ओर बढ़ रहे थे जो वनवासी राम की प्रयाग यात्रा से सम्बन्धित है–

को कहि सकै प्रयाग प्रभाऊ, कलुष पुंज-कुंजर मृगराऊ।
अस तीरथ पति देखि सुहावा, सुख सागर रघुवर सुख पावा॥

प्रयाग में

प्रयाग तीर्थराज के रूप में विख्यात है। श्रीराम के आगमन से पूर्व भी वह इसी रूप में था। जहां त्रिवेणी में उन्होंने स्नान किया था और उनके स्पर्श से ये सलिलाएं धन्य हो गयी थीं। यहीं भरद्वाज मुनि के आश्रम पर श्रीराम कुछ समय रहे थे। भरत ने भी बाद में उनका अनुगमन किया था। हम लोगों ने भी उसी भावना से प्रातःकाल कई नावों में सवार होकर गंगा और यमुना के उस संगम पर स्नान किया जहां यमुना की श्याम और गंगा की धवल धाराएं मिलती हैं। अनेक विदेशी भारतवंशी सहयात्री तो इस पुण्य लाभ से अपने को धन्य अनुभव कर रहे थे। यद्यपि, कल्पान्त तक सुरक्षित माना जाने वाला अक्षय वट समीप ही था, किन्तु हम सीधे भरद्वाज आश्रम पहुंचे और उसका दर्शन करके चित्रकूट की ओर उन्मुख हो गये। प्रयाग के प्राचीन तीर्थ में भारतीयों के लिए एक नवीन तीर्थ का भी मानो उदय हो गया है। अतएव हमारे कई विदेशी सहयात्रियों ने आनन्द भवन का दर्शन किया और तभी आगे बढ़े। यह भरद्वाज आश्रम के समीप ही है और आजादी की लड़ाई के दिनों में राष्ट्रीय नेताओं की मिलन-स्थली बना हुआ था।

चित्रकूट में

रामभक्तों के लिए चित्रकूट एक मंजिल है–अब चित चेति चित्रकूटहिं चलु।'' अध्यात्मवादियों के लिए एक और चित्रकूट चित्त में ही निवास करता है। जब मन बहुत भटकने के बाद आत्ममुखी होकर उस सूक्ष्म परम सत्ता का ही दर्शन करना चाहता है तब चित्त के उस चित्रकूट का दर्शन शुरू हो जाता है। वैसी स्थिति यदि असाध्य नहीं तो दुर्लभ अवश्य है, किन्तु इस चित्रकूट के दर्शन पाना मानव के लिए प्रयत्नसाध्य अवश्य हो सकता है, जहां के वायुमण्डल में आज भी श्रीराम की व्याप्ति की सुगन्धि है। उनकी दिव्यता का आभास है। रहीम खानखाना ने कहा था कि–

चित्रकूट महुँ बसि रहे, रहिमन अवध नरेस।
जापर विपदा परति है, वहि आवे यह देस॥

रहीम का आशय शायद स्थूल जगत की किसी विपदा या समस्या से नहीं होगा। जिसके जीवन में राम नहीं हैं, वस्तुतः वही सबसे बड़ी विपदा में है और यहां आकर व्यक्ति वह कुछ पा सकता है जिसके लिए अब तक भटक रहा था। राम का जीवन में आना, यही चित्रकूट की यात्रा है और यही मंजिल है। वैसे भी कहा गया है कि राम सर्वत्र व्यापक हैं, किन्तु चित्रकूट में व्याप्त हैं। शायद यही एक ऐसा श्रीरामतीर्थ है, जहां के खिलाखण्डों

पर श्रीराम, जानकी जी, लक्ष्मण जी, भरत जी के चरण-चिह्न विद्यमान हैं। वन प्रदेश की प्राकृतिक सुषमा के बीच प्रवाहित होती हुई मन्दाकिनी नदी के तट पर स्थित स्फटिक शिला को ऐसा ही सौभाग्य प्राप्त है। उस प्रस्तर शिला के हृदय में श्रीराम और सीताजी के चरण चिह्न प्रकट रूप से विद्यमान हैं जिनके आज भी दर्शन किये जा सकते हैं। यह शिलाखंड वही 'फटिक शिला' है जिस पर 'रघुराई' ने बैठकर सहज मानवीय रूप में अपनी प्रियतमा 'सीता जी' का वन-पुष्पों से शृंगार किया था। इन्द्रपुत्र जयन्त ने देखा कि राम तो परात्पर ब्रह्म हैं जो साधारण मनुष्यों जैसा व्यवहार क्यों करते हैं और तब उसने उनकी परीक्षा लेनी चाही थी। कौवे का रूप धारण कर उसने सीता जी के चरण पर प्रहार किया था। रामजी ने जब उसे देखा तो वीरासन में बैठकर एक तिनका ही उसकी ओर फेंका जो काल के बाण के समान उसकी ओर चल पड़ा। वह तीनों लोकों के देवी-देवताओं के पास भागता फिरा। अपने पिता इन्द्र की शरण में भी गया था, किन्तु सर्वशक्तिमान श्रीराम से विरोध मोल लेने का साहस कौन करता। अन्ततः परदुःख द्रवित होने वाले सन्त नारद जी ने उसे राम की शरण में ही जाने का उपाय बताया और इस प्रकार उसे अभयदान मिल गया, किन्तु धृष्टता करने पर उसको अपनी एक आंख से हाथ धोना पड़ा। समीपवर्ती एक अन्य शिला पर लक्ष्मण जी के चरण-चिह्न हैं।

जहां पत्थर भी पिघले

स्फटिक शिला के आस-पास का वातावरण अत्यंत जागृत है जो प्रायः नास्तिकों के मन में भी आस्तिकता का भाव पैदा करता है। समाजवादी नेता लोहिया जी को यहीं श्रीराम कृपा का बोध हुआ और उन्होंने देश की भावात्मक एकता और जन-जागरण की दृष्टि से बड़े पैमाने पर रामायण मेलों की भूमिका प्रस्तुत की जो साकार रूप में चल रही है। चित्रकूट के और भी पत्थर पिघले थे—उस समय जब भरत जी राम जी को मनाने चित्रकूट आए थे। जैसे ही श्रीराम को भरत के आगमन का पता चला था, वे अपना धनुष-बाण छोड़कर उनको गले लगाने को उतावले हो पड़े थे। उस समय उनके मिलन में ऐसी करुणा उत्पन्न हुई थी कि मानो पत्थर भी पिघल गए थे। कामदगिरि की परिक्रमा मार्ग में भरत-मिलाप का यह स्थल है जहां के कुछ पत्थरों पर उनके चरण-चिह्न विद्यमान हैं। पत्थर को पत्थर तो दुनिया ने देखा है, किन्तु उसके आगे का सत्य कि पत्थर में भी भगवान प्रकट हो सकते हैं, यह भारत की आस्तिकता ने देखा है। जो भगवद्सत्ता सृष्टि के कण-कण में विद्यमान हैं, वह पत्थर में क्यों नहीं हो सकती? जिस समय भक्त ठान लेता है, तो पत्थर में भगवान की अनुभूति और दर्शन उसे होता है। प्रह्लाद ने तो खम्भे में भगवान की सत्ता अनुभव की थी और इसीलिए निराकार ब्रह्म को नृसिंह के रूप में साकार अवतरित होना पड़ा था। प्रहलाद की बात तो बहुत आगे की थी, किन्तु साधारण भक्त पत्थर में भगवान के दर्शन

करते हैं। अतएव भगवान श्रीराम के इन चरण-चिह्नों की सत्यता भी उसी श्रद्धा और आस्था के प्रकाश में दिखाई पड़ सकती है।

विश्व के आश्चर्य चित्रकूट में

चित्रकूट में न जाने कितने परम पुनीत स्थल हैं जो श्रीराम के चरणों से पवित्र हैं। चाहे जिस कोण से भी धनुषाकार दिखाई पड़ने वाले कामदगिरि नामक पर्वत पर श्रीराम ने निवास किया था अतएव मात्र इसकी परिक्रमा करना ही भक्तों की अभिलाषा होती है। उस पर चढ़ने का प्रयास नहीं करते। भक्त मानते हैं कि यह पर्वत अपने अद्वितीय महत्व के कारण ही कामनाओं को पूर्ण करने वाला है। लेकिन यदि यह कामना केवल श्रीराम से संबन्धित हो तो बात ही क्या है?

चित्रकूट में प्रवाहित होने वाली मन्दाकिनी नदी के किनारे वह घाट है जहां चन्दन घिसते हुए तुलसीदास को तिलक देते हुए रघुवीर के दर्शन हुए थे और गुप्त गोदावरी तो मेरी दृष्टि में संसार का आठवां आश्चर्य है जहां दो ऐसी गुफाएं हैं जिनमें से एक में तो बहुत बड़ा महल बना है, जो मानव निर्मित किसी प्रकार भी लगता नहीं और कहा जाता है कि श्रीराम के आतिथ्य-सत्कार के लिए देवताओं ने बनाया था, किन्तु वे वनवासी राम थे–तापस वेश में। यहां गोदीवरी गुप्त रूप से श्रीराम के चरणों को स्पर्श करने आई थी, जो एक गुफा में छोटे से कुण्ड के रूप में है और दूसरी गुफा में घुटनों भर जल के रूप में है। यह प्रवाहमान जल ऐसा निर्मल है और जिन शिलाओं से टकराता है, वह पता नहीं किन तत्वों से बनी है कि हजारों वर्षों के इस जल और पत्थर के संयोग के बावजूद कहीं रत्ती भर काई नहीं दिखाई पड़ती और जल वाली छोटी-सी गुफा में वह स्थान है जहां श्रीराम, लक्ष्मणजी और सीताजी ने विश्राम किया था। ऊपर पत्थरों में ही शेषनाग के फणों वाली छत्रछाया है। यह सब देखकर मन आश्चर्य और आनन्द से भर उठता है। गुफा के बाहर नेपाल के पशुपतिनाथ जैसा पंचमुखी शिवलिंग है।

ऐसा ही एक आश्चर्य ऊंचे-पर्वत पर विद्यमान हनुमान-धारा भी है जहां पर्वत में निर्मित स्वयंभू हनुमान जी की मूर्ति के निकट एक जलधारा अनन्तकाल से गिरती है जिसमें स्नान करके श्रद्धालु हनुमानजी के दरबार में पहुंचते हैं। इस दरबार की एक विशेषता तो सभी को महसूस हो जाती है–वह यह कि ऊंचाई पर चढ़ते हुए व्यक्ति चाहे जितना थक जाए, हांफने लगे, किन्तु जैसे ही मन्दिर की ड्योढ़ी में पैर रखता है, ऐसा लगता ही नहीं कि वह इतनी ऊंचाई पर चढ़कर आया है और न शरीर में किसी प्रकार कोई थकान लगती है। इसका अनुभव स्वस्थ और अस्वस्थ सभी प्रायः करते हैं।

भरत जी के समस्त अयोध्यावासियों और राजा जनक जी के परिवार के साथ यहां आने के बाद श्रीराम की उपस्थिति का ज्ञान सभी ऋषि-मुनियों और वनवासियों को हो गया था तथा भीड़-भाड़ होने लगी थी। अतएव श्रीराम ने मन में यही विचार किया था

कि अब यहां से आगे के लिए चल देना चाहिए। वैसे भी उनकी मंजिल बहुत आगे की थी।

रघुपति चित्रकूट बसि नाना। चरित किए श्रुति सुधा समाना।।
बहुरि राम अस मन अनुमाना। होइहिं भीर सबहिं मोहिं जाना।।
सकल मुनिन्ह सन विदा कराई। सीता सहित चले रघुराई।।

संतों की अस्थियों से निर्मित पहाड़ी

जैसा कि मैं पहले कह चुका हूं कि चित्रकूट से पंचवटी का जो मार्ग श्रीराम ने अपनाया था, वही मार्ग उनकी प्रेरणा से हमारा भी बना दिया गया और उसके माध्यम बने चित्रकूट के श्री महेन्द्र प्रताप सिंह जिनकी चर्चा पहले हो चुकी है। अतएव उन्हें साथ लेकर हम सरभंग आश्रम और सुतीक्ष्ण आश्रम की ओर चल पड़े। साथ में प्रेम पुजारी जी महाराज तथा कुछ अन्य संतगण भी थे। यह मार्ग मुख्य मार्ग से हटकर है, किन्तु हमारी बस किसी प्रकार चली जा रही थी। रास्ते में कुछ सफेदी लिए हुए मटमैले रंग की एक पहाड़ी दिखाई पड़ी जिसके बारे में बताया गया कि यह रावण के निर्देश पर असुरों द्वारा मारे गए ऋषि-मुनियों की हड्डियों से निर्मित्त वही पहाड़ी है जिसकी चर्चा रामचरितमानस में आई है। जब श्रीराम ने ऋषियों से इस पहाड़ी के बारे में पूछा था तो उन्होंने अपने भरे हुए कंठों से यही कहा था कि आप अन्तर्यामी होकर हमसे पूछते हैं कि यह क्या है?

अस्थि समूह देखि रघुराया। पूछी मुनिन्ह लागि अति दाया।।

... .

जानत हूं पूछिय कस स्वामी। समदरसी तुम्ह अन्तरजामी।।
निसिचर निकर सकल मुनि खाये। सुनि रघुवीर नयन जल छाये।।

तभी सर्वशक्तिमान परब्रह्म रूप श्रीराम के नेत्रों से अश्रु छलक आए थे और उन्होंने ऋषियों के सामने ही भुजा उठाकर सारी धरती को असुरों से मुक्त करने का प्रण किया था।

निसिचर हीन करउं महि भुज उठाइ पन कीन्ह।
सकल मुनिन्ह के आश्रमहि जाइ जाइ सुख दीन्ह।।

शरभंग ऋषि के पास जब श्रीराम पहुंचे तो उन्होंने कहा कि ब्रह्मलोक जाते समय मुझे ब्रह्माजी ने बताया था कि आप वन में आने वाले हैं?
अतएव–

चितवत पंथ रहेऊं दिन राती। अब प्रभु देखि जुडानी छाती।।

शरभंग आश्रम पहुंचते ही रामचरितमानस का वह वर्णन स्मरण हो आया जब श्रीराम के दर्शन के बाद शरभंग ऋषि ने उनसे कहा था कि प्रभो, आप मेरी आंखों के सामने खड़े रहें और आपके दुर्लभ सान्निध्य में मैं अपने प्राण छोड़ना चाहता हूँ क्योंकि आपको

पाने के बाद अब इस संसार में मेरे लिए कुछ भी पाना शेष नहीं रहा और श्रीराम को देखते-देखते उन्होंने योगाग्नि प्रकट कर अपने शरीर को भस्म कर दिया था। बिन्दु विराट में समा गया था।

आश्रम के सामने ही एक छोटा-सा कुण्ड है जिसके बारे में कहा जाता है कि इसमें एक बार का स्नान सौ बार के गंगा स्नान के बराबर माना जाता है। ऐसे परम पुनीत शरभंग आश्रम की परिक्रमा करके हम सभी आगे बढ़े और सुतीक्ष्ण आश्रम पहुंच गए। यहां आकर हम सबने ऐसा अनुभव किया कि जैसे यह रामकालीन आश्रम ही हो। कुछ ऐसा दिव्य वातावरण वहां का था जो हम सबके हृदयों में समाया जा रहा था। आश्रम में विद्यमान असाधारण रूप से लम्बे-लम्बे वृक्ष तथा अन्य असाधारण पेड़-पौधे अपनी प्राचीनता का परिचय दे रहे थे। आम के इतने लम्बे वृक्ष मैंने इसके पहले कभी नहीं देखे। यहां के मन्दिर में श्रीराम, सीताजी और लक्ष्मणजी की मूर्तियों के साथ सुतीक्ष्ण ऋषि भी विद्यमान हैं।

रामचरितमानस के सुतीक्ष्ण जैसे रामभक्त अपना कुछ अनोखा अस्तित्व रखते हैं–

मन क्रम बचन राम पद सेवक। सपनेहु आन भरोस न देवक॥

इसीलिए वे जीवन में श्रीराम के आगमन की सतत प्रतीक्षा कर रहे थे–

सहित अनुज मोहि राम गुसाई। मिलिहहिं निज सेवक की नाईं॥

और राम वनवासी रूप में अपने भक्त के आश्रम पर पहुंच गए। उन्हें कृतकृत्य कर दिया।

सुतीक्ष्णजी स्वयं ही कृतकृत्य नहीं हुए, बल्कि उन्होंने अपने गुरुदेव अगस्त्य मुनि को भी धन्य कराया और भगवान श्रीराम को अपने साथ लेकर अगस्त्य मुनि के आश्रम पर पहुँच गए।

गुरु की कृपा से शिष्य को भगवान मिलते हैं, इसकी घटनाएं तो असंख्य हैं, किन्तु शिष्य के प्रयास से गुरु को भगवान मिलते हैं, इसके उदाहरण सुतीक्ष्ण जी हैं।

नाथ कोसलाधीस कुमारा। आए मिलन जगत आधारा॥
राम अनुज समेत बैदेही। निसि दिनु देव जपत हहु जेही॥

चमत्कारपूर्ण घटना

यह जानते हुए कि हमें लगभग 50 मील जाकर सतना से पंचवटी के लिए ट्रेन पकड़नी है, हमारा मन इस आश्रम में कुछ ऐसा रम गया कि जाने-अनजाने में काफी समय व्यतीत हो गया। जब हम बस से सतना की ओर रवाना हुए तो रास्ते में एक ऐसा स्थान था जहां से रेलवे लाइन और सड़क समानांतर चल रहे थे। वहां एक छोटा-सा स्टेशन था जहां होकर ही हमारी एक्सप्रेस गाड़ी सतना पहुंचने वाली थी। रुककर जब हमने उस स्टेशन से पता लगाना चाहा कि गाड़ी समय पर चल रही है या विलम्ब से, तो पता चला कि वह समय पर है और 10 मिनट के अन्दर इस स्टेशन को पार करके सतना की ओर निकल जाएगी

और जब तक हमारी बस सतना स्टेशन पहुंचेगी तब तक उस ट्रेन को वहां से छूटे हुए पौन घण्टा हो चुका होगा। स्वाभाविक ही ट्रेन का न मिलना निश्चित था और उसका मतलब होता हमारे आगामी कार्यक्रमों की अस्तव्यस्तता। सभी सहयात्री परेशान हो उठे थे। फिर भी, राम-राम करते हुए चले जा रहे थे। सतना स्टेशन पर जैसे ही पहुँचे, पता चला कि यहां कुछ ही मिनट के लिए रुकने वाली यह ट्रेन पौन घण्टे से खड़ी है–शायद हमारी प्रतीक्षा कर रही थी। लेकिन किसके संकेत पर? प्लेटफार्म पर पहुंचते-पहुंचते ट्रेन चल दी। किसी कदर हम सब लोग जिसको जो डिब्बा मिला, उस पर चढ़ गए और जहां सम्भव हुआ, समान पटक दिया गया। ऐसी अस्त-व्यस्तता पूरी यात्रा में कभी नहीं हुई थी। यद्यपि ट्रेन मिलने का सन्तोष था। थोड़ी ही देर में सब कुछ व्यवस्थित हो गया, लोग यथास्थान पहुँच गए और एक भी सामान खोया नहीं। ऐसा लगा कि जैसे कुछ घटना हुई ही नहीं। उस समय सबने यह महसूस किया कि हम पर श्रीराम की छत्रछाया बराबर बनी हुई है। इसके पूर्व भी ऐसी कुछ घटनाएं हो चुकी थीं।

पंचवटी का दर्शन

दूसरे दिन हम नासिक स्टेशन उतरकर पंचवटी पहुँच गए। वनवासी राम तो पैदल ही चले थे, किन्तु हमारे लिए बस और ट्रेन से चलना मजबूरी थी, क्योंकि उनके पास 14 वर्ष का समय था और हमारी यात्रा मुश्किल से 14 दिन की थी। फिर भी मन में कहीं यह भाव अवश्य बना रहता था कि हम उस मार्ग का अनुगमन कर रहे हैं जो श्रीराम के चरण-चिह्नों से पवित्र हो चुका है। पंचवटी पहुंचते ही सबसे पहले गोदावरी में स्नान करने पहुँचे। धारा इतनी तेज और उसके साथ घाटों पर फिसलन, किन्तु दोनों की परवाह किसी को न थी। सभी उल्लसित मन से स्नान कर रहे थे और यहाँ उल्लेखनीय बात यह है कि अब रूस के प्रतिनिधि प्रो. लिप्रोह्वास्की भी हम सबके साथ सब संकोच छोड़कर शामिल हो गए थे। इसके पूर्व स्नान कार्यक्रमों में वे मात्र दर्शक थे। दूसरे रूसी विद्वान प्रो. चेलीशेव चित्रकूट, शृंगवेरिपुर और प्रयाग की यात्रा के बाद ही वापस चले गये थे, किन्तु अयोध्या से विदा होते समय उन्होंने भी जीवन में निधि के रूप में श्री नृत्यगोपाल जी महाराज से एक तुलसी माला का अनुरोध किया था। इस प्रकार के प्रसंगों से सहयात्री और भी बहुत आनन्दित हो जाते थे। उन्हें तरह-तरह की प्रेरणाएं हो रही थीं और कई प्रतिनिधियों ने अपने-अपने देशों में रामायण सम्मेलन आयोजित करने की सम्भावना व्यक्त की। दूसरा रामायण सम्मेलन थाईलैंड के लिए पहले ही घोषित हो चुका था।

पंचवटी में कालाराम का मन्दिर, सीता गुफा, तपोवन आदि अनेक महत्वपूर्ण स्थल हैं। वह स्थान भी है जहां रावण की बहन सूर्पणखा की नाक लक्ष्मण जी ने काटी थी। कहा जाता है कि नासिक का नामकरण नासिका पर ही हुआ है। पंचवटी से लगभग 40 मील दूर त्र्यम्बकेश्वर नामक शिव मन्दिर है जिसकी विशेष महिमा बताई गई है। देश-विदेश

के तीर्थयात्री यहां आते हैं और शिवलिंग का दर्शन-पूजन करके अपने को धन्य मानते हैं। यह बारह ज्योतिर्लिंगों में एक है।

पंचवटी से हमें किष्किंधा की ओर चलना था, किन्तु इसके लिए ट्रेन द्वारा मुम्बई होकर जाने की मजबूरी थी। यद्यपि इस तीर्थ यात्रा में हमें किसी महानगर से कोई सरोकार न था, अतएव वहां ट्रेन बदलकर हम दूसरे दिन बम्बई-मद्रास मार्ग पर स्थित गुन्तकल स्टेशन पर उतरकर वहां से हास्पेट के लिए रवाना हुए जो कर्नाटक में स्थित है। किष्किंधा का नाम तो रामायण के कारण अनेक ने सुना होगा, किन्तु अधिकांश को यह पता नहीं होगा कि आज किष्किंधा कहां है?

शृष्यमूक पर्वत

हास्पेट उतरकर हम सीधे तुंगभद्रा नदी के पुरन्दर घाट पर स्नान के लिए पहुंच गए। पर्वतों से घिरी हुई इस सरिता का दृश्य शायद सदैव के लिए मानस पटल पर अंकित हो गया है। यहां की बात ही कुछ विशेष है। यह साधारण धरती नहीं और साधारण पहाड़ नहीं। नदी के उस पार जो पहाड़ दिखाई पड़ता है, वह ऋष्यमूक पर्वत है जहां बाली के भय से बैठे हुए सुग्रीव और उनके मंत्री श्री हनुमान जी को नीचे श्रीराम और लक्ष्मण जी आते हुए दिखाई पड़े थे। दोनों भगवान को देखकर भी पहचान न पाये थे। सुग्रीव ने हनुमान जी को भेजा था कि वेश बदलकर जाओ और देखो कि ये राजकुमार कौन हैं? कहीं बाली ने तो नहीं उन्हें भेजा है? हनुमान जी तो परम सन्त थे। उन्होंने बड़े विनयपूर्वक उनका परिचय पूछा और जब उन्हें पता चला कि राम रूप में स्वयं साक्षात् भगवान आए हैं तो वे उनके चरणों में गिर पड़े थे और अपने अज्ञान के लिए क्षमा-याचना की थी। राम ने उन्हें गले लगाकर अपने आंसुओं से उनका कन्धा भिगो दिया था। इसीलिए हनुमान जी जैसा अब तक न कोई भक्त हुआ है और न इतनी बड़ी उपलब्धि किसी को हुई है। इतना ही नहीं, उसी संत की कृपा ने सुग्रीव जैसे कमजोर और भयग्रस्त व्यक्ति को भी श्रीराम से उनके पास ले जाकर मिला दिया। कोई अपात्र भी यदि किसी सुपात्र का साथ करता है तो उसका जीवन धन्य हो जाता है।

यह सारा दृश्य मानो हमारी आंखों के सामने उस समय नाच रहा था और मग्न होकर तुंगभद्रा नदी में स्नान कर रहे थे। हमारे जीवन में भी ये धन्यता के क्षण थे। ऐसे परम पावन दुर्लभ श्री राम स्थलों के दर्शन पाकर ऐसा अनुभव क्यों न होता?

सामने तो रामायण काल का वैभव था और हमारे पीछे विजय नगर के प्रसिद्ध हिन्दू राज्य का वैभव था जो अब खंडहरों के माध्यम से बोल रहा था। विजय नगर के ऐतिहासिक खंडहरों के बारे में बहुत कुछ सुन-पढ़ चुका था, किन्तु इस समय रामायण के सत्य से मन जुड़ा था, अतएव इतिहास में कोई रुचि नहीं बन रही थी। फिर भी, सहयात्रियों का मन रखने के लिए हमने उनमें से वह मन्दिर तो देखा ही जिसके खम्भों पर हल्की-सी

चोट करने पर विभिन्न संगीत लहरियां निकलती हैं और सामने खड़ा ऐतिहासिक प्रस्तर रथ भी देखा। उसके बाद हम पहुंच गए–प्रवर्षण गिरि पर जहां भगवान राम ने लक्ष्मण जी के साथ वर्षाकाल व्यतीत किया था और सीता की खोज के लिए सुग्रीव की सहायता की प्रतीक्षा की थी। वह राम द्वारा अपने अग्रज बाली को मारे जाने के बाद उपलब्ध राज्य और रमणी में ऐसा खो गया कि उसे रामकाज की सुध न रही। तभी हनुमान जी ने राम के उसी बाण का स्मरण उसे दिलाया जिसने बाली का वध किया था जो अभी भी सुरक्षित था। राम का एक ही बाण काल रूप में सबके लिए काफी होता है।

श्रीराम की तपोभूमि

प्रवर्षण गिरि को श्रीराम की तपोभूमि के रूप में सन्तजन मानते हैं। यहां स्फटिक शिला या गुफा में एक विशाल मन्दिर है जिसमें श्रीराम, सीता जी और लक्ष्मण जी की मूर्तियों के साथ सुग्रीव जी की मूर्ति भी है। जो स्थल श्रीराम की तपोभूमि रहा, वह कितना परम पावन होगा और श्रीराम की कृपा और प्रेरणा की कितना सशक्त लहरियां व्याप्त होंगी, इसका अनुमान सहज ही लगाया जा सकता है। वहां पहुंचकर अन्तःकरण के भाव कैसे-कैसे उत्पन्न होने लगे, उन्हें शब्दों में बांधना बड़ा मुश्किल है। उनकी कृपा का स्मरण बार-बार आते हुए हृदय विगलित होने लगता था। मन होता था कि यहीं कुछ समय व्यतीत किया जाए। वनवासी राम का जीवन और उससे जुड़े हुए पावन प्रसंग हृदय में उथल-पुथल पैदा करके आंखों से बरबस ही बहुत कुछ कह देते थे। इसे कोई भुक्तभोगी ही समझ सकता है।

मन्दिर के निकट ही श्रीराम के बाण से बिंधे पर्वत के गर्भ से उत्पन्न जलकूप है जिसके पवित्र जल का पान अमृत के समान है। यही जल यहां का वास्तविक प्रसाद है। पर्वत शिखर पर जलकूप का होना अपने आप में एक आश्चर्य है। मंदिर के पीछे शिखर पर्वत पर पहुंचकर चारों तरफ दृष्टि दौड़ाने पर बड़ा अद्‌भुत दृश्य सामने आ जाता है। चारों तरफ की पर्वत श्रेणियां, उनकी घाटियां, धरती और जल-प्रवाह, सभी कुछ लगता है कि वनवासी राम के जीवन के प्रेरक प्रसंगों का उद्‌घोष कर रहे हैं।

वह मधुबन

प्रवर्षण गिरि से उतरकर हम लोग फिर हम्पी की ओर आए जहां हजाराराम का मन्दिर, रामजी के हजार चित्र बोलते पत्थरों के माध्यम से प्रस्तुत करता है। अब यह दक्षिण भारत का एक पर्यटक स्थल बन गया है। निकट ही दक्षिण भारतीय शैली का एक विशाल शिव मन्दिर विरूपाक्ष मन्दिर के नाम से विख्यात है। यद्यपि वहां पहुंचते-पहुंचते सूर्यास्त हो गया था और आस-पास ही ठहरने की व्यवस्था थी, किन्तु हमने दो घण्टे की यात्रा पूरी करके शबरी जी की गुफा के निकट स्थित पम्पा सरोवर के तट पर रात्रि-विश्राम करने का विचार

किया। मार्ग में मधुबन पड़ता था जो राजा सुग्रीव का राज उद्यान था और जिसे सीताजी का पता लगाकर हनुमान जी की वापसी का समाचार पाते ही सहस्रों भूखे वानरों ने उसके फलों को खा-पीकर उजाड़ डाला था। चरम उपलब्धि हो जाने पर सुग्रीव जी को इस हानि का कोई गम नहीं हुआ था। ऐसे प्रसिद्ध उद्यान के दर्शन बिना हम आगे कैसे बढ़ सकते थे, अतएव कुछ समय के लिए वहां रुक गए। वहां के मन्दिर में अत्यन्त विशालकाय हनुमान जी की खड़ी मूर्ति है जिनके एक हाथ में आम् का गुच्छा भी है। सम्भव है कि किसी वानर ने उस खुशी में उन्हें भी कुछ फल भेंट कर दिए हों। इसके बाद हम रात्रि के लगभग 11 बजे पम्पा सरोवर पहुंच गए।

शबरी का आश्रम

चारों तरफ वन और पहाड़ों के बीच स्थित इस सरोवर के निकट पहुंचते ही कल-कल ध्वनि करती हुई एक जलधारा ने हमारा स्वागत किया। भक्त लोग कल-कल ध्वनि में भी राम नाम का उच्चारण सुनते हैं। यहां पहुंचकर सबका मन एक दिव्य आनन्द से भर गया। यह वही स्थान है जहां एक अछूत महिला समाज से परित्यक्ता, कभी निवास करती थी और किसी ऋषि को पता न लगे, इसलिए रातों-रात उनके आश्रमों की झाड़-बुहार कर दिया करती थी। यह मौन सेवा करते हुए वह बहुत कम उम्र से श्रीराम के आगमन की प्रतीक्षा कर रही थी। नवधा भक्ति की जीती-जागती प्रतिमा का विश्वास था कि किसी दिन श्रीराम आयेंगे और उसकी अंधेरी कुटिया को दिव्य प्रकाश से भर देंगे और तब उसका जीवन धन्य हो जाएगा।

उसकी श्रद्धा, आस्था और विश्वास सफल हुए। श्रीराम अनुज समेत एक दिन उसकी कुटिया पर आ गए। वह इतनी आनन्दित हुई कि उसे अपने तन-मन का होश न रहा। अपने इष्टदेव का स्वागत कैसे करे, विह्वलता में उसने शायद बेर का गूदा खिलाने के बजाय गुठली दे दी। चर्चा यह भी है कि आराध्य देव को मीठे बेर ही मिलें, इसलिए उसने पहले से ही उन्हें चख लिया था। एक रामायण में यहां तक चर्चा आई है कि इस अछूत महिला को इतना महत्त्व देने के कारण ऋषि-मुनि श्रीराम की भी आलोचना करने लगे थे।

उसी समय की घटना है कि एक आश्रम की सफाई करते समय किसी मुनि ने उसे देख लिया और क्रोध में शबरी जी को अपशब्द कह दिए। तभी ऋषि-मुनियों ने अचानक देखा कि सारे पम्पा सरोवर में कीड़े पड़ गए हैं और जल से दुर्गन्ध आने लगी। अनेक ऋषि-मुनि श्री रामचन्द्र जी के पास गए और उन्होंने अचानक सरोवर में हुए इस परिवर्तन का कारण और निवारण पूछा क्योंकि यह सरोवर उनके दैनिक जीवन की अभिन्न आवश्यकता थी। श्रीराम ने उनसे कहा कि जब शबरी जी के चरण उस सरोवर के जल से स्पर्श कराए जायेंगे, तभी वह पूर्ववत् पवित्र बन सकेगा। ऋषियों को यही करना पड़ा था। भक्तिमती शबरी और केवट जैसे दीन-हीन लोग ही श्रीराम को अधिक प्रिय रहे हैं,

इसीलिए उन्हें दीन-बन्धु कहा जाता है। और जब वनवास काल के बाद श्रीराम अयोध्या वापस आए थे तब उनसे यह पूछने पर कि कौन-कौन से विशिष्ट लोग उन्हें मिले, तो उन्होंने बड़े-बड़े ऋषि-मुनियों की चर्चा के बजाय शबरी और केवट जैसे दीनों और दलितों की चर्चा ही की।

सरोवर के तट पर जो मन्दिर स्थित है, उसमें लक्ष्मीजी विराजमान हैं और निकट ही शबरी जी की गुफा है। प्रात:काल उठकर हम सबने श्रीराम जीवन के इन सब प्रेरक प्रसंगों का स्मरण करते हुए पम्पा सरोवर में स्नान किया, मन्दिर के दर्शन किए और सर्वत्र व्याप्त पवित्र प्राकृतिक सुषमा को निहारते हुए वहां से विदा हो चले और कुछ दूर स्थित ऋष्यमूक मन्दिर में आ गए। यहां सुग्रीव जी और हनुमान जी की प्रतिमाएं हैं जिनमें सुग्रीव जी की प्रतिमा काफी पुरानी लगती है। दक्षिण के इस प्रदेश में यहां के पुजारी आदि उत्तर भारत के हैं।

यहीं यह जानकर मेरा मन अत्यन्त प्रफुल्लित हो उठा कि दक्षिण भारत का अत्यन्त प्रसिद्ध और पवित्र कोदण्डराम का मन्दिर कहीं आस-पास है। तुंगभद्रा नदी पार करने पर तो निकट है, किन्तु सड़क से बहुत घूमकर जाना पड़ता है। समय कम था, इच्छा थी कि हनुमान जी की माता अंजना के नाम से विख्यात 'अंजना पर्वत' का दर्शन करते हुए कोदण्डराम मन्दिर के भी दर्शन करें, किन्तु सीमित समय में यह सम्भव नहीं था, अतएव कुछ लोग 'अंजना पर्वत' पर विद्यमान हनुमान मन्दिर के दर्शन करने चले गये और शेष लोग कोदण्डराम मन्दिर की ओर। हमने पर्वत के नीचे मनस: हनुमान जी और उनकी माता अंजना को प्रणाम किया और कोदण्डराम मन्दिर पहुंच गए। यह मन्दिर तुंगभद्रा नदी पर स्थित एक अत्यन्त पवित्र तीर्थ के निकट स्थित है। इसमें श्रीराम की मूर्ति अपने अत्यन्त आकर्षक सौन्दर्य के साथ परम पुरुषार्थ और पराक्रम का भाव व्यक्त करती है। विशालकाय कोदण्डधारी राम की मूर्ति के साथ-साथ लक्ष्मण जी, सीताजी भी विराजमान हैं और एक ओर हाथ जोड़े हुए सुग्रीव जी उपस्थित हैं। यह सम्पूर्ण क्षेत्र राजा सुग्रीव के प्रभाव में रहा होगा, अतएव अनेक मन्दिरों में सुग्रीव जी के दर्शन भी होते हैं। इस मन्दिर में आकर मैंने अत्यन्त धन्यता का अनुभव किया क्योंकि इसके बारे में अनेक प्रेरणादायक प्रसंगों को पढ़ रहा था और यह भी ज्ञात हुआ था कि दक्षिण के प्रसिद्ध आचार्य सन्त श्री रामानुजाचार्य जी को यहीं विशेष प्रेरणा हुई थी।

मंजिल का सुख-रामेश्वरम्

कोदण्डराम के वनवासी वेश के दर्शन करके हम उन्हीं के चरण-चिह्नों को ध्यान में रखते हुए ट्रेन से चेन्नई होते हुए रामेश्वरम् पहुंच गए। श्रीराम की मंजिल क्या थी, कहां तक थी, इसे तो आज तक कोई नहीं जान सका। किन्तु हमारी मंजिल तो सूदूर दक्षिण के उस बिन्दु तक ही थी जहां भगवान श्रीराम ने शिवलिंग की स्थापना की थी और जहां आज सागर भारत माता के चरण पखारता है।

मंजिल पर पहुंचने का कैसा सुख था, उसकी उपलब्धि का कैसा अहसास था, इसे व्यक्त कर पाना मेरे लिए संभव नहीं है। जिस समय हमारी ट्रेन समुद्र की एक छोटी-सी पट्टी पार कर रामेश्वरम् में प्रवेश कर रही थी, उस समय तरह-तरह की भावनाएं हृदय में हिलोरें ले रही थीं। रामेश्वरम् के दर्शन पहले भी कर चुका था किन्तु यह यात्रा कुछ विशेष थी जो जीवन में कुछ विशेष धन्यता का अनुभव करा रही थी। हमारे साथ यहां तक पहुंचते-पहुंचते देश-विदेश के 18 लोग रह गये थे।

जिस समय श्री रामेश्वरम् मन्दिर का, जो चारों धामों में से एक है, दर्शन करने के पूर्व सागर में हम स्नान कर रहे थे, ऊपर से वर्षा भी होने लगी। ऐसा लगा कि जैसे भगवान श्रीराम की कृपा की वर्षा हो रही हो। ऐसी कृपा-वर्षा में भीगते हुए हमने रामेश्वरम् के विशाल मन्दिर की परिक्रमा करते हुए 22 कुण्डों के पवित्र जल से स्नान किया जो विभिन्न तीर्थों के रूप में माने जाते हैं और इस प्रकार तन-मन को पवित्र करके हमने अत्यन्त विधि-विधान से मुख्य मन्दिर के सामने बैठकर शिवजी का बड़ी देर तक पूजन किया। इस विशेष पूजन में भी हम सबने विशेष आनन्द का अनुभव किया। शिवजी सदैव अपने अन्तर में श्रीराम का ध्यान करते हुए आत्म-समाधिस्थ रहते हैं और श्रीराम के हृदय में भी शिवजी का वैसा ही स्थान है। अतएव श्रीराम कृपा के लिए शिवजी की कृपा अनिवार्य है। शास्त्र बताते हैं कि शिवजी ही हनुमान रूप में सदैव श्रीराम की सेवा में लीन हैं। इसीलिए बिना उनकी कृपा के श्रीराम की कृपा की प्राप्ति नहीं होती।

इस प्रकार अयोध्या से रामेश्वरम् तक वनवासी राम के चरण-चिह्नों की खोज करते हुए हम 12 दिनों तक यात्रा करते रहे। वनवासी राम के मार्ग पर, हम कहां चले और कहां भटक गए, यह नहीं मालूम। किन्तु उनके चरणों का ध्यान रखने का यथासंभव प्रयास अवश्य रहा। वे तो रामेश्वरम् के निकट ही समुद्र पर पुल बनाकर लंका तक सेना सहित गये थे। पर यह तो पुल पहले ही टूट चुका है। एक बार श्रीलंका से हवाई जहाज से आने पर मैंने देखा था कि दोनों देशों के बीच समुद्र में द्वीपों और पहाड़ियों की लम्बी कतार है जो बीच-बीच में जलमग्न है। इससे अनुमान होता है कि कभी पुल रहा होगा। अमेरिकी अंतरिक्ष संस्था 'नासा' के एक उपग्रह चित्र में यह टूटा हुआ पुल साफ दर्शाया गया है और लाखों वर्ष पूर्व का बताया गया है। हम पुनः ऐसे पुल का निर्माण नहीं कर सकते परन्तु देशों के बीच मित्रता और सद्भावना के सांस्कृतिक सेतु का निर्माण अवश्य कर सकते हैं जो लोगों के हृदयों को जोड़ता है। श्रीराम तीर्थों की यह यात्रा और अन्तर्राष्ट्रीय रामायण सम्मेलन ऐसे आयोजन हैं जो हृदयों को मिलाने में सेतु का काम करते हैं।

रामायणमयी विदेश यात्रायें

मानस के रूसी अनुवादक की समाधि पर

अक्तूबर 1985 में जिस दिन मैं मास्को पहुंच रहा था, वह नवरात्र का अन्तिम दिन था और मुझे मानस का नवाह्नपारायण पूरा करना था, अतएव यह दिन यात्रा के लिए असुविधाजनक होते हुए भी एक मित्र देश की यात्रा के कारण इसे स्वीकार किया था। अतएव रूसी विमान एयरोफ्लोट में मानस का पाठ करते हुए मास्को की ओर अग्रसर था। मौसम सामान्य था और विमान चांदी जैसे बादलों को चीरता हुआ हवाई अड्डे पर उतर रहा था। इस देश की सर्दी का भय और आतंक पहले से ही मन में बैठ गया था, अतएव पर्याप्त ऊनी कपड़ों की व्यवस्था कर ली थी। विमान उतरने और पासपोर्ट निरीक्षण आदि के बाद जब सामान आने और कस्टम निरीक्षण में काफी समय लगा तो साथ में भारत से आई फुटबाल टीम के कुछ सदस्यों ने ऊबते हुए कहा कि "हमें दूसरी उड़ान से वापस चले जाना चाहिए।" इस पर मैं सहज ही बोल उठा कि "यहां आना बहुत मुश्किल है और जाना उससे भी अधिक मुश्किल। अतएव धीरज रखिए, फल मीठा ही मिलेगा।" उन्हें मीठा फल मिला या नहीं, इसके बारे में कोई जानकारी प्राप्त नहीं हो सकी किन्तु मुझे उसी समय से प्राप्त होना शुरू हो गया। जैसे ही मैं कस्टम क्षेत्र से बाहर निकला और मुझे लेने आई दो देवियों—जेन्या और हेलेन ने अभिवादन करते हुए विज्ञान अकादमी की ओर से मेरा स्वागत किया। ये दोनों अपने अध्ययन के सिलसिले में भारत में रह चुकी थीं और लगभग पूरा ही देश इन्होंने देखा था, अतएव भारतीय संस्कृति और परम्पराओं का उन्हें अच्छा ज्ञान था। वैसे तो विदेशी अतिथि की उचित देखभाल की ही जाती है, किन्तु अण्डा तक न खा सकने वाले मेरे जैसे शाकाहारी की देखभाल की विशेष जरूरत पड़ती है और वह भी रूस जैसे देश में, जो शाकाहारियों के लिए संसार के कठिनतम क्षेत्रों में से है। शायद इसलिए मेरे सहृदय मेजबानों ने इन देवियों को कष्ट दिया था। मैं इस बार स्वयं कुछ शाकाहारी व्यवस्था भारत से जुटाकर गया था, जो इतनी थी कि वहां कुछ न मिलने पर भी कम से कम एक सप्ताह चल सके, किन्तु रूसी मित्रों के सहयोग से मुझे इस बार भोजन में कोई असुविधा नहीं हुई।

दूसरे दिन मुझे मास्को से लेनिनग्राद जाना था, जो इस यात्रा का अत्यन्त मधुर और महत्त्वपूर्ण चरण था। लेनिनग्राद रवाना होने से पूर्व हिन्दी भाषा विज्ञान के विद्वान प्रो. लिप्रोव्हस्की होटल में मिलने आए, जो लगभग एक वर्ष पूर्व भारत में सर्वप्रथम आयोजित अन्तर्राष्ट्रीय रामायण सम्मेलन में प्रो. चेलीशेव के साथ रूसी प्रतिनिधि के रूप में आये थे और जिन्होंने अन्य प्रतिनिधियों के साथ श्री रामतीर्थों के प्रेरक वातावरण में पूरी तरह समरस होते हुए अपनी महत्त्वपूर्ण भूमिका अदा की। पंचवटी (नासिक) की गोष्ठी के अध्यक्ष

वे ही थे। उनसे पहला परिचय उसी समय हुआ था, अतएव उनकी मातृभूमि में उनसे मिलकर बहुत आनन्द मिला।

उसी रात हम ट्रेन द्वारा लेनिनग्राद रवाना हुए। इस देश के महत्त्वपूर्ण नगरों को जोड़ने वाली यह बहुत सुविधाजनक ट्रेन है। रात्रि में रवाना होकर सुबह लेनिनग्राद पहुंच जाती है। जब मैं सुबह सोकर उठा और मैंने खिड़की से झांककर देखा तो बाहर हिमवर्षा हो रही थी। हिमवर्षा का अपना ही एक सौन्दर्य है। चारों तरफ चांदी जैसी सफेदी दिखाई पड़ती है। और तभी आ गया लेनिनग्राद स्टेशन। जैसे ही मैं उतरा, विदेश विभाग के एक अधिकारी तथा पर्यटक विभाग के एक मार्गदर्शक स्वागत कर रहे थे। मैंने उन्हें बताया कि यह मेरी दूसरी लेनिनग्राद यात्रा है, किन्तु पिछली यात्रा में एक महत्त्वपूर्ण कमी रह गई थी कि मैं रामचरितमानस के रूसी भाषा में अनुवादक विद्वान वारान्निकोव जी की समाधि पर नहीं जा पाया था। शनिवार और रविवार होने के कारण 40-50 मील दूर कोमारोव नामक उनके गांव में जाने की व्यवस्था नहीं हो सकी थी। इस बार यह कमी पूरी होनी चाहिए। दोनों ने मुझे आश्वासन दिया और मेरी यह दूसरी लेनिनग्राद यात्रा शुरू हुई।

सायंकाल लेनिनग्राद विश्वविद्यालय में हिन्दी विभाग के अध्यक्ष प्रो. बालिन से भेंट एक सुखद घटना थी। इनसे मिलते ही अपनापन अनुभव हुआ और लगा कि जैसे परिचय बहुत पुराना हो। इसका कारण यह भी हो सकता है कि ये काशी विश्वविद्यालय में दो-एक वर्ष रह चुके थे-लगभग उसी समय जब मैं वहां पढ़ता था, लेकिन भेंट तो लेनिनग्राद में ही होनी थी। बालिन जो बहुत शुद्ध और सहज हिन्दी बोलते थे। उनसे भी मैंने मानस भक्त स्वर्गीय वारान्निकोव जी की समाधि के दर्शन की इच्छा प्रकट की। उन्होंने उनके पुत्र डा. पी.ए. वारान्निकोव को फोन पर सम्पर्क का प्रयास किया, किन्तु उस समय पता नहीं चल सका। इच्छा थी कि उनके साथ ही कोमारोव की यात्रा हो, जहां उनके पूज्य पिता की समाधि है और उनका मकान भी है। हमें लेनिनग्राद में केवल दो दिन ठहरना था और एक दिन बीत चुका था। अतएव दूसरे दिन हम प्रो. बालिन के साथ कोमारोव के लिए रवाना हुए। मेरे साथ मास्को से आई सिंहली भाषा पर शोध कार्य करने वाली जेन्या थीं तथा मार्गदर्शक मिखाइल। उस समय भी मौसम बहुत सुहावना था, हिम-वर्षा हो रही थी और सड़क के दोनों ओर अनेक प्रकार के पेड़-पौधे, नदी तथा समुद्र की खाड़ी थी। यह खाड़ी फिनलैण्ड की खाड़ी के नाम से प्रसिद्ध है।

बालिन जी स्वर्गीय वारान्किोव जी के शिष्य रह चुके थे और लेनिनग्राद विश्वविद्यालय में हिन्दी विभाग के अ यक्ष के रूप में उन्हीं के उत्तराधिकारी। यह हिन्दी विभाग वारान्निकोव जी के जमाने से ही शुरू हुआ था। लगभग 50 किलोमीटर यात्रा के बाद हम कोमारोव गांव में उस कब्रगाह के सामने थे जिसमें मानस-भक्त वारान्निकोव जी की समाधि थी। बालिन जी पहले भी यहां आ चुके थे, अतएव उन्होंने सैकड़ों कब्रों के बीच वारान्निकोव जी की समाधि ढूंढ़ निकाली और उस पर मानस की अर्धाली अंकित है-'भलो भलाइहि

पै लहै।'' जिस प्रस्तर स्तम्भ पर यह अंकित है, उसका रंग ऐसा है कि यह अर्धाली बहुत निकट से देखने पर ही दिखाई पड़ती है।

एक विदेशी रामायण भक्त की समाधि के समक्ष जब मैं कुछ क्षण मौन खड़ा रहा, तो मुझे ऐसा लगा कि यह विदेश यात्रा मेरे लिए मानो तीर्थ-यात्रा है। साथ ही, यह भी अनुभव हुआ कि भले ही इस महादेश की यात्रा के कारण कुछ और हैं, किन्तु सम्भव है कि यहां व्याप्त श्रीराम और रामायण की भाव लहरियों ने मुझे अपनी ओर खींच लिया हो। मैंने इधर कुछ समय से भगवद्कृपा से यह अनुभव किया है कि जब व्यक्ति विशेष भाव लहरियों में होता है, तो वह सूक्ष्म और स्थूल जगत में समानधर्मा तत्त्वों के सम्पर्क में आने लगता है-व्यक्ति, घटनाओं आदि के रूप में।

इस समय हिमवर्षा बन्द हो गई थी, सूर्य की किरणें भी पेड़-पौधों से छनती हुई धरती तक आ रही थीं, किन्तु ठण्डक बहुत थी। मैंने अपना साधारण सूट पहन रखा था और जेन्या के कुछ आग्रह पर भी ओवरकोट नहीं पहना। तभी उसकी टिप्पणी थी-''लगता है इस समय आपके अन्तर में कोई और गरमी विद्यमान है।'' उसकी बात कुछ ठीक ही लग रही थी।

इसके बाद बालिन जी मुझे स्वर्गीय वारान्निकोव जी के उस जराजर्जर मकान पर भी ले गए जहां उन्होंने बैठकर रामचरितमानस के एक बड़े अंश का पद्यानुवाद किया था। और फिर, द्वितीय महायुद्ध छिड़ जाने के कारण उन्हें सरकार ने यूक्रेन के उस सुरक्षित स्थान पर भिजवा दिया था, जहां उनके पिताजी का घर था।

वहां से जब मैं होटल वापस लौटा तो स्वर्गीय प्रो. वारान्निकोव के पुत्र डॉ. पियोत्र वारान्निकोव मेरी प्रतीक्षा कर रहे थे। मुझे लगा कि उनसे बिना भेंट किए चला जाता, तो लेनिनग्राद की यात्रा पूर्ण नहीं होती। इस बात का हम दोनों को खेद था कि कोमारोव यात्रा में स्वर्गीय वारान्निकोव की समाधि-दर्शन के समय ये साथ नहीं थे, किन्तु परिस्थितियों की मजबूरी ऐसी ही थी।

ट्रेन छूटने का समय रात्रि 12 बजे से 1 मिनट पूर्व यानी 11 बजकर 59 मिनट था। पिछली बार गर्मी के दिनों में जब मैं यहां आया तो यह समय संध्याकाल जैसा दिखाई पड़ता था, जैसा यहां लगभग छः बजे के आसपास भारत में होता है, किन्तु इस समय प्रायः दिन-रात बादल छाए हुए रहते हैं, अतएव कभी-कभी तो हफ्तों सूर्य के दर्शन ही नहीं होते। इस नगर में 22 जून का एक ऐसा दिन होता है, जब रात को सूर्य डूबता ही नहीं या कुछ क्षणों के लिए डूबता है। इसे 'मिडनाइट सन' कहते हैं। इस दृश्य को देखने दुनिया भर के लोग आते हैं। पिछली यात्रा में मैं इस दिन लेनिनग्राद में था।

वारान्निकोव जी से विस्तृत विचार-विमर्श हुआ, जो कुछ वर्ष पहले भारत आए थे और उन्होंने 'विश्व हिन्दी दर्शन' के लिए कई लेख भी लिखे थे। इस समय मेरी विशेष रुचि उनके मानस भक्त स्वर्गीय पिता के बारे में अधिक से अधिक जानने की थी और

चर्चा वही होती रही। उन्होंने बताया कि उनके पिता का स्वर्गवास 1952 में हो गया था, किन्तु उनकी माता 1979 तक जीवित रहीं। उन्होंने अपने पति को पूर्ण सहयोग प्रदान करने की दृष्टि से संस्कृत का ज्ञान प्राप्त किया था। उनके पति की समाधि पर मानस की जो अर्धाली लिखी है, उसका चयन उन्होंने ही किया था। लेनिनग्राद जैसे संसार के अत्यन्त सुन्दर और सांस्कृतिक नगर की यह भावनामयी यात्रा पूर्ण करके मास्को रवाना हो गया।

श्रीराम के साथ विदेश-यात्रा

कैसा आनन्दायी भाव है श्रीराम जी के साथ विदेश-यात्रा और वह भी जब साथ में शिवजी और हनुमान जी हों। क्या ऐसी परम उपलब्धि की कल्पना स्वप्न में भी की जा सकती है? पर यह तो कृपापूर्वक घटित हुई। कभी-कभी जीवन में कल्पना और स्वप्न से भी अधिक सुहावनी होती है।

घटना है जून, 1987 की जब हम कनाडा के तृतीय 'अन्तर्राष्ट्रीय रामायण सम्मेलन' के आयोजन के सिलसिले में कुछ पहले ही प्रस्थान करने वाले थे। शुभ कार्य से पूर्व अखण्ड रामायण पाठ अपने निवास पर होने जा रहा था। इस बार इसमें विशेषता यह थी कि इसका निर्देशन गोबर्द्धन जी के श्रेष्ठ संत पं. गयाप्रसाद जी ने किया था। प्रसिद्ध गायत्री-साधक महाराज उपेन्द्र जी उपस्थित थे। एक रामायण भक्त श्री वाजपेयी शिवजी की स्तुति अत्यन्त भावपूर्वक कर रहे थे। मैं श्रीराम, सीताजी, लक्ष्मण जी और हनुमान जी के चित्र को प्रत्यक्ष मानकर माल्यार्पण कर रहा था।

तभी अचानक उपेन्द्र जी ने जोर से 'मां' का उच्चारण किया। मुड़कर देखा तो श्रीराम जी, शिव जी और हनुमान जी की तीन नयनाभिराम रजत मूर्तियां उपेन्द्रजी की दोनों हथेलियों पर अवतरित हुई जैसे कोई फल ऊपर से गिरे और हम दोनों खुली हथेलियों में ग्रहण कर लें। इनका आकार छोटा किन्तु नवीनता की चमक स्पष्ट थी। सबके अन्तःकरण अपूर्व आनन्द से भर गए।

उपेन्द्र जी ने कहा कि आप गंगोत्री जी से जो पवित्र गंगाजल लाए हैं, उससे इन तीनों दुर्लभ विग्रहों का अभिषेक कराइए। उन्हें यह तो पता था कि मैं दो सप्ताह पूर्व गंगोत्री जी गया था, पर गंगाजल का ध्यान तो मुझे भी न था। वस्तुतः मेरी गंगोत्री-यात्रा विश्वप्रसिद्ध रामायणी श्री मोरारी बापू के निमित्त से बनी थी जब मैं उनसे भेंट करने के लिए उत्तरकाशी गया था और जहां उन्होंने कनाडा के रामायण सम्मेलन में चलने का कार्यक्रम तय करने का आश्वासन दिया था। जब उत्तरकाशी गया तो साथ में श्री नौरंगलाल लोहिया की सहमति से गंगोत्री जी की यात्रा का भी सुयोग बन गया था।

इसी यात्रा में एक और बात यह हुई थी कि जब श्री मोरारी बापू ने उत्तरकाशी में अपने पहले प्रवचन का शुभारम्भ किया तो यह बताया था कि भगवान की कृपा की अभिव्यक्ति भक्त के लिए कई प्रकार से होती है जिसमें प्रमुख है कि वे अपना स्वरूप

या विग्रह स्वयं भक्त को प्रदान कर दें। मैंने भी दुर्लभ कृपा की कुछ घटनाएं सुनीं और पढ़ी थीं। बापू की यह भावनामयी चर्चा सुनकर अनेक उपस्थित भक्तों के मन में निश्चय ही ऐसी दुर्लभ कृपा की कामना जगी होगी। मैं अपनी बात कैसे कहूं, किन्तु वहां से वापस आने के लगभग दो सप्ताह बाद ही ऐसी भगवद्कृपा की उपलब्धि हम सबको हुई।

उपेन्द्र जी इस घटना के बाद अर्द्ध-विक्षिप्त से थे और कह रहे थे कि कोई शक्ति रोक रही है अन्यथा पागल हो जाने की स्थिति है। उन्होंने इस घटना के बारे में यह भी बताया कि सद्गुरु की उपस्थिति में भगवान के दर्शन हुए, यद्यपि वे लगभग दो दशक पूर्व समाधि ले चुके हैं। उनके अनुसार गुरुदेव का यह कहना था कि "कलियुग में ऐसी घटना न घटी है और न घटेगी।" साथ ही, यह निर्देश दिया कि इन अलौकिक मूर्तियों के साथ विदेश-यात्रा पर जाओ और वहां भक्तों को इनके दर्शन कराओ। यह भावना बनने के बाद कि तृतीय 'अन्तर्राष्ट्रीय रामायण सम्मेलन' के पूर्व श्रीराम अपने परम भक्त और आराध्य के साथ स्वयं पधारे हैं, हमें यह विश्वास हो गया कि अब रामायण सम्मेलन का सारा कार्य सफलतापूर्वक पूर्ण होगा और यह दृढ़ आस्था फिर जगी कि यह रामकाज ही है। इसके पहले कनाडा में होने वाले रामायण सम्मेलन को लेकर अनेक समस्याएं और आशंकाएं मन में घूम रही थीं कि पता नहीं पश्चिमी जगत में होने वाला यह प्रथम रामायण सम्मेलन कैसे सफल होगा। स्थानीय आयोजक संस्था का न कोई पूर्व अनुभव था और न कोई साधन थे, किन्तु रामकाज में समस्याएं और संघर्ष कितना भी हो, अन्ततः वह पूर्ण सफल होता है। इसी आस्था और विश्वास के साथ हम विदेश के लिए रवाना हुए। भाव यही था कि श्रीराम हमारे साथ हैं।

तो इस बार श्रीराम, शिवजी और हनुमान जी के साथ पधारे थे और तीसरे अन्तर्राष्ट्रीय रामायण सम्मेलन के लिए यात्रा शुरू हुई। साथ में महाराज उपेन्द्र जी भी थे। लन्दन में हम जिस भारतीय परिवार में ठहरे थे, वह कृष्ण-भक्त परिवार है और एक बड़े कमरे को विधिवत् मन्दिर बना लिया है। उपेन्द्र जी ने जब इस मन्दिर में दर्शन किए और पूजन-कीर्तन देखा तो उनकी जो भावना बनी, उससे उसी प्रकार एक लॉकेट उनके हाथ में प्रकट हुआ जैसे दिव्य मूर्तियां आई थीं। उस लाकेट में बंशी बजाते हुए श्रीकृष्ण जी विराजमान हैं। उपेन्द्र जी बहुत प्रसन्न थे कि अब भगवान के स्वरूप ही प्रकट हो रहे हैं।

लन्दन में दो दिन रुकने के बाद हम कनाडा के प्रमुख नगर टोरण्टो पहुंच गए जहां तृतीय अन्तर्राष्ट्रीय रामायण सम्मेलन 9 जुलाई 1987 में आयोजित होना था, किन्तु श्री मोरारी बापू चार दिन पूर्व सिर्फ एक दिन के लिए कनाडा आ रहे थे। 6 जुलाई को प्रातः प्रसिद्ध 'इण्टरनेशनल सेण्टर' में हजारों रामायणप्रेमियों और श्रद्धालुओं की उपस्थिति में श्री मोरारी बापू पधारे और हम भावना में उनके द्वारा ही सम्मेलन का श्रीगणेश मान रहे थे। श्री मोरारी बापू मंच पर बिराजे और उनके सामने ही शुभारम्भ श्रीगणेश पूजन से हो रहा था। उस समय इतनी बड़ी भीड़ की उपस्थिति में जब उपेन्द्र जी ने 'मां' का उच्चारण किया तो

एकदम सबका ध्यान उनकी ओर गया। मैंने देखा कि उनके हाथ में असाधारण रूप से बड़ा लाल गुलाब था और जब उसे मैंने अपने हाथ में लिया तो उसके साथ ही एक चांदी का सिक्का भी था जिस पर श्रीगणेश और लक्ष्मी का चित्र था और साथ में दीपक तथा सतिया भी। गुलाब हमने गणेश जी को अर्पित कर दिया। मोरारी बापू पश्चिमी जगत में होने वाले इस सर्वप्रथम 'अन्तर्राष्ट्रीय रामायण सम्मेलन' का श्रीगणेश कर रहे थे और उनके सामने श्रीराम, हनुमान जी और शिवजी की वहीं दिव्य मूर्तियां विद्यमान थीं जिनके बारे में उन्होंने उत्तरकाशी में कहा था कि जब भगवान भक्त पर विशेष कृपा करते हैं तो अपना स्वरूप स्वयं प्रदान कर देते हैं। मोरारी बापू को जब यह पृष्ठभूमि बताई गई थी तो स्वाभाविक ही वे आनन्दित हुए थे और उपेन्द्र जी से बहुत प्रेमपूर्वक मिले।

दिल्ली में शिवजी और हनुमान जी सहित श्रीराम का शुभ आगमन तथा टोरेण्टो में श्री मोरारी बापू की उपस्थिति में ऐसा दिव्य श्रीगणेश सम्मेलन को भी दिव्यता प्रदान कर रहा था। इसीलिए जिस अन्तर्राष्ट्रीय सम्मेलन की सफलता के बारे में स्वयं मेरे मन में पूर्व आशंकाएं बन गई थीं, वह ऐसा सफल और सार्थक हुआ कि प्राय: सभी ने आनन्द और उपलब्धि का अनुभव किया। स्थानीय आयोजकों ने भी अनुभव किया कि पहली बार इस रामायण सम्मेलन के माध्यम से वहां भारतवंशियों की सभी धार्मिक और सांस्कृतिक संस्थाओं का एक मंच पर मिलन हुआ और पारस्परिक सहयोग का परिचय मिला।

इस सम्मेलन की अन्तिम कड़ी 'अन्तर्राष्ट्रीय कवि सम्मेलन' था जिसकी सफलता के बारे में मुझे और भी अधिक सन्देह था क्योंकि उसके लिए कोई अलग से प्रयास नहीं किया गया था और यही माना जा रहा था कि जो कवि रामायण सम्मेलन में आएंगे, वे स्वत: ही कवि सम्मलेन के लिए भी एकत्रित हो जाएंगे। इसके संयोजक मुख्य रूप से प्रो. हरशिंकर आदेश थे जो 'अनुराग' महाकाव्य लिखकर महाकवि के रूप में विख्यात हैं। यह कवि सम्मेलन विश्व प्रसिद्ध न्याग्रा जल-प्रपात के निकट स्थित ब्राक विश्वविद्यालय में हुआ। प्रारम्भ में जैसे ही आदेश जी की सुपुत्री कु. सुरभि ने सरस्वती वन्दना प्रस्तुत की उस पर सरस्वती जी की कृपा इस रूप में हुई कि उपेन्द्र जी महाराज ने उसे वीणा-वादनी सरस्वती वाला लॉकेट प्रदान किया जो उन्हें उसी समय सम्मेलन स्थल पर सबके सामने मूर्तियों की तरह ही प्राप्त हुआ था। इसके बाद कवि सम्मेलन भी ऐसा सफल हुआ जिसकी मुझे ही नहीं किसी को भी कल्पना नहीं थी। पूर्व और पश्चिम के लगभग 13 देशों के विभिन्न भाषा-भाषी विद्वान उपस्थित थे और उन्होंने अपनी-अपनी भाषाओं में कविता सुनाई जिसका हिन्दी में अनुवाद भी प्रस्तुत किया गया।

इन अनुभूतियों और दर्शन के विवरण से स्पष्ट है कि श्रीराम की कृपा से राम-काज सम्भव होता है- रामकाज जो बड़े साधनों और पुरुषार्थ से भी सम्भव नहीं। श्रीराम कृपा के परिचायक जिन कथित चमत्कारों का वर्णन मैंने किया है, भले ही आस्थाहीन और जीवन के अनेक सत्य और रहस्यों से अनभिज्ञ लोग इन पर विश्वास न करें: किन्तु मैंने

यह चर्चा उन लोगों के लिए की है जिनके जीवन में भगवद्कृपा की कुछ अनुभूतियां हैं और जो सृष्टि के अनेक सत्य और रहस्य को समझने के लिए तत्पर हैं। ऐसे सत्य और रहस्य को समझना केवल साधारण बुद्धि से सम्भव नहीं। उन्हें आस्था के प्रकाश में अन्त:करण की श्रद्धा से ही देखा और समझा जा सकता है। किसी के न मानने से सत्य के अस्तित्व पर कोई असर नहीं होता। मेरे लिए तो यह कानों से सुनी नहीं, बल्कि आंखों देखी हुई घटनाएं हैं और यह चमत्कारों के अन्तर्गत नहीं, बल्कि भगवद्कृपा से ही सम्भव है। अतएव लेखन का उद्देश्य पाठकों को चमत्कृत करना नहीं, बल्कि उनमें सम्पूर्ण सृष्टि के नियन्ता के प्रति आस्था बढ़ाना है जिसका सम्बल पाकर ही सच्चे ज्ञान और विज्ञान की उपलब्धि होती है।

मानस और चौरासी का चक्र

मिष्ठान्न आदि के रूप में भगवान का प्रसाद तो हम प्राय: प्राप्त करते हैं, किन्तु यदि संत का प्रसाद मिल जाए तो वह भगवान से मिला सकता है। कम से कम भगवान से मिलने का सूत्र तो दे ही देता है। ऐसा ही एक सूत्र उस समय मिला जब 1985 के आस-पास गिरि गोवर्द्धन जी की गोद में अत्यन्त दुर्लभ ब्रज-रस के मूर्तिमान स्वरूप 80 वर्षीय पण्डित गया प्रसाद जी के दर्शन करने गया। निमित्त बने रासलीला के आचार्य पं. रामस्वरूप शर्मा।

शर्मा जी के परिचय कराने पर उन्होंने अत्यन्त आत्मीयतापूर्वक आसन देकर निकट बैठाया। श्रीरामकृपा से रामायण से जुड़े होने का संदर्भ जानकर उन्होंने श्रीरामचरितमानस की चर्चा शुरू कर दी जिसका वे अंतिम समय तक प्रतिदिन तीन-चार घंटे तक श्रवण करते थे। वे बोले-''व्यास जी, कलियुग में मानस जैसा कोई ग्रंथ ही नहीं जो एक ही जन्म में चौरासी के चक्कर (चौरासी लाख योनियों में जन्म) से मुक्त करने में समर्थ है। बस शर्त एक ही है कि इससे निष्काम भाव से जुड़ा जाए।''

आशय यही था कि लौकिक कामनाओं से जुड़ने पर वे कामनाएं कुछ-न-कुछ अवश्य पूर्ण होती हैं। कभी-कभी कल्पनातीत ढंग से पूरी होती हैं, किन्तु उस स्थिति में राम से मिलन या जुड़ाव नहीं होता जो चौरासी का बंधन एक जन्म में ही काटने में समर्थ है। काम या राम में से एक का ही चुनाव करना होता है। अंधकार और प्रकाश एक साथ नहीं रह सकते।

गोलोकवासी पं. गया प्रसाद जी की रामायण और चौरासी की चर्चा पर विचार करता हूँ तो चिंतन के क्षितिज पर एक और सत्य झांकता दिखाई पड़ता है और वह 1984 में विश्व रामायण सम्मेलनों की शृंखला के श्रीगणेश से जुड़ा हुआ है (इसके अंतर्गत अब तक 15 देशों में 23 सम्मेलन पूर्ण हो चुके हैं)। यह सत्य केवल झांक ही नहीं रहा, बल्कि मेरे अन्त:करण में मानों बोल भी रहा है कि 1984 में शुरू हुई रामायण सम्मेलन शृंखला विश्व मानव को चौरासी के चक्र से मुक्त करने की भूमिका है, बीजारोपण है। बस इसे रामायण के प्रति व्यापक प्रेम, श्रद्धा और विश्वास का खाद, पानी और परिश्रम चाहिए।

मानस विश्व साहित्य में बेजोड़

एक बार वृंदावन में श्री स्वामी अखण्डानन्द जी महाराज के आश्रम पर ठहरा था और प्रात:काल भगवद्स्मरण करता हुआ टहल रहा था। तभी महाराजश्री भी आ गए और बिना किसी पूर्व चर्चा या संदर्भ के स्वयंमेव बोले ''व्यास जी, श्रीरामचरितमानस जैसा ग्रंथ तो पूरे संस्कृत साहित्य में भी खोजने पर नहीं मिला।'' आशय था कि जब संस्कृत साहित्य में इसके जोड़ का कोई ग्रंथ नहीं तो ''मानस'' को आसानी से विश्व साहित्य में अद्वितीय माना जा सकता है। स्वामी जी इस युग के एक प्रकाण्ड विद्वान तथा बाल्मीकि रामायण के गहन अध्येता थे।

रामायण से जुड़ी चीन-यात्राएं

अनेक उपलिब्धयों से भरी अपनी दो चीन-यात्राओं का श्रेय मैं रामायण को ही देता हूँ। पहली यात्रा जून, 1990 में और दूसरी मई, 1995 में थी। अक्तूबर, 1988 में अचानक मेरी भेंट प्रसिद्ध चीनी विद्वान प्रो. जिन डिंग हान से लन्दन में हुई थी, जो पेकिंग विश्वविद्यालय में हिन्दी विभाग के अध्यक्ष थे तथा रामचरितमानस के चीनी अनुवादक हैं। बस यही मिलन और परिचय घनिष्ठता में बदलकर मेरी प्रथम चीन-यात्रा में सहायक बना। पहली चीन-यात्रा के दौरान प्रो. जिन डिंग हान का प्राय: निरंतर साथ रहना और कृपा कर दुभाषिए की भूमिका निभाना, मेरे लिए कल्पनातीत सौभाग्य की बात रही। चीन के जिस श्रेष्ठ विद्वान के कुछ क्षण का सम्पर्क मेरे लिए अपने आप में एक उपलब्धि हो सकती थी उसका इस प्रकार दो सप्ताह तक साथ हो जाना निश्चय ही जीवन की एक महत्वपूर्ण निधि थी। वे बीजिंग के अलावा प्राचीन सांस्कृतिक-ऐतिहासिक नगर शियान और एशिया के एक प्रमुख महानगर शंघाई की यात्रा में भी साथ थे। इसे मैं अपने मेजबान संस्था और चीनी सरकार का अपने प्रति विशेष सौजन्य मानता हूँ। ऐसे विशिष्ट चीनी हिन्दी विद्वान का सहारा पाकर चीन में मुझे अपने भाषणों, चर्चाओं और विचार-विमर्श में कहीं अंग्रेजी का सहारा नहीं लेना पड़ा। मुझे खुशी है कि दुनिया में चीन भी एक ऐसा देश है जहाँ अंग्रेजी के सहारे बिना गाड़ी चल सकती है।

जब मेरा विमान चीन की राजधानी बीजिंग के हवाई अड्डे पर उतरने जा रहा था, तब मेरे मन में शायद उत्सुकता का वही भाव था जो पहली विदेश-यात्रा के समय या बाद में क्रमश: लन्दन और न्यूयार्क पहुँचते समय हुआ था।

बीजिंग में विमान रुकते ही मैं जैसे ही उससे बाहर निकला, एक भारतीय बन्धु ने अप्रत्याशित रूप से मुझसे पूछा - ''श्री व्यास आप ही हैं?'' मैंने आश्चर्यचकित होकर उनका परिचय पूछा तो उन्होंने बताया कि वे राष्ट्रसंघ की एक संस्था में यहाँ प्रमुख अधिकारी हैं, जिन्हें विशिष्ट राजनयिक (डिप्लोमैट) होने के कारण हवाई अड्डे पर विमान तक पहुँचने का अधिकार है। मैं इस अप्रत्याशित अनुग्रह से अभिभूत हो गया। बाहर निकलने

पर प्रसिद्ध हिन्दी विद्वान और रामचरितमानस के अनुवादक प्रो. जिन डिंग हान ने साथ ले लिया और अपने साथ के विद्वान से परिचय कराया कि ये ही आपके मुख्य मेजबान 'चीनी विज्ञान अकादमी' के 'एशिया प्रशान्त अध्ययन संस्थान' के निदेशक प्रो. ह्वांग शिनचुआन हैं। चीन-यात्रा की सफलता और सार्थकता का पूर्वाभास यहीं से होने लगा।

चीन में गुरुपूर्णिमा मनायी

राष्ट्रसंघ सम्बन्धी संस्था से जुड़े एक भारतीय अधिकारी ने सर्वप्रथम मेरा स्वागत किया। मैंने इसका जिक्र यह बताने के लिए किया है कि कैसे सूक्ष्म जगत् में आगे होने वाली घटनाएं पूर्व निर्धारित होती हैं, क्योंकि इन विशिष्ट भारतीय अधिकारी से हवाई अड्डे पर मिलना अपने आप में कोई महत्वपूर्ण घटना नहीं, बल्कि उसका महत्व इस सत्य में था कि 7 जुलाई, गुरु पूर्णिमा का दिन इस बार चीन-यात्रा के दौरान पड़ रहा था और मुझे चिन्ता थी कि मैं उस दिन अपना अपेक्षित पूजन-साधन कैसे कर सकूँगा। इन भारतीय बन्धु से वहाँ मिलन का यह परिणाम हुआ कि उन्होंने गुरु पूर्णिमा के दिन सायंकाल अपने निवास पर एक बड़ा आयोजन रखा जिसमें न केवल पूजन-भजन, बल्कि सत्यनारायण की कथा भी सुनाई गई थी और उस अवसर पर विशेष आमंत्रित प्रो. जिन डिंग हान ने विस्तार से बताया कि उन्हें रामचरितमानस के चीनी अनुवाद कार्य के दौरान कैसी-कैसी विकट समस्याएं आईं और उनका कैसे समाधान हुआ और अन्ततः इस विश्व प्रसिद्ध हिन्दी महाकाव्य का चीनी भाषा में कैसे प्रकाशन हुआ। चीन जैसे देश के आम नास्तिक वातावरण में भी हम अपनी आध्यात्मिक आस्थानुसार वातावरण प्राप्त कर सके, ऐसा भगवद्कृपा के अलावा और कैसे सम्भव था। उक्त भारतीय बन्धु को मेरे आगमन की सूचना विमान उतरने से 15 मिनट पूर्व ही मिली थी और वे काफी अस्वस्थ होते हुए भी स्वयं कार चलाकर हवाई अड्डा पहुँचे थे। इस प्रकार उक्त आयोजन में उपस्थित अनेक भारतीयों को पहली बार पता चला कि चीनी भाषा में रामचरितमानस का अनुवाद हो चुका है, जिसका वे इस समय दर्शन भी कर रहे थे। प्रो. हॉन अपने साथ अपनी कृति की एक प्रति लेकर आए थे।

रामायण से जुड़े एक और ऋषि से भेंट

दूसरा दिन मेरे लिए बहुत सौभाग्य का था, जब बीजिंग विश्वद्यिालय के हिन्दी विभाग में हिन्दी के विश्वव्यापी स्वरूप की चर्चा प्रो. हॉन की अध्यक्षता में हुई और इसमें लगभग सभी चीनी हिन्दी प्राध्यापक और छात्रगण शामिल हुए। संख्या अधिक नहीं थी, किन्तु चर्चा में गम्भीरता और व्यापकता रही। जैसा कि मैंने पूर्व सूचित किया है कि प्रो. हॉन रामचरितमानस के चीनी पद्यानुवादक हैं, किन्तु रामायण की दृष्टि से मुझे पूर्णता की अनुभूति उस समय हुई जब इस कार्यक्रम में ही वाल्मीकि रामायण के चीनी पद्यानुवादक डॉ. चिन

शेइन पधारे। 82 वर्ष के इस ऋषि तुल्य विद्वान के दर्शन करते ही मेरा मन उनके चरण स्पर्श करने का हुआ। दोनों अति महत्वपूर्ण रामायणों के अनुवादक विद्वानों के दर्शन एक साथ हो रहे थे। मन ही मन बार-बार धन्यता का अनुभव कर रहा था। डॉ शेइन कई बार भारत आ चुके थे, किन्तु अब वे वृद्धावस्था के कारण बार-बार निमन्त्रण के बावजूद वे कहीं आने-जाने में असमर्थ थे। 8 खंडों में चीनी भाषा में प्रकाशित होने वाली वाल्मीकि रामायण उन्होंने मुझे स्नेह-प्रसाद के रूप में पेश की। वाल्मीकि रामायण का अनुवाद 1973 में शुरू करके 1978 में पूरा कर दिया था। इतना ही समय प्रो० हॉन ने रामचरितमानस के अनुवाद में लगाया था, किन्तु मानस का अनुवाद केवल एक ग्रन्थ रूप में ही प्रकाशित है। दोनों रामायण विद्वानों के सामने मैंने यह इच्छा व्यक्त की कि क्या ही अच्छा होता कि कभी आप दोनों एक साथ भारत पधारें। इस पर डॉ. शेइन मुस्कराकर रह गए जिससे व्यक्त हो रहा था कि उनकी वृद्धावस्था इस मनोकामना की पूर्ति में बाधक है। (ये भेंट विवरण 1990 का है)।

बीजिंग विश्वविद्यालय का हरा-भरा प्राकृतिक वातावरण मुझे बहुत भाया। विशेष रूप से विश्वद्यिालय के प्रांगण में स्थित एक विशाल झील में बड़ा आकर्षण है। उसके किनारे स्थित एक चीनी पगोडा (मन्दिर) अपना सांस्कृतिक रंग व्यक्त कर रहा है। कुछ देर झील के किनारे बैठने का मन हुआ।

चीन में अन्तर्राष्ट्रीय रामायण सम्मेलन

तीसरा दिन भी कम सौभाग्य का नहीं था। अपनी मेजबान संस्था द्वारा आयोजित पहले महत्त्वपूर्ण कार्यक्रम में मुझे भाषण के लिए उपस्थित होना था। विषय था "रामायण का विश्व परिप्रेक्ष्य"। संस्थान से जुड़े हुए सभी विद्वान उपस्थित थे। प्रो. जिन डिंग हॉन जैसे वरिष्ठ विद्वान को दुभाषिए के रूप में पाकर मैं मानसिक दृष्टि से बहुत निश्चिन्त था। रामायण की यह चर्चा सभी को बहुत भायी। उन विद्वानों से मैंने चीन में रामायण की चर्चा भी सुनी, जहाँ जातकों के माध्यम से रामकथा पहुँची। चीनी विद्वानों का मत है कि तीसरी शताब्दी तक चीनी जनता इस श्रेष्ठतम भारतीय महाकाव्य से परिचित हो चुकी थी, जिसका पहला उल्लेख इसी शताब्दी में खांगसेंगदुई नामक बौद्ध मठाधीश ने "अनामकम् जातकम्" का चीनी भाषा में अनुवाद किया था जो पर्याप्त भिन्नता रखते हुए भी वाल्मीकि रामायण के कथानक के कुछ आस-पास है। इसके बाद भी रामकथा विभिन्न रूपों में चीन में आई, जो विभिन्न प्राचीन अभिलेखों से भी व्यक्त है। रामकथा से ही मिलता-जुलता एक चीनी उपन्यास "दि मंकी" मिंग वंश (चौदहवीं से सत्रहवीं शताब्दी) केदौरान ऊ चेंग एन द्वारा लिखा गया, जो चीनी जनता में बहुत लोकप्रिय हुआ। इसमें एक वानरराज की कथा है जो हनुमान जी से बहुत मिलती-जुलती है और उन्हीं की तरह से दैवी शक्ति से युक्त है।

इस सम्पूर्ण चर्चा के बाद मुझे सबसे अधिक प्रसन्नता और सन्तोष का अनुभव उस समय हुआ जब मेरी मेजबान संस्था के निदेशक प्रो0 स्वांग शिनचियान ने औपचारिक आभार व्यक्त करते हुए यह घोषणा की कि चीन में भी उचित समय पर एक "अंतर्राष्ट्रीय रामायण सम्मेलन" का आयोजन किया जाएगा। इसका आयोजन छः वर्ष बाद अप्रैल 1996 में शेनझेन विश्वविद्यालय में हुआ।

पाताल के देश में श्रीराम चर्चा

राम और रामायण के नाम पर सुदूर उत्तरी अमेरिका के दक्षिण में स्थित देश मैक्सिको ने मुझे कैसे और क्यों खींचा, इसकी बड़ी दिलचस्प कहानी है। पाताल लोक माने जाने वाले इसे देश मैक्सिको के प्रति कुछ उत्सुकता तो कई दशक पहले बनी थी जब चमनलाल की "हिन्दू अमेरिका" पढ़ी थी जिसमें वहां के और भारत के सामाजिक-सांस्कृतिक जीवन में अनेक समानताओं की सचित्र चर्चा की गई है। किन्तु वास्तविक उत्सुकता तो तब जगी जब उस देश के विश्व प्रसिद्ध संस्कृत विद्वान, भारतविद् तथा मैक्सिको विश्वविद्यालय में दर्शन शास्त्र के प्रोफसेर जुआन माइगेल डिमोरा से 1988 में भेंट हुई। वे हमारे चौथे अन्तर्राष्ट्रीय रामायण सम्मेलन (अब तक 23 हो चुके हैं) में भाग लेने भारत आए थे। उन्होंने स्पेनी भाषा में भारत सम्बन्धी लगभग 35 छोटी-बड़ी पुस्तकें लिखी हैं जिनमें ऋग्वेद का भावानुवाद, उत्तर रामचरितम् आदि का अनुवाद शामिल है। वे संस्कृत तो धारा प्रवाह बोलते हैं, स्पेनी मातृभाषा ही है। उनका अंग्रेजी भाषा का ज्ञान नाममात्र को है किन्तु उनकी विदुषी पत्नी श्रीमती लुडविका जरोका इसे बखूबी पूरा करती हैं। प्रो. डिमोरा वाल्मीकि रामायण के विशेषज्ञ माने जाते हैं। इनकी विश्व संस्कृत समाज में अच्छी धाक है। 12 वर्षों तक विश्व संस्कृत सम्मेलन के उपाध्यक्ष भी रहे हैं। वे अनेक भारतीय विद्वानों से भी अधिक भारतीय संस्कृति भक्त होने के बावजूद चमनलाल की "हिन्दू अमेरिका" पुस्तक की अधिकांश बातें नकारते हैं।

मैक्सिको की अपनी आध्यात्मिक सांस्कृतिक यात्रा कथा से पूर्व प्रो. डिमोरा की विशेष चर्चा इसलिए आवश्यक है क्योंकि कथा के केन्द्र बिन्दु या सूत्रधार मैं उन्हीं को मानता हूँ। वैसे वे पहले भी कई बार भारत आ चुके थे, किन्तु इस अंतर्राष्ट्रीय रामायण सम्मेलन की दिव्य लहरियों ने उनकी भारत यात्रा को अपूर्व बना दिया था, ऐसा उन्होंने सार्वजनिक रूप से स्वीकार किया।

राम से निकटता के लिए

तभी एक विशेष घटना घटी। सम्मेलन के दौरान लगभग दस दिनों तक दिल्ली तथा कुछ रामायण स्थलों पर साथ-साथ रहने के कारण उन दोनों से कुछ विशेष आत्मीयता बन गई थी। अतएव भारत विदाई के समय मैं उन्हें कुछ विचित्र सलाह देने का दुस्साहस

कर बैठा। मैंने उनसे कहा– "आप तो वाल्मीकि रामायण के विश्वविख्यात विद्वान हैं, किन्तु कभी राम जी से कुछ विशेष निकटता और आत्मीयता अनुभव करने का मन बने तो गोस्वामी तुलसीदास की "रामचरित मानस" से सम्पर्क स्थापित कीजिए।"

विचित्र बात है। कोई प्रश्न कर सकता है कि क्या यह उद्देश्य वाल्मीकि जी की रामायण से पूरा नहीं हो सकता? हाँ, हो सकता है। किन्तु मैंने तो अपना मनोभाव व्यक्त किया था और प्रो. डिमोरा भी उस समय न जाने किस मानसिक भाव में थे जिन्होंने मेरी सलाह को हृदय से स्वीकार कर लिया। इस स्वीकृति का पता भी मुझे एक वर्ष के बाद तब लगा जब वे दोनों किसी अन्य प्रसंग से दिल्ली आये थे और मुझे अपने ठिकाने पर बुलाया। मैं उस समय तीन घण्टे तक उनके साथ था और वे मुझे पूरे समय "रामचरित मानस" के वे प्रसंग सुनाते रहे जो न केवल आध्यात्मिक बल्कि साहित्यिक दृष्टि से भी विश्व साहित्य में बेजोड़ हैं। इसके बाद उन्होंने अपने अन्तःकरण का जो श्रेष्ठतम भाव मेरे प्रति व्यक्त किया और उसके बाद आज तक भेंट होने पर बराबर व्यक्त करते रहते हैं। उसको प्रकट करने का साहस मैं नहीं कर सकता। उनका वह श्रेष्ठ भाव यही व्यक्त करता है कि विद्वता और यश की बड़ी से बड़ी चोटी स्पर्श करने के बाद भी ऐसे व्यक्ति कितने सरल, सहज और विनयशील हो सकते हैं।

तो ऐसे डिमोरा जी जब मुझे मैक्सिको बुलाते थे तो जाने का मन अवश्य होता किन्तु उसके बाद दो बार अमेरिका जाने पर भी पड़ोसी देश मैक्सिको की यात्रा न बना पाया। मुख्य हवाई मार्गों पर न होने के कारण मैक्सिकों का किराया कहीं से भी कुछ अधिक ही लगता है। जब 1993 में दसवें अन्तर्राष्ट्रीय रामायण सम्मेलन में वे पुनः भारत आए तो सुप्रसिद्ध रामकथा गायक श्री मोरारी बापू के शहर महुवा से दिल्ली वापसी के समय ट्रेन में उन्होंने एक ऐसी चर्चा कर दी जिसने मेरी मैक्सिको यात्रा की इच्छा को निश्चय में बदल दिया। उन्होंने कहा– "हमारे देश में बहुत से कथित भारतीय विद्वान और धार्मिक प्रचारक आते हैं जो भारतीय संस्कृति या सनातन धर्म के बारे में और भी अधिक भ्रम फैला जाते हैं। इनमें से अधिकांश व्यापारी ढंग के होते हैं जो धर्म और संस्कृति के प्रचार को अपनी महत्वाकांक्षाओं की पूर्ति और अर्थ उपार्जन का साधन बनाते हैं।"

रामायण ही भारतीय संस्कृति का सच्चा परिचय

इसके बाद उन्होंने जो कहा वह सबसे अधिक महत्वपूर्ण था। उनका स्पष्ट और सुनिश्चित विचार था– "वैश्विक भारतीय संस्कृति, सनातन धर्म तथा अध्यात्मवाद का सीधा परिचय रामायण के माध्यम से ही मिलता है। अतएव यदि भारतीय संस्कृति की सच्ची छाप विश्व मानस पर छोड़नी है तो रामायण का पूरा सहारा लेना चाहिए। इसलिए मैं चाहता हूँ कि आप मैक्सिको आएँ और हमारे देश के लोगों को रामायण के माध्यम से भारतीयता का परिचय दें।" उनकी इस बात ने मेरे मर्म को छू लिया और मैंने उनके देश में इस

निमित्त से जाने का मन बना लिया तथा उन्हें सलाह दी कि वह इसके लिए मुझे निमंत्रण न देकर भारत सरकार के विदेश मंत्रालय से अनुरोध करें। उन्होंने ऐसा ही किया और इस मंत्रालय के अन्तर्गत भारतीय सांस्कृतिक सम्बन्ध परिषद ने मुझे मैक्सिको भेजने की व्यवस्था कर दी।

रामकाज में बाधा

किन्तु ईश प्रेरित कार्य भी सीधे और सरल ढंग से नहीं हो पाते। मार्ग में बड़ी बाधायें आती हैं और कभी-कभी सफलता के मार्ग में प्रश्न चिह्न दिखाई देते हैं। मैं चीन की यात्रा से लौटा ही था और अब विश्व यात्रा का दूसरा दौर शुरू हो रहा था। मुझे पहले लंदन जाना था, वहाँ से हॉलैण्ड के अपने बारहवें रामायण सम्मेलन में भाग लेना था और फिर अमेरिका के ह्यूस्टन नगर से मैक्सिको के लिए प्रस्थान करना था। जिस दिन लंदन से हॉलैण्ड जा रहा था प्रात: काल ही पेट में असहनीय दर्द शुरू हुआ जो पित्ताशय की पत्थरी के कारण था और डॉक्टरों ने कई माह पहले आपरेशन की सलाह दी थी जिसे मैंने इन व्यस्तताओं के कारण कम से कम छ: माह के लिए टालना चाहा था। हवाई यात्रा के दौरान दर्द का कष्ट बढ़ जाता था? रामायण सम्मेलन तीन दिनों तक चला। उसके तुरन्त बाद एक मित्र के आग्रह पर डेनमार्क का कार्यक्रम बना लिया, यह विचार कर कि फिर हॉलैण्ड वापस आकर अमेरिका प्रस्थान करेंगे।

डेनमार्क पहुंचने पर तो दर्द ने कुछ ऐसा रूप लिया जिससे कभी-कभी यह संशय होने लगा कि कहीं मैक्सिकों न पहुंच सकूँ और बीच से ही अस्वस्थता के कारण भारत वापस जाना पड़े या किसी देश में आपरेशन कराना पड़े तो उस स्थिति में सबसे बड़ी समस्या यह लग रही थी कि भारत सरकार से जो हवाई टिकट ले रखा है, मैक्सिको न जाने पर उसकी भरपाई कैसे करूंगा और विदेश में आपरेशन की आशंका तो और भी भयावह थी। मन ही मन भगवान के सहारे का भाव चल रहा था कि उन्हीं की कृपा से सब कुछ ठीक होगा। और ऐसा ही हुआ। अन्तत: मैक्सिको पहुंच गया।

मैक्सिकों के निवासियों को ''मैक्सिको'' शब्द से इतना प्रेम है कि उन्होंने अपने देश का नाम मैक्सिको रखा है, एक प्रांत का यही नाम है और राजधानी का भी यही नाम है। हवाई अड्डे पर डिमोरा दम्पत्ति को पाकर आश्वस्त हुआ क्योंकि उन्होंने पहले से सूचित कर दिया था कि उनके पहुंचने में विलम्ब हो तो भी मैं उनकी प्रतीक्षा करूँ तथा किसी और से कोई बात न करूँ। ऐसी सावधानी कई देशों में आवश्यक होती है।

मैक्सिको संसार का सबसे बड़ा नगर माना जाता है। यह हैसियत बदलती भी रहती है। हवाई अड्डे से डिमोरा निवास तक जाने के मार्ग में प्रदूषण से भरा इस महानगर का एक बड़ा भाग देखने को मिला। अमेरिका का पड़ोसी होते हुए भी उसके जैसा वैभव और समृद्धि नहीं है। संसार की सर्वोच्च महाशक्ति का पड़ोसी होते हुए भी मैक्सिको अमेरिका

से बहुत पीछे है। संयुक्त राज्य अमेरिका के दक्षिण में मैक्सिको और उत्तर में कनाडा है जबकि कनाडा और अमेरिका के बीच उतनी असमानता नहीं है जितनी कि अमेरिका और मैक्सिको के बीच है। अनेक मैक्सिकोवासी अमेरिका के आलोचक हैं और अपने पिछड़ेपन के लिए कई कारणों से अमेरिका को दोषी पाते हैं।

इसी विषय पर बात करते-करते हम डिमोरा निवास पर पहुंच गए जो महानगर से बाहर एक पहाड़ी पर स्थित है। इसकी घेरेबंदी एक छोटे-मोटे किले की तरह है। थोड़ी देर बाद डिमोरा जी के जो मित्र मुझसे मिलने आए, उनका नाम "रामसे" था यानी मैक्सिको प्रवास "राम" से शुरू हुआ। इस विचार मात्र से मैं पुलकित हो गया। ऐसी बातें मात्र संयोग नहीं होतीं। उनके पीछे कोई न कोई संकेत छिपा होता है।

संसार का सबसे बड़ा विश्वविद्यालय

इस देश में मुझे 12 दिनों तक रहना था और इस दौरान चार व्याख्यान निश्चित किए गए थे। दो व्याख्यान वहाँ की राष्ट्रीय अकादमी में और दो मैक्सिको स्वायत्तशासी विश्वविद्यालय में जो संसार का सबसे बड़ा विश्वविद्यालय माना जाता है। वह अपने आप में एक पूरा स्वतंत्र नगर ही है। चारों के विषय अलग-अलग थे। यद्यपि यह स्वाभाविक आशा की जाती थी कि चारों व्याख्यानों में कहीं कुछ भी पुनरावृत्ति न हो, फिर भी डिमोरा जी ने मुझे आगाह कर दिया, "चूंकि भारत और भारतीय संस्कृति में रुचि रखने वाले विद्वानों तथा अन्य विशिष्ट जन का एक खासा वर्ग चारों कार्यक्रमों में शामिल होगा, अतएव कहीं पुनरावृत्ति न हो।" मैंने उनका आदेश सिर-माथे रखा।

पहला व्याख्यान राष्ट्रीय लेखक अकादमी में था जिसके बारे में मुख्य मेजबान ने बताया कि भारत की तरह यहाँ मोहल्ले-मोहल्ले में लेखकों की अलग-अलग संस्थाएँ न होकर पूरे देश की एक ही है और यह आयोजन उस संस्था के मुख्य भवन में है। यह भी छोटा-मोटा किलानुमा पुराना भवन था जिसकी ऐतिहासिकता मानों स्वयं बोल रही थी।

अनुवाद का अनुवाद

व्याख्यान शुरू होने से पूर्व मेरा अकादमी के अध्यक्ष से परिचय कराया गया और फिर एक विदुषी महिला से जिनके बारे में बताया गया कि ये मेरी अनुवादिका होंगी। अनुवाद को लेकर मैं पहली बार एक विचित्र मानसिक स्थिति में था-वह यह कि यहां कोई हिन्दी जानने वाला तो था ही नहीं, बल्कि अंग्रेजी जानने वाले भी दो-चार से अधिक नहीं होंगे, क्योंकि मैक्सिको की सम्पर्क भाषा स्पेनी है। इसका अर्थ यह था कि मुझे अंग्रेजी में बोलना था जिसका अनुवाद स्पेनी भाषा में होना था। हिन्दी मातृभाषा वाला जब अंग्रेजी में बोलता है तो उसके दिमाग में कहीं अनुवाद की प्रक्रिया चलती रहती है। यानी अब अनुवाद का अनुवाद होना था मुझे आशंका हो रही थी कि अध्यात्म और संस्कृति जैसे विषय के अनुवाद

का अनुवाद जब होगा तो श्रोताओं के पल्ले मूल कितना पड़ेगा। फिर अनुवादिका जी भी मेरी पूर्व परिचित न थीं। अतएव मैंने एक सावधानी यही बरती कि जरा सा मौका देखकर श्रीमती लुडविका जरोका से अनुरोध किया कि वे आस-पास ही बैठें और उक्त अनुवादिका को जरा भी कठिनाई हो तो वे सहायता के लिए तैयार रहें।

परिचय - स्वागत के बाद जब मैंने व्याख्यान शुरू किया और तीन-चार वाक्य ही बोला था जिसका अनुवाद होना था तो उक्त अनुवादिका को कठिनाई हुई। मैंने श्रीमती डिमोरा को मंच पर बुलाया। वे आकर अन्य अनुवादिका के साथ एक ही कुर्सी पर बैठ गई। व्याख्यान जब आगे बढ़ा तो पूर्व अनुवादिका ने यह कहकर अपना पल्ला झाड़ लिया कि यह विषय उनका पहले से समझा नहीं है और वे मंच के नीचे जाकर सामने की कुर्सी पर बैठ गई। अब अनुवाद का कार्य श्रीमती डिमोरा ने पूरी तरह सम्भाल लिया और बखूबी निभाया। मैं भी पूरी तरह से सहज और आश्वस्त हो गया। एक घंटे के भाषण और उसके बाद जमकर प्रश्नोत्तर होने के बाद जब श्रोताओं की सराहना वाले उद्‌गार सुनने को मिले तो लगा चलो नयी भाषा के नये देश में मानो पहला किला फतह हुआ जिससे आगे के लिए निश्‍चिंतता और आत्मविश्‍वास का भाव भी आ गया। प्रो. डिमोरा ने भी मुझे खूब प्रोत्साहित किया और कहा कि हम तीनों में बहुत अच्छा समन्वय बना है। इन दोनों के संतोष में ही मेरा संतोष छिपा था।

दूसरा व्याख्यान रामायण के विश्व आयाम पर मैक्सिको विश्वविद्यालय के एक बड़े हाल में था। मैंने देखा कि पहले तो पुरुष और महिला प्राध्यापकगण आकर आगे की सीटों पर बैठ गए और उसके बाद छात्र-छात्राओं का बड़ी संख्या में लगभग एक साथ प्रवेश हुआ और हाल भर गया। यहाँ मन में एक दूसरी बड़ी समस्या कौंधी। अधिकांश श्रोता-विशेषकर छात्र-छात्राएँ तो रामायण की कथा या उसकी पृष्ठभूमि से भी परिचित नहीं हैं। अतएव मैं उन्हें क्या बताऊं जो वे सब मनोयोगपूर्वक सुनते रहें। साथ ही कुछ-न-कुछ उनके पल्ले भी पड़ जाए। अनुवाद का पूरा भार अब श्रीमती डिमोरा ने उठा लिया था।

गुरुदेव की भविष्यवाणी

पहले तो मैंने इस विश्वविद्यालय में आने की अपनी अलौकिक पृष्ठभूमि का वर्णन किया और बताया कि कैसे मेरे प्रात:स्मरणीय गुरुदेव स्वामी नारदानन्द सरस्वती (नैमिषारण्य) ने 30 वर्ष पूर्व एक दिन बिना किसी प्रसंग के प्रसंग चलाकर बहुत सहज रूप से यह बता दिया था- "व्यास जी, एक समय ऐसा आयेगा कि जब संसार के बड़े से बड़े विश्वविद्यालय आपको व्याख्यान के लिए बुलाया करेंगे और आपके पास समय नहीं होगा जो सभी जगह जा सकें।" मैं उस समय यह नहीं समझ सका था कि गुरुदेव मुझे आशीर्वाद दे रहे हैं या शुभकामना कर रहे हैं या भविष्यवाणी कर रहे हैं क्योंकि मैं लेखक-सम्पादक था और नहीं जानता था कि मेरा कोई मार्ग विश्वविद्यालयों की ओर जाता है। यदि नहीं

भी जाता हो तो भी यदि सत्य वाणी के एक सिद्ध संत ने कह दिया तो जाएगा ही और संसार के अनेक विश्वविद्यालयों को पार करके मैक्सिको विश्वविद्यालय तक पहुंचा दिया था। मैंने श्रोतागण को यह पृष्ठभूमि बताते हुए कहा कि आज भी भारत में ऐसे सिद्ध संत महात्मा हैं जो व्यक्ति का भाग्य और प्रारब्ध अपने शुभाशीष से बनाने और बदलने में समर्थ हैं।

विदेशी छात्रों का रामकथा प्रेम

इसके बाद मैंने रामायण के कुछ रोचक और प्रेरक प्रसंग सुनाए और फिर महात्मा गांधी, स्वामी विवेकानंद, आदि महापुरुषों के जीवन में रामायण की युगांतरकारी भूमिका की चर्चा करते-करते मैं स्वयं भाव-विभोर हो गया। ऐसा लगा कि मेरे माध्यम से कोई और बोल रहा है। समय का ध्यान न रहा। जब अचानक घड़ी देखी तो एक घंटा हो चुका था। मैंने एकदम व्याखान रोक कर कहा कि समय पूरा हो गया है यद्यपि यह विषय ऐसा है जिसे पर्याप्त समय चाहिए। इस पर अधिकांश छात्र उठकर खड़े हो गए और अपनी भाषा में कुछ कहने लगे जिससे मैंने यह अर्थ लगाया कि ये व्याख्यान जारी रखने का अनुरोध कर रहे हैं। तब तक मेरी अनुवादिका जी ने भी मेरे अर्थ की पुष्टि कर दी। एक अलग रंग था। इसमें वहाँ के शिक्षा और साहित्यिक समाज की असाधारण दिलचस्पी देखकर यही लगा कि इस मेक्सिको देश ने भी शायद अपनी सांस्कृतिक धरोहर कुछ गफलत में किसी हद तक खो दी है जिसे वह पुन: वापस पाना चाहता है और इसके लिए वह बहुत दूरी पर होने के बावजूद भारत की ओर आशा भरी दृष्टि से निहार रहा है क्योंकि सामाजिक, आर्थिक और राजनैतिक दृष्टि से दोनों देशों में पर्याप्त साम्य भी है।

सूर्य और चन्द्र पिरेमिड

इन व्याख्यानों की व्यस्तता के बीच एक दिन हमें मैक्सिको के दो विश्व प्रसिद्ध पिरामिडों को देखने का भी अवसर प्राप्त हो गया जो मैक्सिको नगर के उत्तर में स्थित हैं और सारे विश्व के पर्यटक वहाँ आते हैं। अगर कोई मैक्सिको के ऐतिहासिक स्थानों को देखने न जा सके तो इन्हीं दोनों पिरैमिडों को देख लेना भी काफी माना जाता है, क्योंकि यह प्रमुख पर्यटक स्थल है। ये दोनों आस-पास ही हैं-एक दूसरे के सामने। इनके आस-पास अन्य ऐतिहासिक अवशेष भी हैं और कुल मिलाकर यह क्षेत्र देवताओं का प्राचीन नगर कहा जाता है। ये पिरैमिड ईसा के 2000 वर्ष पूर्व के माने जाते हैं। पिरैमिडों के आस-पास जो खण्डहर हैं, वे कभी तत्कालीन स्थापत्य कला की आलीशान इमारते रही होंगी। वहाँ की यात्रा में मेरे साथ प्रो. डिमोरा तथा उनकी पत्नी लुडविका जी के साथ रहने से वहाँ के इतिहास की अच्छी जानकारी मिली।

किसी भी पुरुषार्थ का फल मीठा होता है, किन्तु फल का फल तो आजीवन स्मरणीय हो जाता है। जो मैक्सिको यात्रा अमेरिका में विश्व रामायण सम्मेलन का कारण बनी वह निश्चय ही श्रीराम कृपा का प्रसाद थी।

खण्ड–3

तारक मंत्र 'राम' की दिव्यता

तारक मंत्र 'राम' की दिव्यता

– संत गंगादास पुरीवाले की पुस्तक
"रामनाम प्रताप प्रकाश" के आधार पर

सर्वोच्च पापनाशक तारकमन्त्र 'राम' की अलौकिक महिमा

मुझसे यदि कोई पूछे कि मनुष्य में आस्था निर्माण के लिए प्रकृति या परमात्मा की ओर से उसकी सबसे बड़ी देन क्या है, तो मैं बिना संकोच यह उत्तर दूँगा–रामकथा। तब फिर प्रश्न हो सकता है कि आस्थावान मनुष्य के आत्म-कल्याण के लिए सबसे बड़ी देन क्या है, तो मैं तुरन्त कहूँगा–राम नाम। धर्म की एक प्रसिद्ध परिभाषा में कहा गया है कि जिससे लोक और परलोक दोनों बने, वह धर्म है। राम नाम भी ऐसा ही करता है। अंतर इतना ही है कि धर्म का मर्म बहुत गूढ़ है जबकि राम नाम अत्यन्त सरल, सुंदर और मधुर है।

जब रामनाम जापक के जीवन में आ जाता है तब वह राम को भी साथ ले आता है। नाम और नामी अलग नहीं रह सकते। दोनों एक-दूसरे पर आश्रित हैं। जिसको बार-बार और बराबर पुकारो तो वह सुनने लगता है और तब वह संकेत देने लगता है कि पुकार को वह सुन रहा है। तभी नाम महिमा के प्रसंग में गोस्वामी तुलसीदास 'रामचरितमानस' में लिखते हैं कि–

'सुमिरिय नाम रूप बिनु देखे, आवत हृदय सनेह बिसेषे।'

'विश्राम सागर' में रामनाम की महिमा का अति महत्त्वपूर्ण परिचय दो पंक्तियों में दिया गया है–

राम नाम के ध्यान में, सृष्टि ध्यान होइ जात।
जिमि सींचे यक मूल के, डार पात हरियात॥

कितना अद्वितीय, अपूर्व, अलौकिक, आश्चर्यजनक और ऊर्जावान है रामनाम। अणु में विराट समाया है। काँच के आवरण में सर्वाधिक मूल्यवान हीरा छिपा है। भक्त जब राम नाम को अपना कर अपने प्राणों से एकाकार कर देता है तब साधारण-सा दिखाई पड़ने वाला काँच बहुमूल्य हीरा बन जाता है। काँच रूपी नाम में छिपा वह हीरा ही राम है जो नाम से सक्रिय और साकार बनता है। वही राम की अनुभूति और दर्शन है। भक्तों का प्राण ही नहीं अमर आत्मा है।

ॐ को वेदों का प्रणव माना गया है यानी उसका बीज, मर्म, प्राण या आत्मा। किन्तु राम में तो ॐ समाया है और भी अधिक आध्यात्मिक ऊर्जा के साथ। तभी किसी राम मंत्र से पहले ॐ नहीं लगता। राम नाम ॐ के बिना पूर्ण है।

कितने ही शास्त्रों में रामनाम को स्पष्ट रूप से तारक मंत्र कहा गया है और बार-बार इसकी सत्यता को प्रमाणित किया गया है। सनत्कुमार संहिता में श्री वेदव्यास ने युधिष्ठिर से कहा है :-

श्रीरामरामेति जना ये जपन्ति च सर्वदा।
ब्रह्महत्यादि पापघ्नमिति वेदविदोविदु:॥

हे नृप श्रेष्ठ! श्रीरामनाम परम जप के योग्य है, ब्रह्म स्वरूप है, संसार सागर से तारक है। ब्रह्महत्यादिक सब पापों का नाशक है। इस भेद को परम वेदविज्ञ जानते हैं।

श्रीरामरामेति जना ये जपन्ति च सर्वदा।
तेषां भुक्तिश्च मुक्तिश्च भविष्यति न संशय:॥

श्रीराम राम जो जन सर्वदा जपते हैं उनको भुक्ति, मुक्ति, भक्ति सब संशय रहित प्राप्त होती हैं।

मानसं वाचिकं पापं कर्मणा समुपार्जितम्।
श्रीरामस्मरणेनैव तत्क्षणान्नश्यति ध्रुवम्॥

मन, वचन, कर्म से जो पाप अनेक जन्मों से किया हो सो सब श्रीराम राम स्मरण मात्र से क्षण भर में विनाश हो जाता है (फिर विस्मरण संबंध से प्रकट हो जाते हैं। जो सदा कहता रहे सो ब्रह्मरूप है)।

इदं सत्यमिदं सत्यं सत्यमेतदिहोच्यते।
राम: सत्यं परब्रह्म रामात्किंचिन्न विद्यते॥

सत्य सत्य हम कहते हैं। श्रीराम नाम परब्रह्म सत्य एक रस हैं। श्रीराम से परे और कुछ नहीं है। सर्वश्रेष्ठ परात्पर श्रीराम हैं, सबमें श्रीराम नाम की शक्ति परिपूर्ण है, कहीं खाली नहीं है।

वैसे तो तारक मंत्र राम की महिमा वेदों, उपनिषदों, संहिताओं आदि शास्त्रों में विस्तृत है किन्तु इसका मानो समुद्र-मंथन करके प्रसिद्ध रामायण विद्वान संत गंगादासजी पुरी वाले ने उससे रामनाम रूपी अमृत निकालकर **श्रीरामनाम प्रताप प्रकाश** नामक ग्रन्थ में प्रकट कर दिया है तथा रामनाम की तारक महिमा को प्रकट करने वाले श्लोकों को और संग्रहकर्ता के शब्दों में संदर्भ सहित प्रस्तुत किया है जिसका सदुपयोग इस लेख में भी किया जा रहा है (कुछ अधिक बोधगम्य बनाने के उद्देश्य से श्लोकों के अनुवाद की शब्दावली में कहीं-कहीं कुछ परिवर्तन किया गया है जिसके लिए उन श्रेष्ठ महात्मा के प्रति पूर्ण श्रद्धा व्यक्त करते हुए हम क्षमा-प्रार्थना करते हैं)

रामरामेति रामेति रमे रामे मनोरमे।
सहस्रनाम तत्तुल्यं श्रीरामनाम वरानने॥

एक बार श्रीशंकर प्रसाद पाने लगे तब प्रेम से प्राणप्रिया को कहने लगे कि मेरे साथ आके भोजन पावो। तब पार्वती जी ने कहा कि हरि सहस्रनाम के पाठ का नियम है, बिना

पाठ किये न पावेंगी। यह वचन सुनके श्रीशंकर जी प्रसन्न भये। अपना मुख्य सिद्धान्त प्रिया से कहते हुए बोले–हे वराननने! श्रेष्ठमुखवाली!! श्रीरामनाम हजारों नाम के समान है और मन को रमाने वाला है। हम सदा श्रीरामनाम में रमण करते हैं। श्रीरामनाम ही हमारे धन हैं, और श्रीरामनाम माया से परे हैं। ऐसे श्रीरामनाम को कहकर मेरे साथ भोजन पावो। तब श्री पार्वती ने स्नेह समेत संग भोजन पाया।

जपतः सर्ववेदांश्च सर्वमंत्रांश्च पार्वती।
तस्मात्कोटिगुणं पुण्यं रामनाम्नैव लभ्यते॥

हे पार्वती! समस्त वेद, पुराण संहिता मंत्रों को कोटि बार पाठ करने से भी अनन्त गुणाफल श्रीराम कहने से होता है, ऐसा सत्य जानना।

भूतप्रेतपिशाचाश्च बेतालाश्चेटकादयः।
कूष्माण्डा राक्षसा घोरा भैरवा ब्रह्मराक्षसाः॥
श्रीरामनाम ग्रहणात् पलायन्ते दिशो दश॥

भूत, प्रेत, पिशाच, भैरव, बेताल, राक्षस, कूष्माण्डादिक छोटे-बड़े भूतों की जातियाँ हैं। महा भयानक मूरति सो सब श्रीराम नाम उच्चारण सुनके शीघ्र ही भाग जाते हैं दशों दिशा में। श्रीराम नाम का महाप्रताप है।

प्राणप्रयाणसमये रामनामकृत्स्मरेत्।
समित्वा मण्डलं भानोः परंधामाभिगच्छति॥

प्राण के छूटते समय एक बार जो श्रीरामनाम स्मरण करता है, किसी भी भाँति से तो वह सूर्य मण्डल को भेदकर परमधाम में अवश्य ही आ जाता है।

अर्द्धमात्रे स्थितौ श्रीमत्सीतारामौ परात्परौ।
ह्यकारेषु त्रयो देवा बिन्दौ शक्तिरनुत्तमाम्॥

आकार रहित जो रेफ आधा मात्रा है, सोई श्रीसीतारामवाच्य है, सर्वदा श्रीसीताराम से अभेद है, रेफ ही में श्रीसीताराम का ध्यान करना चाहिए उपासक को। विशेष करके भिन्न निरूपण सामान्य देश है। सर्वोत्कृष्ट श्रीसीताराम है। ब्रह्मा, विष्णु, महेश तीनों आकार में सत हैं। अभिप्राय यह है–रकार में जो आकार है सो वासुदेव विष्णु है, दीर्घ आकार जो रकार में है सो ब्रह्मा हैं। मकार का अकार श्रीमहेश हैं। बिन्दु जो आधा मकार सो महामाया मूल प्रकृति शक्ति शिरोमणि हैं।

विष्णुनारायणादीनि नामानि चामितान्यपि।
तानि सर्वाणि देवर्षे जातानि रामनामतः॥

विष्णु नारायण वासुदेवादिक अनन्त नाम हैं, सब पतित पावन हैं। हे नारद मुनीश्वर! **समस्त** नाम श्रीराम नाम के अंशांश शक्ति गुण से प्रगट होते हैं। पुनः महाप्रलय के समय **वहीं** लीन हो जाते हैं। यह श्रीब्रह्मा जी का सिद्धांत वचन है।

सर्वेषां हरिनाम्नां वै वैभवं रामनामतः।
ज्ञातं मया विशेषेण तस्मात् श्रीनाम संजप॥

समस्त हरिनामों का ऐश्वर्य प्रताप श्रीराम नाम के अंशांश से है। इस बात को हमने कोटि वर्षों के साधन करके विचारा है। ताते स्नेह समेत तत्पर होय के श्रीनाम रटन करो।

रामनाम प्रभावेण सीतारामं परमेश्वरम्।
साक्षात्कारं प्रपश्यन्ति रामनामार्थचिन्तकाः॥

श्रीराम के प्रभाव से श्रीसीताराम परमेश्वर सच्चिदानन्द का साक्षात् दर्शन भीतर बाहर हो जाता है। श्रीराम नाम चिंतन करने वाले को सर्वदा देखते ही रहते हैं।

सर्वोपायविनिर्मुक्ता नाममात्रैकजल्पकाः।
जानकीवल्लभस्यापिधाम्नि गच्छन्ति सादरम्॥

जो समस्त भगवत्प्राप्ति के उपाय से रहित हैं, परन्तु नाम मात्र उच्चारण करते हैं, तो अवश्यमेव श्रीजानकी जीवन के परात्पर धाम साकेत लोक पाएँगे, इसमें सन्देह नहीं है। जो नाम के अनन्य हैं उनसे बुराई होती नहीं, जो प्रारब्ध द्वारा हो जाए सो श्रीनाम कृपा से शांत हो जाते हैं।

दुर्ल्लभं योगिनां नित्यं स्थानं साकेतसंज्ञकम्।
सुखपूर्वं लभेत्तत्तु नामसंराधनात् प्रिये॥

प्रिये! योगी जो जन्म भर अभ्यास किये हैं, उनको भी दुर्लभ है साकेत परात्परधाम की प्राप्ति। यह अनायास सुख श्रीरामनामानुरागी को प्राप्त होता है।

उसी पुराण में श्री कृष्ण भगवान का कथन है कि :–

गंगा सरस्वती रेवा यमुना सिन्धु पुष्करे।
केदारे तूदकं पीतं राम इत्यक्षरद्वयम्॥

श्री गंगा, सरस्वती, नर्मदा, यमुना, पुष्करादि कोटि तीर्थों में स्नान, दान जिसने विधि समेत किया, केदार क्षेत्र में कूप का कोटि बार जलपान कर लिया, जिसने किसी भाँति से श्रीराम अभिराम दो अक्षर परमेश्वर स्वरूप उच्चारण किया, उसने सब कुछ किया यह साँची जानना।

सूर्य्यपर्व कुरुक्षेत्रे कार्तिक्यां स्वामि दर्शने।
कृपापात्रेण वैलब्धं येनोक्तमक्षरद्वयम्॥

सूर्यग्रहण पर्व पर कोटि बार कुरुक्षेत्र में विधिपूर्वक नहाए तथा कार्तिक में स्वामिकार्तिक क्षेत्र का विधि समेत कोटि बार दर्शन करे। उसका समस्त फल श्रीनाम कृपापात्र को प्राप्त है जो श्रीराम दो अक्षर उच्चारण करते हैं।

न गंगा न गया काशी नर्मदा चैव पुष्करम्।
सदृशं रामनाम्नस्तु न भवन्ति कदाचन॥

काशी, गया, प्रयाग, पुष्कर नर्मदादिक तीर्थ पतित पावन श्रीरामनाम के समान नहीं हो

सकते हैं।

येन दत्तं हुतं तप्तं सदा विष्णुः समर्चितः।
जिह्वाग्रे वर्तते यस्य राम इत्यक्षरद्वयम्॥

जो अनन्त भाँति से होम, दान, तप श्री भगवान की पूजा करते हैं उसके बराबर फल उसे प्राप्त होता है जो केवल श्री रामनाम दो वर्णों का जापक होता है।

चत्वारः पठिता वेदास्सर्वे यज्ञाश्च याजिताः।
त्रिलोकी मोचिता तेन राम इत्यक्षरद्वयम्॥

चारों वेद शाखा अंग-उपांग समेत जिसने अनन्त बार पाठ कर लिया और समस्त यज्ञों की विधि समेत अनन्त बार कर लिया और तीनों लोकों के दुःख जाल से भी छूट गया जिसने श्रीराम दो वर्णों का उच्चारण किया।

भूतले सर्वतीर्थानि आसमुद्रसरांसि च।
सेवितानि च येनोक्तं राम इत्यक्षरद्वयम्॥

ब्रह्माण्ड के सब तीर्थ समुद्र पर्यन्त सब सरोवरों में उसने स्नान, दान, सेवन कर लिया जिसने श्रीरामनाम एक बार भी उच्चारण किया।

भगवान श्रीकृष्ण आग्रहपूर्वक कहते हैं–

न सन्देहस्त्वया कार्य्यो न वक्तव्यं पुनः पुनः।
पापी भवति धर्मात्मा रामनाम प्रभावतः॥

हे अर्जुन! श्रीरामनाम में सन्देह नहीं हो। बार-बार कहना भी व्यर्थ है। चाहे जैसा पापी हो श्रीरामनाम प्रताप से शुद्ध धर्मात्मा हो जाता है।

पद्म पुराण में ऋषि अगस्त्य जी का वचन श्रीराम के प्रति है :–

विश्वरूपस्य ते राम विश्वशब्दा हि वाचकाः।
तथापिरामनामेदं प्रभो मुख्यतमं स्मृतम्॥

हे श्रीराम परात्पर! आपका सब विश्व स्वरूप है और जितने शब्द विश्व में हैं सो सब शब्द आपके वाचक हों तो श्रीरामनाम सर्वोपरि उत्तमोत्तम है।

इसी प्रकार वेद व्यासजी का वचन है कि :–

रामनामांशतो याता ब्रह्माण्डाः कोटिकोटिशः।
रामनाम्नि परे धाम्नि संस्थिता स्वामिभिस्सह॥

श्रीरामनाम अंश से कोटि ब्रह्माण्ड उत्पन्न होते हैं और श्रीरामनाम सत्ता में सब टिके हैं अपने-अपने स्वामियों समेत। श्रीरामनाम परम तेजमय हैं।

स्कन्द पुराण में तो शिवजी ने अवतारों के पीछे श्रीरामनाम की शक्ति बताई है :–

सर्वेऽवताराः श्रीरामनामशक्ति समुद्भवाः।
सत्यं वदामि देवेशि नाममाहात्म्यमद्भुतम्॥

हे गिरिराजसुते प्रिये। श्रीरामनाम का वैभव अपार है। जितने अवतार जगत उद्धार निमित्त लोक में प्रकट हैं सो सब श्रीरामनाम शक्ति प्रताप अंश से समझो। सत्य सत्य हम कहते हैं।

ब्रह्मपुराण में धर्मराज का वचन है :–

रामनाम प्रभा दिव्या वेदवेदांतपारगाः।
येषां स्वान्ते सदा भाति ते पूज्या भुवनत्रये॥

श्रीरामनाम की प्रभा परम दिव्य वेद वेदांत से पार है। जिनके हृदय में श्रीरामनाम प्रभा सदा शोभती है, वे तीनों लोकों में पूजनीय होते हैं।

विष्णुपुराण में वेदव्यास जी का वाक्य है :–

ध्यायन्कृते यजन्यज्ञैस्त्रेतायां द्वापरेऽर्चयन्।
यदाप्नोति तदाप्नोति कलौ श्रीरामकीर्तनात्॥

सत्युग में ध्यान करके कृतार्थ होते थे, यज्ञ करके त्रेतायुग में तरते थे, द्वापर युग में श्रीसीताराम पूजा से कृतार्थ होते थे और कलियुग में श्रीरामनाम कीर्तन स्मरण से तीनों युग का फल प्राप्त होता है।

सनतकुमार जी का वाक्य है :–

दृष्टं श्रुतं मया सर्वं यत्किंचित्सारमुत्तमम्।
परन्तु रामनामैकं वैभवं तु परात्परम्॥

हमने समस्त वेद का जो उत्तमसार था, सो देखा, सुना, विचारा परन्तु सबसे श्रेष्ठ श्रीरामनाम का ऐश्वर्य प्रताप देख पड़ा।

विष्णु पुराण में ब्रह्माजी का वाक्य है :–

अहं च शंकरो विष्णुस्तथा सर्वे दिवौकसः।
रामनाम प्रभावेण सम्प्राप्ता सिद्धिमुत्तमाम्॥

हम और महादेव तथा विष्णु समेत सब देवताओं को श्रीरामनाम प्रभाव से सकल सिद्धि परमोत्तम प्राप्त हुई है और किसी उपाय से नहीं।

भविष्योत्तर पुराण में नारद जी भारद्वाज मुनि से कहते हैं :–

अनायासेन सर्वस्वं दुर्लभं मुनिसत्तम।
प्रभावाद्रामनाम्नस्तु लभते रूपमद्भुतम्॥

श्रीराम के प्रभाव से बिना मेहनत किये सभी सुख विभूति का सब प्रकार से लाभ होता है। श्रीराम का परात्पर स्वरूप साक्षात् हो जाता है।

नारदीय पुराण में सूत जी शौनक जी से कहते हैं :–

आयासः स्मरणेकोऽस्ति स्मृतो यच्छति शोभनम्।
पापक्षयश्च भवति स्मरतां तदहर्निशम्॥

श्रीरामनाम जो दिन-रात स्मरण करते हैं उनके निकट पाप परिताप आ नहीं सकते हैं।

नारद जी का वाक्य व्यास जी के प्रति इस प्रकार है :-

सर्वेषां साधनानां च संदृष्टं वैभवं मया।
परन्तु नाममाहात्म्यकलां नार्हति षोडशीम्॥

सम्पूर्ण साधन का ऐश्वर्य हमने भलीभाँति विचार किया परन्तु श्रीरामनाम माहात्म्य की कला किसी प्रकार बराबर नहीं हो सकती।

बहुधाऽपि मया पूर्वं कृतं यत्नं महामुने।
नैव प्राप्तं परानन्दसागरं जन्मकोटिभिः॥

हे व्यास जी, परमानन्द प्राप्ति के निमित्त प्रथम हमने भी हजारों उपाय श्रम समेत किया परन्तु बिना श्रीरामनाम शरण गये नहीं पाया।

श्रीमद्रामस्य सन्नाम्नि यस्य स्यान्निश्चला रतिः।
स्वप्नेऽपि न भवेदन्यसाधने रुचिर्निष्फलाः॥

जिसकी प्रीति श्रीरामनाम सत्स्वरूप में निश्चय है, उसकी रुचि सपने में भी अन्य उपायों में नहीं होती है।

शिव पुराण में भगवान शंकर नारद जी से कहते हैं :-

सीतया सहितं रामनाम जाप्यं प्रयत्नतः।
इदमेव परं प्रेमकारणं संशयं बिना॥

हे नारद मुनि! रामनाम का जप श्रीसीता नाम समेत करना चाहिए। श्रीजानकी नाम सहित श्रीरामनाम संशय बिना परम प्रेमदायक है।

सकृदुच्चारणादेव मुक्तिमायाति निश्चितम्।
न जानेऽहं शतादीनां फलं वेदैरगोचरम्॥

एक बार उच्चारण किये मोक्ष प्राप्त होता है, निश्चय जानो। सैकड़ों बार उच्चारण का फल हम नहीं जानते और वेद भी नहीं जानते हैं।

श्रीरामनाम सकलेश्वरमादिदेवं धन्या जना भुवितले सततं स्मरन्ति।
तेषां भवेत्परममुक्तिप्रयत्नतस्तथा श्रीरामभक्तिरचला विमला प्रसाददा॥

श्रीरामनाम सब ईश्वरों का ईश्वर है, आदि देव है। ऐसे श्रीरामनाम जो जपते हैं सो भूमि तथा सब लोकों में धन्य हैं। उन सब बड़भागियों को मोक्ष बिना श्रम के तथा श्रीरामचन्द्र की पराभक्ति परम प्रसन्नता देने वाली प्राप्त होती है।

श्रीमद्भागवत में शुकदेव जी परीक्षित से कहते हैं :-

आपन्नः संस्तिं घोरां यन्नाम विवशोगृणन्।
ततः सद्यो विमुच्येत यद्बिभेति स्वयं भयम्॥

संसार महाभयानक दुःख समेत हो और उस समय विवश होकर श्रीरामनाम उच्चारण

करे तो शीघ्र ही क्लेश से छूट जाते हैं। श्रीरामनाम से भय भी भय पाता है।

अज्ञानादथवाज्ञानादुत्तमश्लोकनाम यत्।
संकीर्त्तितमधः पुंसां दहत्येन्धनं यथाऽनलः॥

जो अज्ञान अथवा ज्ञान समेत श्रीरामनाम का स्मरण करते हैं उनके सब पाप नाश हो जाते हैं जैसे ईंधन अग्नि जला देती है।

यथागदं वीर्यतममुपयुक्तं यदृच्छया।
अजानतोऽप्यात्मगुणं कुर्य्यान्मंत्रोऽप्युदाहृतः॥

जैसे शक्तिमान औषधि बिना जाने भी ग्रहण करे तो भी अपना गुण अवश्यमेव करती है। ऐसे ही श्रीरामनाम बिना ज्ञान के भी संसार के दुःख मिटाते हैं।

मार्कण्डेय पुराण में श्री व्यास जी का वाक्य है :–

वेदानां सारसिद्धांतं सर्वसौख्यैककारणम्।
रामनाम परं ब्रह्म सर्वेषां प्रेमदायकम्॥

वेदों का सार सिद्धांत सर्व सुख का कारण नाम सुखधाम है। परब्रह्म श्रीरामनाम महा प्रेमदायक है।

वेदव्यास जी सूत जी से कहते हैं :–

रामनाम परं गुह्यं सर्ववेदान्तवन्दितम्।
ये रसज्ञा महात्मानस्ते जानन्ति परमेश्वरम्॥

श्रीरामनाम महागुप्त सब वेदान्तों से वन्दित है। जो रसज्ञ महात्मा हैं, वे परमेश्वर को जानते हैं।

धन्यं कुलवरं तस्य यस्मिन् श्रीरामतत्परः।
जायते सत्यसंकल्पः पुत्रः श्रीशेषवल्लभः॥

सो कुल धन्य हैं जिसमें श्रीरामनाम तत्पर सत्य संकल्प पुत्र उत्पन्न हो। सो विष्णु स्वामी का परम प्रिय है।

गरुड़ पुराण में विष्णु जी गरुड़ से कहते हैं :–

श्रीरामराम रामेति ये वदन्त्यपि पापिनः।
पाप कोटिसहस्रेभ्यस्तेषां संतरणं ध्रुवम्॥

जो राम राम राम सब समय जप करते हैं, यदि पाप समूह उन्होंने किया है, तो वे उनसे छूट जाते हैं।

अग्निपुराण में श्री महादेव जी दुर्वासा से कहते हैं :–

न भयं यमदूतानां न भयं रौरवादिकम्।
न भयं प्रेतराजस्य श्रीमन्नामानुकीर्त्तनात्॥

हे मुने! श्रीरामनाम कीर्तन करने वालों को यमदूतों का, कोटि प्रकार के नरकों तथा

प्रेतराज का भय नहीं रहता।

यश्चापराह्ने पूर्वाह्ने मध्याह्ने च तथा निशि।
कायेन मनसा वाचा कृतं पापं दुरात्मना॥
परं ब्रह्म परं धाम पवित्रं परमं य यत्।
रामनामजमाच्छीघ्रं विनष्टं भवति ध्रुवम्॥

जो पाप प्रातःकाल, मध्याह्न समय और रात्रि के समय शरीर, वचन, मन से जिस दुष्टि बुद्धि ने किया हो, सो सब पाप परंब्रह्म, परम तेजोमय, परम पवित्र, सर्वेश्वर श्रीरामनाम स्मरण से क्षणमात्र से विनाश हो जाता है।

ब्राह्मणः क्षत्रियो वैश्यः स्त्रीशूद्रास्तथान्त्यजाः।
यत्र कुत्रानुकुर्वन्ति रामानामानुकीर्त्तनम्॥

ब्राह्मण, क्षत्रिय, वैश्य, स्त्री, शूद्र, चांडाल पर्यन्त सबको नामोच्चारण का अधिकार है। चाहे शुचि अथवा अशुचि में नाम को रटन करें, वे भी श्रीनाम प्रताप से कृतार्थ हो जायेंगे।

वैवर्त्त पुराण में नारद जी अम्बरीष से कहते हैं :–

ब्रजंस्तिष्ठन्स्वपन्नश्नन्श्वसन्वाक्य प्रपूर्णके।
रामनाम्नस्तु संकीर्त्त्य भक्ति युक्तः परंब्रजेत्॥

चलते, बैठते, बोलते, खाते, पीते, सोते, वचन के अन्त समय जो स्नेह सहित श्रीरामनाम उच्चारण करता है सो श्रीराम के परमधाम में जाएगा, संशय नहीं है।

कदाचिन्नाम संकीर्त्त्य भक्त्या वा भक्ति वर्जितः।
दहते सर्वपापानि युगान्ताग्निरिवोत्थितः॥

श्रीरामनाम चाहे स्नेह सहित, चाहे स्नेह बिना उच्चारण करे, उसके जन्मान्तरों के पाप नाश हो जाते हैं, श्रम नहीं होता है, जैसे महाप्रलय की आग से सब सृष्टि का संहार हो जाता है।

जन्मांतर सहस्रेषु कोटि जन्मान्तरेषु यत्।
रामनाम प्रभावेण पापं निर्याति तत्क्षणात्॥

चाहे कोटि जन्म का पाप हो, चाहे असंख्य जन्मों का पाप हो, श्रीरामनाम उच्चारण के प्रताप से क्षण मात्र में नाश हो जाता है। श्रीरामनाम उच्चारण एक बार करके फिर पाप न करे तो एक ही बार में मोक्ष हो जाए।

तावत्तिष्ठति देहेस्मिन्काल कल्मष संभवम्।
श्रीनामकीर्त्तनं यावत्कुरुते मानवो नहि॥

शरीर में कलियुग संबंधी पाप तभी तक हैं जब तक मनुष्य श्रीरामनाम नहीं जपता।

यस्यस्मृत्या च नामोक्त्या तपो यज्ञक्रियादिषु।
न्यूनं सम्पूर्णतां याति सद्यो वन्दे तमच्युतम्॥

यज्ञ, दान, तप तथा सब कर्म करने में जो न्यूनता हो जाती है सो श्रीरामनाम संकीर्तन स्मरण प्रताप से शीघ्र ही सम्पूर्ण हो जाता है। ऐसे अच्युत श्रीराम को हम वन्दन करते हैं।

वसन्ति यानि तीर्थानि पावनानि महीतले।
तानि सर्वाणि नाम्नस्तु कलां नार्हन्ति षोडशीम्॥

जितने तीर्थ अनन्त लोकों में विराजमान हैं सो सब श्रीरामनाम की सोलहवीं कला की पवित्रता के बराबर पहुँच नहीं सकते। श्रीरामनाम का बड़ा प्रभाव है।

दृष्टं नामात्मकं विश्वं मया विज्ञान चक्षुषा।
वाङ् मनोगोचरातीतं निर्विकल्पं प्रमोददम्॥

हमने सब विश्व को भलीभाँति विज्ञान नेत्र से श्रीरामनाममय देख लिया है। श्रीरामनाम मन, वचन, बुद्धि सबसे गोचर नहीं है। सकल कल्पनाओं से अतीत है, प्रमोद दायक है।

नामैव परमं ज्ञानं ध्यानं योगं तथा रतिम्।
विज्ञानं परमं गुह्यं रामनामैव केवलम्॥

श्रीरामनाम ही परम ज्ञान योग, भक्ति है। परम उपासना सब नाम ही है, अर्थात् श्रीरामनाम जप से सब सुलभ है।

लिंग पुराण में कहा गया है :-

रामनाम्ना जगत्सर्वं भाषितं सर्वदा द्विज।
प्रभवं परमं तस्य वचनागोचरं मुने॥

श्रीराम से सकल विश्व प्रकाशित है। ऐसे श्रीरामनाम का प्रकाश वचन से अकथ, अगोचर है। हे मुने! नाम जपा करो।

चाण्डालादिक जन्तूनामधिकारोऽस्ति वल्लभे।
श्रीरामनाम मन्त्रेस्मिन् सत्यं सत्यं सदा शिवे॥

श्रीरामनाम में चाण्डाल आदि का भी अधिकार है। हे प्रिय, श्रीरामनाम महामंत्र शिरोमणि है, सत्य सत्य हम कहते हैं।

विष्णु पुराण में व्यास जी का वाक्य है :-

विष्णोरेकैकनामापि सर्ववेदाधिकं मतम्।
तादृगनाम सहस्रेण रामनाम सतां मतम्॥

विष्णु भगवान का एक-एक नाम सब वेदों में श्रेष्ठ है। उन विष्णु नामों से हजार गुणा फलदायक श्रीरामनाम है।

रामेति नाम यच्छ्रोत्रे विश्रम्भाज्जपितो यदि।
करोति पाप सदाहं तूलवह्निकणो यथा॥

श्रीरामनाम जिसके कान में किसी भाँति भी प्राप्त होता है, उसके समस्त पाप शीघ्र ही नाश हो जाते हैं जैसे अग्नि के लगने से रूई का पर्वत नाश हो जाए॥

नृसिंहपुराण में कहा गया है :-

रामरामेति रामेति सततं संस्मरन्ति ये।
त एव वल्लभास्माकमीश्वराणां च नारद॥

श्रीराम राम राम बार-बार स्नेह सहित तीनों समय जो निरन्तर स्मरण करते हैं, हे नारद! वे हमारे परम प्यारे हैं तथा सब ईश्वरों के परम प्रिय हैं।

सूर्योदये यथा नाशमुपैति ध्वान्तमाशु वै।
तथैव रामसंस्मरणाद्विनाशं यान्त्युपद्रवाः॥

सूर्य के उदय से जैसे महातम तोम शीघ्र ही नाश हो जाते हैं, विलम्ब नहीं लगता है, ऐसे ही श्रीरामनामोच्चारण से काम कोहादिक पञ्च विषयादिक उपद्रवों का विनाश हो जाता है।

बहुजन्मोग्रपुण्यानां फलं नामानुकीर्तनम्।
सर्वेषां ऋषिमुख्यानां संतं संशयं बिना॥

बहुत जन्मों का जब उत्तम पुण्य संचित होता है तब श्रीराम में प्रीति होती है। यह सब ऋषि शिरोमणियों का संदेहरहित मुख्य मत है।

बृहद्विष्णुपुराण में श्री पाराशर जी अपने शिष्य से कहते हैं :-

क्व नाकपृष्ठगमनं पुनरावृत्ति लक्षणम्।
क्व जपो रामनाम्नस्तु मुक्तेर्बीजमनूपमम्॥

स्वर्गादि लोक-गमन का सुख कहाँ और श्रीरामनाम उच्चारण का महत्त्व कहाँ। स्वर्ग से कुछ काल पीछे पतित हो जाता है। जो श्रीरामनाम जपते हैं उनका फिर संसार में आना नहीं होता। श्रीरामनाम महामोक्ष का अनुपम अविनाशी अनादि बीज है।

शुक पुराण में अगस्त्य जी सुतीक्ष्ण मुनि से कहते हैं :-

ब्रह्माण्डशतदानस्य यत्फलं समुदाहृतम्।
तत्फलादधिकं विद्यात्सकृछ्रीराममुच्चरन्॥

सौ ब्रह्माण्ड दान का जो फल है उससे अधिक फल एक बार श्रीरामनाम कहने से प्राप्त होता है।

येन केन प्रकारेण जपं मोक्षप्रदं नृणाम्।
एवं रीत्या जपेद्यस्तु रामनाममनूपमम्॥

श्रीरामनाम को चाहे जिस भाँति से उच्चारण करे, मोक्ष अवश्यमेव प्राप्त होता है। श्रीरामनाम परमोत्तम जप है।

इसी पुराण के ही भारत विभाग में उल्लेख है :-

प्राणप्रयाणपाथेयं संसारव्याधिभेषजम्।
दुःखशोकपरित्राणं श्रीरामेत्यक्षरद्वयम्॥

प्राण के कूच करते समय श्रीरामनाम परमपुष्ट रस निर्वाहक राह खर्च है संसार रूपी

रोग की मुख्य औषधि है। श्रीरामनाम मनहरन दो अक्षर नाना प्रकार के दु:ख-शोक रक्षक हैं।

गणेश पुराण में गणेश जी ऋषियों से कहते हैं :–

अहं पूज्योऽभवंल्लोके श्रीमन्नामानुकीर्त्तनात्।
अतः रामनाम्नस्तु कीर्त्तनं सर्वदोचितम्॥

श्रीरामनाम में विश्वास के कारण हम सब लोकों में पूजनीय हो गए, अत: श्रीरामनाम जपो।

नंदिपुराण में श्री नंदीश्वर जी अपने गणों से कहते हैं :–

शृणुध्वं भो गणास्सर्वे रामनाम परं बलम्।
यत्प्रसादान्महादेवो हालाहलमपीपिवत्॥

हे समस्त गण! तुम श्रीरामनाम का परम बल श्रवण करो। श्रीरामनाम के प्रभाव से हमारे स्वामी श्री महादेव ने महाहलाहल का पान कर लिया।

रामनामजपे येषामश्रुपातो भवेन्नहि।
त एव खरकुल्यास्तु ह्यपूताः पातकालयाः॥

श्रीरामनाम जप श्रवन पठन करते हुए जिनको अश्रुपात नहीं होता है सो गधे के समान हैं, महा अपावन हैं। प्राचीन पाप उनको घेर रहा है।

भृगु जी कहते हैं :–

श्वापदोऽपि न हि शक्नोतिकर्त्तुं पापानि यत्नतः।
तावन्ति यावती शक्तिः रामनाम्नो शुभक्षये॥

चाण्डाल महानीच भी इतना पाप नहीं करता है जितना पाप श्रीरामनाम उच्चारण-कीर्तन से नाश हो जाता है। पाप की शक्ति थोड़ी और श्रीराम की शक्ति अनन्त है।

लघु भागवत में व्यास जी का कथन है :–

वर्त्तमां च यत्पापं यद्भूतं यद्भविष्यति।
तत्सर्वं निर्द्दहेत्याशु रामनामानुकीर्त्तनात्॥

भूत, भविष्य, वर्तमान के किए हुए जितने पाप हैं, कर्म हैं, सो सब शीघ्र ही श्रीरामनाम जप कीर्तन प्रताप से नाश हो जाएँगे।

प्रभास पुराण में उल्लेख है :–

श्रीरामनाम परमं प्राणात्प्रियतरं मम।
न हि तस्मात् प्रियं कश्चित् सत्यं जानीहि नारद॥

श्रीरामनाम सर्वोपरि मेरे प्राणों से प्रिय है, इनसे परे और कोई हमको प्रिय नहीं है। हे श्रीनारद जी ! सत्य जानना।

कालिका पुराण के अनुसार–

प्राणानां प्राणमित्याहुर्जीवानां जीवनं परम्।
मंत्राणां परमं मंत्रं रामनाम सदा प्रियम्॥

श्रीरामनाम प्राणों के प्राण, जीवन के जीव, महामंत्रों के शिरोमणि हैं, एकरस अविनाशी हैं।

विष्णोर्नामानि विप्रेन्द्र सर्ववेदाधिकानि वै।
तेषां मध्ये तु तत्वा रामनाम परं स्मृतम्॥

श्रीविष्णु के सब नाम वेदों से श्रेष्ठ हैं। जिनमें श्रीरामनाम मुख्यतम है।

रामेत्यक्षर युग्मं हि सर्वमन्त्राधिकं द्विज।
यदुच्चारणमात्रेण पापी याति परां गतिम्॥

श्रीरामनाम दो वर्ण सर्व मन्त्रों में श्रेष्ठ हैं, जिनके उच्चारण मात्र से पापी परम गति पाते हैं।

धर्मराज ने अपने दूतों से कहा :–

दूताः स्मरन्तौ चापि रामनामाक्षरद्वयम्।
तदा न मे दण्डनीयो तयोः सीतापतिः प्रभुः॥

जब यमदूत श्री धर्मराज के पास गए और हाल कह सुनाया कि वेश्या शुक समेत परमधाम गई। तब श्रीधर्मराज बोले–हे दूतो! उन दोनों ने श्रीरामनाम उच्चारण किया। अतएव मेरे दण्ड लायक नहीं। उनके प्रभु श्रीसीतापति हैं।

संसारे नास्ति तत्पाप यद्रामस्मरणैरपि।
न याति संक्षयं सद्यो दृढं श्रृणुत किंकरा॥

संसार में ऐसा पाप नहीं जो श्रीरामनाम जपने से नाश न हो जाये। इस बात को तुम सच मानो।

ये मानवाः प्रतिदिनं रघुनन्दनस्य नामानि घोरदुरितौघ विनाशकानि।
भक्त्याऽर्चयति विवुध प्रवरार्चितस्य ते पापिनोऽपि हि भटा मम नैव दण्डया॥

जो बड़भागी श्रीरघुनन्दन भक्त चित्तचन्दन का नाम सकल पाप तापहारी निरन्तर उच्चारण करते हैं, सो चाहे जैसे पापी होए हमारे दण्ड के लायक नहीं हैं। हे दूतो! तुम सत्य जानना। श्रीराम सब ईश्वरों के परम पूजित हैं।

मृत्युकाले द्विजश्रेष्ठ रामरामेति यस्स्मरेत्।
स पापात्माऽपिपरमं मोक्षमाप्नोति मानवः॥

मरते समय राम राम राम जो उच्चारण करता है अथवा सुनता है, सो चाहे जैसा महापापी हो, कृतार्थ हो जाता है। महामोक्ष पाता है।

रामेति नाम यात्रायां ये स्मरन्ति मनीषिणः।
सर्वसिद्धिर्भवेत्तेषां यात्रायां नात्रसंशयः॥

यात्रा समय जो श्रीरामनाम उच्चारण करते हैं उनको सब सिद्धि यात्रा में हो जाती है।

रामनाम द्विजश्रेष्ठ सर्वाशुभ निवारणम्।
कामदं मोक्षदं चैव स्मर्तव्यं सततं बुधैः॥

श्रीरामनाम सकल अशुभ को हर लेते हैं। सब कामना तथा परम मोक्ष के दायक हैं।

आदि पुराण में श्री कृष्ण जी का वचन है :–

नामयुक्तांजनान् दृष्ट्वा प्रणमन्ति च ये नराः।
ते पूतास्सर्वपापेभ्यः कर्मणा तेन हेतुना॥

श्रीरामनाम रसिक सन्तों को देखकर जो प्रीत समेत प्रणाम करते हैं, सो सब भाँति पवित्र हो जाते हैं।

यदृच्छया न गृह्णन्ति रामनामेति मंगलम्।
अदृष्यास्ते जनाः पार्थ दृष्टिमात्रेण वर्जिताः॥

महा मंगलमय मानकर किसी भाँति से जो रामनाम ग्रहण नहीं करते हैं उन पापियों का मुख देखना महापाप है।

सकर्मोपासना ज्ञानमनायासेन सिद्ध्यति।
रामनाम यदा जिह्वा संजपत्यखिलेश्वरम्॥

जिस समय जिह्वा श्रीरामनाम सकल ईश्वर को जपती है, कर्मोपासना, ज्ञान, विज्ञान, श्रम बिना सिद्ध हो जाता है।

आदिपुराण के केदारखण्ड में शंकर जी पार्वती जी से कहते हैं :–

मार्कण्डेयोऽपि श्रीरामनाम संस्कृत्य सादरम्।
मृत्युं तीर्त्वाऽविलम्बेन रामनाम परं बलम्॥

श्री मार्कण्डेय मुनि भी श्रीरामनाम को सादर जप कर मृत्यु रूप सागर को शीघ्र पार हो गए।

तथैव नारदो योगी भक्तभूपास्तथापरे।
मृत्योर्महार्णवं तीर्त्वा सन्निमग्नाः सुधाम्बुधौ॥

इसी भाँति श्री नारद भक्त योगी समेत तथा अनन्त भक्त शिरोमणि मृत्युसागर को लाँघ के श्रीरामनाम प्रताप से श्रीराम स्वरूप सुधा में लीन हो गये।

लम्बोदरोऽपि श्रीरामनाममाहात्म्यमुज्ज्वलम्।
श्रुत्वा च धारितं-चित्ते ततः पूज्यः सुरासुरैः॥

श्रीगणेश जी भी श्रीरामचन्द्र सनेही नारद जी के मुख से नाम परत्व चित्त में धारण किया। उसी दिन से सब के प्रथम पूज्य हो गये।

सर्वे कृतार्थां अभवन् तस्मिन्तस्मिन्युगेयुगे।
नातः परतरोपायो दृश्यते श्रूयतेऽपि वा॥

चारों युग में जीव श्रीराम प्रताप से भवसागर से पार हो के परम प्रमोद पाते हैं। इसके

परे और उपाय लोक वेद में नहीं देखा या सुना।

अहं भवन्नामजपन्कृतार्थो वसामि काश्यां सहितं भवान्या।
मरियमाणयस्य विमुक्तेऽपि दिशामिमन्त्रं तव रामनाम॥

श्री अगस्त संहिता में महादेव जी का वचन श्रीरामचन्द्र महाराज से है—हम आपका जप करते हुए सर्वदा पार्वती जी के समेत काशी में बसते हैं और जिनका शरीर त्याग होने लगता है। उनके मोक्षार्थ आपका परात्पर रामनाम उपदेश करते हैं, जो महामंत्र है।

रकारो रामचन्द्रस्यस्यात्सच्चिदानन्दविग्रहः।
अकारो जानकीप्रोक्तः मकारो लक्ष्मणः स्वराट्॥

रकार सर्वोपरि सच्चिदानन्द स्वरूप साक्षात् श्रीरामचन्द्र महाराज हैं और अकार श्री जानकी जी सर्वशक्ति वंदिता हैं। मकार श्री लक्ष्मण जी हैं।

रकारेण बहिर्याति मकारेण विशेत्पुनः।
रामरामेति सच्छब्दो जीवो जपति सर्वदा॥

रकार का उच्चारण श्वास के बाहर आने के समय करें और मकार का उच्चारण भीतर श्वास आते समय करें। यह परम अजपासार है।

दैनेयं दिनं दुरितं पक्षमासर्त्तुवर्षाजम्।
सर्वं दहित निःशेषां तूलाचलमिवानलः॥

दिन, पक्ष, मास व वर्ष का पाप सब एक बार राम कहते नष्ट हो जाता है जैसे रुई का पर्वत आग सम्बन्ध से शीघ्र नष्ट हो जाता है।

रकारो रामरूपस्तु मकारस्तस्य सेवकः।
आचार्यस्तु ह्यकारः स्यात्तयोः संयोजनाय च॥

रकार श्रीराम स्वरूप है और मकार शुद्ध आत्मा सेवक रूप है और रकार में जो अकार है सो आचार्य रूप है। वही जीव को ईश में मिला देते हैं।

सर्वमन्त्रमयं नाम यन्त्रास्पदमनुत्तमम्।
स्वाभाविकीं परां सिद्धिं दुर्लभां तज्जपाल्लभेत्॥

सकल मन्त्र यन्त्रमय परम उत्तम श्रीरामनाम है। सहज सुखमय परा सिद्धि अति दुर्लभ श्रीरामनाम जप के अधीन है।

वाच्यश्श्रीरामचन्द्रस्तु वाचको नाम संस्कृतम्।
वाच्यवाचक सम्बन्धो नित्यमेव न संशयः॥

वाच्य श्रीराम रूप है और वाचक श्रीरामनाम है। वाच्य वाचक का नित्य संबंध है, परम अभेद है।

साधनेन विना सिद्धिर्दृष्टं नाम्नैव संस्फुटम्।
अन्यत्र साधनैः दुःखैः दुर्लभं तन्महत्सुखम्॥

बिना साधन श्रम के सर्वसिद्धि सुख श्रीरामनाम से ही हमने देखा है और साधनों से

महासुख दुर्लभ है।

ब्रह्म संहिता में उल्लेख है :-

कलिप्रभावतोनटाः सद्ग्रन्थानां कथाः शुभाः।
पाखण्डैर्निर्मितं नानामतं श्रीनाम वर्जितम्॥

कलियुग के प्रभाव से श्रीरामनामादि परत्व प्रकाशक सद्ग्रंथ नष्ट हो गए और पाखंडियों ने नया-नया मतवाद रचना करके जीवन को भ्रमाय दिया (श्रीरामनाम वर्जितग्रन्थ कल्पित और असत् हैं)।

बोधायन संहिता के अनुसार :-

श्रीमद्रामेतिनाम्नस्तु सदा सर्वत्र कीर्तनम्।
नाशौचं कीर्त्तने तस्य स पवित्रकरो यतः॥

श्रीमान् रामनाम का उच्चारण सर्व समय सर्व देशों में करना उचित है। श्रीरामनाम उच्चारण में पवित्र अपवित्र का विचार कुछ नहीं करना चाहिए। श्रीरामनाम स्वतः महा पवित्र है, अन्य पवित्रता की अपेक्षा नहीं है।

न तादृशं महाभाग पापं लोकेषु विश्रुतम्।
यादृशं विप्र शार्दूल रामनाम्ना विदह्यते॥

ऐसा प्रबल पाप लोक में कोई नहीं सुन पड़ा है अथवा वेद में दीख पड़ा है जो श्रीराम उच्चारण करने से जल न जाए।

तापनीय संहिता में आया है :-

स्वप्नेऽपि यो वदेन्नित्यं रामनाम परात्परम्।
सोऽपि पातकराशीनां दाहको भवति ध्रुवम्॥

स्वप्न में कोई भी संस्कार संबंध से श्रीरामनाम उच्चारण करते हैं, उनके भी सब पाप शीघ्र भस्म हो जाते हैं। ऐसा निश्चय ही जानो।

पापद्रुम कुठारोऽयं पापेन्धन दावानलम्।
पापराशितमस्तोमं रविः साक्षात्प्रभानिधिः॥

पाप रूप वृक्ष काटने को कुठार, पाप रूपी ईंधन जलाने को दावानल तथा अघ समूह तमरूप नाशने को साक्षात् महासूर्य प्रभा पुंज श्रीरामनाम है।

रामनाम परंधाम पवित्रं पावनास्पदम्।
अतः परं न सन्मन्त्रं तारकं विद्यते क्वचित्॥

श्रीरामनाम परम प्रकाशधाम तथा पावनता के धाम और चित्त शुद्धता के कारण हैं। इनके परे और संसार से तारक दूजा नहीं है।

पुलस्त्य संहिता में उल्लेख है :-

बीजे यथास्थितो वृक्षः शाखा पल्लव संयुतः।
तथैव सर्ववेदाश्च रकारेषु व्यवस्थिताः॥

जैसे बीज में वृक्ष की शाखा, फूल, फल सम्पूर्ण रहता है, वैसे ही सब वेद पुराण रकार में स्थित है।

रकारोच्चारणोनैव बहिर्निर्याति पातकम्।
पुनः प्रवेशकाले च मकारस्तु कपाटवत्।।

रकार उच्चारण करने मात्र से सब पाप विनाश हो जातें हैं, जब फिर प्रवेश करने लगते हैं तब मकार कपाट की तरह लग जाता है। अभिप्राय यह है कि मकार उच्चारण के समय मुख बन्द हो जाता है।

सावित्री ब्रह्मणा सार्द्धं लक्ष्मीनारायणेन च।
शम्भुना रामरामेति पार्वती जपति स्फुटम्।।

ब्रह्मा जी के साथ सावित्री, लक्ष्मी समेत श्रीनारायण, पार्वती संग श्रीमहादेव जी श्रीरामनाम जपते हैं। तीनों ईश्वर श्रीरामनाम परायण हैं।

पाराशर संहिता कहती है :–

कोटि जन्मार्जितं पापमौघेः शान्तिमेति किम्।
कीर्त्तनीयं परं नाम भवव्याधेस्तदौषधम्।।

कोटि जन्मों का पाप कमाया हुआ औषधि से शांत न होगा। संसार रोग तथा सब रोग नाशक परम औषधि श्रीरामनाम कीर्तन स्मरण है।

श्रीरामनाम विमुखं जीवं शोधयितुक्षमम्।
प्रायश्चितं न चैवास्ति कश्चित् सत्यं वचो मम।।

श्रीरामनाम से विमुख जीवन के पाप को शुद्ध करने वाला कोई प्रायश्चित नहीं है। सत्य सत्य मेरा वचन है।

प्रायश्चित्तेषु सर्वेषु रामनाम जपं परम।
यतीनां रामभक्तानां सर्वरीत्या विशिष्यते।।

सब प्रायश्चित्तों में महा उत्तम पाप विनाशक प्रायश्चित शिरोमणि श्रीरामनाम उच्चारण है और सब व्यर्थ है। संन्यासी तथा श्रीरामभक्तों को तो और प्रायश्चित करना उचित नहीं है। सब पापों का विनाश श्रीराम जप द्वारा करना कर्तव्य है।

सनतकुमार संहिता के अनुसार :–

श्रीरामरामेति जना ये जपन्ति च सर्वदा।
तेषां भुक्तिश्च मुक्तिश्च भविष्यति न संशय।।

जो सर्वदा श्रीराम जपते हैं उनको शीघ्र ही भुक्ति मुक्ति भक्ति सब संशय रहित प्राप्त होती है।

मानसं वाचिकं पापं कर्मणा समुपार्जितम्।
श्रीरामस्मरणेनैव तत्क्षणान्नश्यति।।

मन वचन शरीर से जो पाप अनेक जन्मों में किया हो, सब श्रीरामनाम स्मरण मात्र से निश्चय ही क्षण भर में विनाश हो जाता है (विस्मरण संबंध से फिर प्रकट हो जाते हैं जो सदा कहता रहे सो ब्रह्मस्वरूप है)।

इदं सत्यमिदं सत्यं सत्यमेतदिहोच्यते।
रामः सत्यं परब्रह्म रामात्किंचिन्न विद्यते॥

सत्य सत्य सत्य हम कहते हैं। श्रीरामनाम परब्रह्म सत्य एक रस हैं। श्रीराम से परे और कुछ भी नहीं है। सर्वश्रेष्ठ परात्पर श्रीराम हैं, सबमें श्रीरामनाम की शक्ति परिपूर्ण है।

सुश्रुत संहिता में साफ कहा गया है :–

कारणं प्रणवस्यापि रामनाम जगद्‌गुरुम्।
तस्माद्धेयं सदा चित्ते यतिभिः शुद्धचेतसः॥

श्रीरामनाम समस्त विश्व के स्वामी, ओंकार के भी कारण हैं। श्रीरामनाम से ही प्रणव प्रकट होता है। शुद्ध चित्त वाले संन्यासियों को श्रीराम जप ध्यान करना उचित है।

प्रमादादपि श्रीरामनाम उच्चरितं जनैः।
भस्मीभवन्ति पापानि रोगानीव रसायनैः॥

जो भूल या प्रमाद से भी श्रीरामनाम उच्चारण करते हैं, उनके सब पाप शीघ्र नष्ट हो जाते हैं, जैसे श्रेष्ठ रसायन औषधि से रोग समूह नष्ट हो जाते हैं।

तदेव लग्नं सुदिनं तदेव ताराबलं चन्द्रबलं तदेव।
विद्याबलं दैवबलं तदेव सीतापतेर्नाम यदा स्मरामि॥

उसी दिन लग्न, मुहूर्त, तारा बल, चन्द्रमा बल, विद्या बल, प्रारब्धादिक बल आदि उत्तम जानना चाहिए जब श्रीसीताराम नाम का उच्चारण हो।

कात्यायन संहिता कहती है :–

अर्थवादं परे नाम्नि भावयन्तीह यो नरः।
स पापिष्ठो मनुष्याणां निरये पतति ध्रुवम्॥

श्रीरामनाम परात्पर तत्त्व में जो कुतर्क करते हैं, सत्य नहीं मानते, वे सब पापियों में महा अधमाधम हैं, शरीर रहते ही नरक रूप हैं, शरीर छूटे पीछे अवश्य महाघोर कुण्डों में जाएगा।

श्रीरामनाममाहात्म्यं याथार्थ्यं श्रुति सम्मतम्।
कुतर्कं ये प्रकुर्वन्ति तेऽधमाः पापयोनयः॥

श्रीरामनाम माहात्म्य यथार्थ सर्व श्रुतिसंमत है। कुतर्क करना महापाप है।

वैश्वानर संहिता के अनुसार :–

नास्ति नास्ति महाभाग कलेर्युगसमं युगम्।
स्मरणात् कीर्तनाद्यत्र लभते परमं पदम्॥

कलियुग समान और युग नहीं है जिसमें केवल स्मरण संकीर्त्तन से परम पद श्रम बिना प्राप्त होता है।

महाशम्भु संहिता में शंकर जी का कथन है :-

श्रीरामनामाखिलमन्त्रबीजं संजीवनं चेत् हृदये प्रविष्टम्।
हालाहलं वा प्रलयानलं वा मृत्योर्मुखं वा विशतां कुतोमीः।।

श्रीरामनाम समस्त मन्त्रों के बीज हैं, परम संजीवनी बूटी हैं। जो संत सत्गुरु कृपा से हृदय में प्रवेश कर जाये तो महा कालकूट, महाप्रलय पावक, महामृत्यु मुख में प्रवेश कर नहीं सकता।

रामनाम प्रभावेण स्वयंभूः सृजते जगत्।
विभर्ति सकल विष्णुः शिवः संहरते पुनः।।

श्रीराम के प्रभाव शक्ति से ब्रह्मा, विष्णु, शिव क्रमशः उत्पत्ति, पालन, संहार करते हैं।

पातंजलि संहिता कहती है :-

शमायालं जलं वह्नेस्तमो भास्करोदयः।
शान्तिः कलेरघौघस्य नाम संकीर्त्तनं वरम्।।

अग्नि को शांत करने में जल समर्थ है और अंधकार को दूर करने में सूर्य परम श्रेष्ठ है। वैसे ही श्रीरामनाम सब कलिकाल कराल के ताप पाप को नाश करने वाला है।

नामसंकीर्त्तनं तेन क्षुतृट् संस्खलनादिषु।
यः करोति महाभाग तेन तुष्यति राघवः।।

क्षुधा तृष्णा के दुःख से तथा गिरते समय जो कोई किसी प्रकार श्रीरामनाम उच्चारण करता है, उस पर श्रीराघव परम प्रसन्न हो जाते हैं।

गर्ग संहिता में धर्मराज ने दूतों को आदेश दिया है :-

वयं सदा नाम सुहृद्गुणेरताः तथैव तज्जापकपादसेवकाः।
प्रभावतो यस्य हरीश ब्रह्मा विभर्ति विश्वं सलयं ससम्भवम्।।

हे दूतो! तुम सावधान हो के सुनो—हम सब श्रीरामनाम प्रेमियों के गुण को कहते रहते हैं। श्रीरामनाम जापकों के चरणसेवक हैं। श्रीरामनाम प्रभाव से ब्रह्मा, विष्णु, शिव संभव, पालन, संहार करते हैं।

तस्मात् प्रमादमुत्सृज्य दूरतः किंकरास्सदा।
श्रीरामनामसम्पन्ने गृहे गच्छतु नैव हि।

अतएव असावधानता त्याग करके हे किंकरो! श्रीरामनाम संबंधी घर को दूर ही छोड़ देना। वहाँ न जाना।

कर्तव्यं वाक्यमातर्ण्यस्वामिनी मम साम्प्रतम्।
धार्यं ध्रुवं प्रयत्नेन महामोहैक नाशनम्।।

हम जो तुम्हारे मालिक हैं, मेरी बात सुन के हृदय में सच्चाई से धारण करना। महामोह का नाशक यह वचन है।

शिव संहिता में उल्लेख है :–

रामनाम परं तत्त्वं द्वयोः कारणमुज्ज्वलम्।
तस्य संस्मारणादेव साक्षाद्रामलयं व्रजेत्॥

श्रीरामनाम परात्पर तत्त्व साकार निराकार दोनों के कारण हैं, परम निर्मल हैं। जिन श्रीरामनाम स्मरण से भक्त साक्षात् श्रीरामधाम में पहुँच जाते हैं।

नाम स्मरणमात्रेण नामी सन्मुखतां लभेत्।
तस्मात्छ्रीरामनाम्नस्तु कीर्त्तनं सर्वदोचितम्॥

श्रीरामनाम स्मरण मात्र से श्रीराम सच्चिदानन्द द्विभुज परात्पर साक्षात्कार हो जाते हैं। उच्चारणमात्र से सन्मुख हो जाते हैं। श्रीराम परायण होना चाहिए।

रा शब्दस्तु परं ब्रह्म वाचकत्वेन बोधितः।
मकारस्तु परा शक्तिस्सर्वशक्त्याभिवन्दिता॥

रकार दीर्घ परमब्रह्म श्रीराम वाचक है और मकार सर्वशक्ति वन्दित पराशक्ति है। सब पदार्थ इन्हीं में समाए हैं।

लोमश संहिता में शिवजी पार्वती से कहते हैं :–

यस्य नामप्रभावेण सर्वज्ञोऽहं वरानने।
रामनाम्नः परं तत्त्वं नास्ति किंचिज्जगत्रये॥

जिस श्रीरामनाम के प्रभाव की शक्ति से हम सर्वज्ञ हैं, हे शिवे, प्राणप्रिये! श्रीरामनाम के परे और परम तत्त्व तीनों लोक में नहीं है।

रामभद्रं परित्यज्य योऽन्यदेवमुपासते।
कुम्भीपाके महाघोरे पच्यते नात्र संशयः॥

श्रीरामभद्र को त्याग के जो मूढ़ और देवताओं की उपासना करता है, सो अवश्यमेव महाघोर कुम्भीपाक नरक में कच्चे घट के सदृश पकेगा।

रामेति द्वयक्षरं नाम यत्र संकीर्त्यत बुधैः।
तत्राविर्भूय भगवान् सर्वदुःखं विनाशयेत॥

रामनाम दोनों अक्षर जहाँ सज्जन संकीर्त्तन करते हैं वहाँ पर परमेश्वर प्रकट होकर उनके दुःख नाश कर देते हैं।

स्मर्तव्यं रामनामैकं श्रोतव्यं चैव सर्वदा।
पठितव्यं कीर्त्तितव्यं श्रद्धायुक्तैर्दिवानिशम्॥

श्रद्धा समेत दिन-रात उठते-बैठते श्रीरामनाम सुखधाम का स्मरण करो और श्रीरामनाम का ही श्रवण करो, सदा पठन करो, कीर्त्तन करो। इसके समान प्रकाशक कोई नहीं है।

ध्यानाज्ज्ञानाच्च सततं नाममात्रस्य कीर्त्तनात्।
इत्युक्तं वः प्रियं सर्वं मया देवर्षिपुंगवा॥

ज्ञान ध्यान से हजारों गुणा श्रेष्ठ फल केवल श्रीरामनाम उच्चारण मात्र है। हे ऋषिगुण! हमने यह परम गम्भीर रहस्य आप सबको प्रियकारी सुनाया।

नायनाय यदृतेऽक्षरराटकं पंचकं च न शिवाय यद्विना।
मुक्तिदं भवति यद्वयोर्वंशात्तदद्वयंवयमुपास्महे किल॥

रा वर्णराज संबंध बिना नारायन अटाक्षर नाय नाय हो जाता है और मकार संबंध बिना श्रीशंकर पंचाक्षर न शिवाय हो जाता है। श्रीराम दो बरन संबंध से दोनों मंत्र सिद्ध होते हैं। तभी हम श्रीरामनाम की उपासना करते हैं।

रामस्यातिप्रियं नाम रामेत्येव सनातनम्।
दिवारात्रौ गुणन्नेषो भाति वृन्दावने स्थितः॥

श्रीराम का परात्पर नाम राम ही है। उन्हीं को दिन-रात श्रीवृन्दावन में कृष्णचन्द्र स्नेह समेत जपते हैं।

नातः परतरं वस्तु श्रुतिसिद्धान्तगोचरम्।
दृष्टं श्रुतम् मया क्वापि सत्यं सत्यं वचो मम्॥

श्रीरामनाम से परे अन्य पदार्थ श्रुति सिद्धान्त में नहीं हैं, और हमने भी कहीं देखा सुना नहीं। सत्य सत्य वचन हमारा है।

श्री हनुमत संहिता में हनुमान जी भगवान श्रीराम से कहते हैं :-

रामतत्त्वोऽधिकं नाम इति मे निश्चला मतिः।
त्वया तु तारिताऽयोध्या नाम्ना तु भुवनत्रयम्॥

हे श्रीराम महाराज! आपसे आपका नाम श्रेष्ठ है शीघ्र कृतार्थ करने में। इस धारणा में हमारी मति निश्चल है। आपने केवल श्री अवधवासी जीवों को कृतार्थ किया और आपके नाम महाकृपासिन्धु ने तीनों लोक को तार दिया। नामी से नाम बड़ा है।

रहस्य नाटक में उल्लेख है :-

चेतोऽलेः कमलद्वयं श्रुतिपुटीपीयूषपूरद्वयं बागीशानयनद्वयं घनतमश्चण्डांशुचन्द्रद्वयम्।
छान्दस्सिन्धुमणिद्वयं मुनिमनः कासारहंसद्वयं मोक्ष श्री श्रवणोत्पलद्वयमिदं रामेत वर्णद्वयम्॥

श्रीरामनाम दो वर्ण के सुजस परत्व का श्रवण करो। कैसे हैं श्रीरामनाम! चित्त रूप भ्रमर के रस देने को परम रसमय दो कमल हैं, श्रवण रूप दोनों के पूरन करने अर्थ को दो अमृत की धारा हैं, सरस्वती वाग्देवी को परम प्रकाश देने को दो नेत्र हैं। महामोह तम का नाश करने को सूर्य चन्द्रमा हैं, वेद रूप समुद्र के दो अनुपम रत्नेश हैं और मुनियों के मनरूपी मानसरोवर के निवासी दो हंस हैं और मोक्ष रूपा लक्ष्मी के शोभादायक दो कान के कर्णफूल हैं।

श्रुतिस्मृतिपुराणानि रामनाम्नि च संस्थितम्।
यथैव लोके सुस्पष्टं सूत्रे मणिगणा इव॥

श्रुति स्मृतिपुराण सब रामनाम में स्थित हैं। जैसे लोक में प्रसिद्ध सूत्र में मणिमाल गुँथी रहती है, वैसे ही सब शब्द समुदाय श्रीरामनाम में टिके हैं। नाम से बाहर कुछ पदार्थ नहीं हैं।

प्रेमार्णव नाटक में आया है :–

सविशां संपरित्यज्य संस्मरेन्नाम मंगलम्।
यदीच्छा वर्तते स्वच्छा प्राप्तिरूपा परात्परा॥

सभी आशा त्याग के महामंगलमय श्रीराम जपो। जो परात्पर श्रीराम से मिलने की इच्छा सच्ची हो तो श्रीरामनाम में तत्पर हो जाओ।

मनुस्मृति में कहा गया है :–

सप्तकोटिमहामंत्राश्चित्ताविभ्रमकारका:।
एक एव परो मंत्रः श्रीरामेत्यक्षरद्वयम्॥

सात कोटि महामंत्र हैं सो सब चित्त के भ्रमदायक हैं। परममन्त्र शिरोमणि राम दो वर्ण अति अभिराम हैं।

विषं तस्य सुधा प्रोक्तं शत्रुस्तस्य सुहृद्भवेत्।
सर्वेषां प्रेमपात्रं यस्य नाम्नि सदा रुचिः॥

श्रीरामनाम जापक को महाकाल कूट विष अमृत हो जाता है। महाशत्रु परम मित्र हो जाता है। श्रीनाम संबंध से सब चराचर उन पर प्रीति करते हैं।

हारीत स्मृति में कहा गया है :–

अद्यापि रुद्रः काश्यां वै सर्वेषां त्यक्तजीविनाम्।
दिशत्येतन्महामन्त्रं तारकं ब्रह्मनामकम्॥

अब भी श्रीशंकरजी काशी में सब शरीर त्यागने वालों के दाहिने कान में श्रीरामनाम तारक महामंत्र उपदेश करते हैं, जिसके सुनने मात्र से वे परम धाम जाते हैं।

विनैव दीक्षां विप्रेन्द्र पुरश्चर्यां विनैव हि।
विनैव न्यासविधिना जपमात्रेण सिद्धिदः॥

श्रीरामनाम बिना दीक्षा लिये भी जप करने वालों को कृतार्थ करते हैं, यह महामहिमा है। साधना पुरश्चरण की भी अपेक्षा नहीं करते हैं, न्यासादिक की भी चाह नहीं है। केवल जप मात्र करने से परम फल प्राप्त होता (सतगुरु बिना श्रीरामनाम में यथार्थ प्रतीति नहीं होती है, अतएव श्रीगुरु की शरण होना उचित है)।

अत्रिस्मृति के अनुसार :–

सिक्थे सिक्थे लभेन्मर्त्यो महायज्ञाधिकं फलम्।
यः स्मरेदामनामाख्यं मंत्रराजमनुत्तमम्॥

दाने-दाने पर महायज्ञ से विशेष फल है। जो श्रीरामनाम महामंत्रराज समेत भोजन पाते हैं वे धन्य हैं।

साम्वर्तक स्मृति कहती है :-

असंख्यजन्मसुकृतैर्युक्तो यदि भवेज्जनः।
तदा श्रीरामसन्मन्त्रे रतिस्संजायते नृणाम्॥

अनन्त जन्मों के पुण्य जब उदित हों तब जीव श्रीरामनाम सतस्वरूप में प्रीति करता है।

तन्नामस्मरतां लोके कर्मलोको भवेद्यदि।
तस्य तत्कर्म कुर्वन्ति त्रिशत्कोटयो महर्षयः॥

श्रीरामनाम स्मरण करते हुए जो संध्या-वन्दनादिक कर्म लोक हो जाए तो उसके निमित्त तीस करोड़ बड़े-बड़े ऋषि कर्म करते हैं।

शनैश्चर स्मृति में शनि महाराज ने कहा है :-

मत्कृता या भवेद्बाधा महादुःखौघदायिनी।
रामनाम्नों जपोत्साही मुच्यते स्वल्पकालतः॥

मेरी बाधा साढ़े सात वर्ष वाली महादुःखदायिनी है सो सब श्रीरामनाम स्मरण से थोड़े काल में विनष्ट हो जाती है।

आत्मस्मृति कहती है :-

ज्ञानानां परं ज्ञानं ध्यानानां परमो लयः।
योगानां परमो योगो रामनामानुकीर्तनम्॥

ज्ञानों में मुख्य ज्ञान, ध्यानों में परम समाधि, योगों में मुख्य योग श्रीरामनाम संकीर्तन है।

पाराशर स्मृति के अनुसार :-

तद्देहल्लक्षणं वृक्षं पापरूपास्तु पक्षिणः।
त्यक्त्वा चोड्डीय गच्छन्ति विलम्बं संविहाय च॥

जीवों के देह रूप वृक्ष में पापरूपी पक्षी बसते हैं। सो श्रीरामनाम उच्चारण द्वारा शीघ्र ही उड़ जाते हैं।

महाभारत के शांति पर्व में भगवान कृष्ण अर्जुन से कहते हैं :-

ऋग्वेदेऽथ यजुर्वेदे तथेवाथर्वसामसु।
पुराणे सोपनिषदि तदैवं ज्योतिषेऽर्जुन॥
साँख्ये च योगशास्त्रे च आयुर्वेदे तथैव च।
बहूनि मम नामानि कीर्तितानि महर्षिभिः।

ऋग्वेद, सामवेद, यजुर्वेद, अथर्व वेद, पुराण, उपनिषद, ज्योतिष में हे अर्जुन! सांख्य योग शास्त्र, आयुर्वेद तथा सब ग्रन्थों में महामुनियों ने हमारे अनन्तनाम कथन किये हैं।

गौणनि तत्र नामानि कर्मजानि च कानि च।
सर्वेंषु मंत्रतत्त्वेषु रामनामापरात्परम्।।

उन नामों में कोई गुण संबंधी कोई कर्म संबंधी नाम हैं और श्रीरामनाम सर्वोपरि विराजमान है।

शिव रहस्य में उल्लेख है :-

रामनाम्नि स्थितो रेफो जानकी तेन कथ्यते।
रकारेण तु विज्ञेयः श्रीरामः पुरुषोत्तमः।।

श्रीरामनाम में अर्द्धमात्र है सो श्री जानकी जी का स्वरूप है। रकार समेत श्रीरामपुरुषोत्तम समझो।

अकारेण तु विज्ञेयो भरतो विश्वपालकः।
व्यंजनेन मकारेण लक्ष्मणोऽत्र निगद्यते।।

दीर्घाकार श्रीब्रह्मरूप भरत जी का स्वरूप है। सब विश्व के पालनहार हैं। अकार रहित मकार श्रीलक्ष्मण स्वरूप हैं।

गणेश रहस्य के अनुसार :-

स्मरणे रामनाम्नस्तु मानसं यस्य वर्तते।
तस्य वैवस्वतो राजा करोति लिपिमार्जनम्।।

श्रीरामनाम के स्मरण में जिसका मन लगा है उसके पुण्य-पाप का हिसाब **धर्मराज** धो डालते हैं।

सिद्धान्त रहस्य के अनुसार :-

यावन्नेन्द्रियवैक्लव्यं यावद्व्याधिर्न बाधते।
तावत् संकीर्तयेद्रामं सहजानन्ददायकम्।।

जब तक इन्द्रियों में शक्ति है और शरीर रोग से घायल नहीं हुआ है तब तक यह उचित है कि श्रीरामनाम सहजानन्द दायक का स्मरण हो। फिर शिथिलता में कुछ न हो सकेगा।

मातृगर्भाद्यदा जीवो निक्रान्तश्च तदैव हि।
मृत्युवक्त्रागतो वाढं तस्माद्रामं प्रकीर्तयेत्।।

जब माता के गर्भ से जीव निकलता है, उसी समय मृत्यु के मुख में प्रवेश करतो है। अतएव विलम्ब छोड़कर श्रीरामनाम में आसक्त हो जाना चाहिए।

ब्रह्मयामले के अनुसार :-

रामनाम परं ज्ञानं रामनाम परो रसः।
रामनाम परो मन्त्रे रामनाम परो जपः।।

श्रीरामनाम ही परम ज्ञान, परम रस है, श्रीराम परम मंत्र जप है।

भारद्वाज स्तोत्र में उल्लेख है :-

राम रामेति रामेति वदन्तं विकलं भवान्।
यमदूतैरनुक्रान्तं वत्सं गौरिक धावतु॥

जब हम मरते समय विकल होकर राम राम कहेंगे तब आप यमदूतों के त्रास से मुक्ति के लिए वैसे ही आयेंगे जैसे गऊ माता अपने बछड़े के पास प्रेम से दौड़ी आती है।

स्वच्छन्दचारिणं दीनं राम रामेतिवादिनम्।
तावन्मामनु निम्नेन यथा वारीव धावतु॥

जब हम स्वच्छन्दाचरण समेत महादीन होकर राम राम कहें तब आप मेरे पास वैसे ही आओगे जैसे नीचे थल की ओर जल आता है।

शिव सर्वस्व के अनुसार :-

श्रुतिस्मृतिपुराणेषु रामनाम समीरितम्।
यन्नामकीर्तनेनैव तापत्रयविनाशनम्॥

श्रुति, स्मृति पुराण में श्रीरामनाम के ही परत्व का कथन बार-बार है। श्रीरामनाम जप से तीनों ताप नाश हो जाते हैं।

सर्वेषामेव पापानां प्रायश्चितमिदं स्मृतम्।
नातः परतरं पुण्यं त्रिषु लोकेषु विद्यते॥

सब पापों का परम प्रायश्चित्त है कि श्रीमरानाम उच्चारण करें। इसके सिवा तीनों लोक में और नहीं है।

नामसंकीर्त्तनादेव तारकं ब्रह्म दृश्यते।
सत्यं वदामि ते देवि नान्यथा वचनं मम॥

श्रीरामनाम कीर्त्तन से तारक ब्रह्म श्रीराम प्रत्यक्ष हो जाते हैं। हे पार्वती! हम सत्य कहते हैं। मेरा वचन अन्यथा न जानना।

अध्यात्म रामायण में उल्लेख है :-

येषु येष्वपि देशेषु रामनाम उपासते।
दुर्भिक्षदैन्यदोषाश्च न भवन्ति कदाचन॥

जिस जिस देश में श्रीरामनाम की उपासना होती है वहाँ अकाल, गरीबी आदि सब शांत हो जाते हैं। श्रीनाम प्रताप से फिर कभी नहीं होता।

यन्नाम, विवशो गृणनम्रियमाणः परं पदम्।
यानि साक्षात् त्वमेवासि मुमूर्षो में पुरस्थितम्॥

जो मरते समय विवश होकर भी श्रीरामनाम उच्चारण करता है, सो परम पद पा जाता है।

प्रमोद रामायण में उल्लेख है :-

रामनाम्नांशतो जातास्सुमन्त्राश्चाप्यनन्तकाः।
अबुधा नैव जानन्ति नाममाहात्म्यमुज्ज्वलम्॥

श्रीरामनाम के अंश से अनंत मंत्र उत्पन्न हुए हैं। अज्ञानी लोग श्रीरामनाम परात्पर परत्व को नहीं जानते हैं।

भुशुण्डि रामायण के अनुसार :–

अहो श्रीभारतं वर्षं धन्यं पुण्यालयं परम्।
प्राप्य यत्रापि श्रीरामनाम नैव जपन्ति ये॥

इतना आश्चर्य है कि श्रीभरत खण्ड महापुण्य मंगलमय है जिसमें मनुष्य तन पाकर भी श्रीरामनाम नहीं जपते हैं।

प्रेम रामायण में उल्लेख है :–

असंख्यकोटिनामानि नैव साम्यं प्रयान्ति च।
खद्योतराशयो यान्ति रवेः सादृश्यतां कथम्॥

अनन्त नाम परमेश्वर के हैं जो सब मिलकर भी श्रीराम की समता को प्राप्त नहीं हो सकते हैं। जैसे असंख्य जुगनू सूर्य के समान नहीं हो सकते।

यत्रास्ति तिमिरं घोरं महादुःखौघसंचयम्।
तन्मार्गे रामनाम्नस्तु प्रभा संदृश्यते परम्॥

जहाँ महाघोर अन्धकार दुःखों का आगार है। ऐसा जो यमपुरी की महाकठिन राह है, उसमें श्रीरामनाम की प्रभा से महाप्रकाश सुख प्राप्त होगा।

यस्मिन्देशे न कोऽप्यस्तिजनाः संबंधिनस्तथा।
तादृशे क्लेशसंपन्ने नामैको दुःखहारकः

जिस धर्मराज के पुर में कोई संबंधी या जान-पहचान नहीं है, उसमें क्लेश विनाश करने वाला केवल एक श्रीरामनाम है।

वसिष्ठ रामायण में श्रीराम का वचन है :–

यदि वातादिदोषेण मद्भक्तो मां च न स्मरेत्।
अहं स्मरामि तं भक्तं नयामि परमां गतिम्॥

अन्तकाल में यदि कफ वात के कारण मेरे नाम का मेरे भक्त से उच्चारण न हो तो हम उसका स्मरण करते हैं और परम पद देते हैं।

आदि रामायण के अनुसार :–

यावन्तो ब्रह्मणो वक्त्रान्निर्गता वेदराशयः।
तो च सर्वेऽप्यधोताः स्युर्नाम्नि नारायणात्मके॥

जितने ब्रह्मा जी के मुख से वेद समूह प्रकट हुए हैं, उन सब के पाठ का फल एक बार श्रीनारायण नाम कहने से प्राप्त होता है।

नारायणस्य यावन्ति पुराणेष्वागमेषु च।
दिव्यनाम्नां सहस्राणि कीर्तयन् यत्फलं लभेत्॥

ततः कोटिगुणं पुण्यं फलं दिव्य मदात्मकम्।
लभते सहसा ब्रह्मन् सकृद् रामेति कीर्तनात्॥

और नारायण के जितने नाम वेद पुराण में कहे हैं, दिव्य नाम अनन्त प्रकार के गुण क्रियादिक संबंध वाले हैं, उनका उच्चारण करके जो फल होता है उससे कोटि गुणा अधिक फल एक बार श्रीरामनाम उच्चारण करने से अवश्य प्राप्त होता है।

रकारेणौघनाशो मकारान्मुक्तिरुत्तमा।
पूर्णेण वश्यतां याति रामो रामेति शब्दितः॥

रकार उच्चारण मात्र से समस्त पाप विनष्ट हो जाते हैं। मकार के कहते हुए मोक्ष प्राप्त होता है। रामनाम के कहने से श्रीराम वश में हो जाते हैं।

आदि रामायण में हनुमान जी के वचन हैं :-

एकतः सकला मन्त्रा एकतो ज्ञानकोटयः।
एकतो रामनाम स्यात्तदपि स्यान्न वै समम्॥

एक ओर सब मन्त्र कोटि ज्ञान ध्यान और एक ओर श्रीरामनाम। तो भी किसी भांति समता नहीं कर सकेंगे।

देशकालक्रियादानादनपेक्ष्यं स्वरूपतः।
अनन्तकोटिफलदं नाममन्त्रं जगत्पतेः॥

देश काल क्रिया अनुष्ठानादिक की अपेक्षा श्रीरामनाम को नहीं है। केवल उच्चारण मात्र से अनन्त कोटि फलप्रद श्रीरामनाम है।

गंगास्नानसहस्रेण यज्ञान्तस्नानकोटिभिः।
पानशुद्धिर्भवज्जातु सा रामेतिप्रकीर्त्तनात्॥

श्रीगंगा जी का कोटि बार नहाना, बड़े-बड़े यज्ञ करके अन्त में नहाना तथा अनन्त सुकृत करके जो सिद्धि दुर्लभ है, सो श्रीरामनाम उच्चारण से प्राप्त होती है।

अन्यदाराधनशतैर्मन्त्रं फलति नाथवा।
गृहीतमात्रफलदं रामनाम स्वरूपतः॥

और मन्त्र अनेक प्रकार के अनुष्ठान से फलते हैं अथवा नहीं परन्तु श्रीरामनाम ग्रहण मात्र फलीभूत होते हैं।

न शौचनियमाद्यत्र न सिद्धारिविचारणम्।
कल्पवृक्षस्वरूपत्वाज्जनानां रामनामकम्॥

श्रीरामनाम में शौच का नियम नहीं। सिद्धि शत्रु आदि तन्त्रों का विचार नहीं। इसका कल्पतरुस्वभाव है। परम मोददायक है श्रीरामनाम।

सकृज्जप्तं धुनोत्याशु पापमाजन्मसंभवम्।
द्विरावृत्या पुनर्जप्तं कोटियज्ञफलप्रदम्॥

एक बार उच्चारण से जन्म भर का पाप नाश कर देते हैं। दूसरे बार जप से कोटि यज्ञों का फल प्राप्त होता है।

त्रिरावृत्या पुनर्जप्तं स्वरूपस्थं करोत्यमुम्।
चतुरावृत्तिजप्तत्वादृणीभवति राघवः॥

तीन बार कहने से स्वरूप में स्थित कर देते हैं। चार बार कहने से श्रीरघुनाथ जी ऋणी हो जाते हैं।

चिन्तामणिः कल्पतरुः कामधेनुश्च वैनृणाम्।
अनल्पफलसंदोहभवनं रामनाम वै॥

चिंतामणि कामधेनु कल्पवृक्ष से अनन्त गुणा अधिक फलप्रद है। सब सुखों के भवन हैं।

अमृतस्याकरं विद्यादेतदेव महार्जितम्।
सर्वलोकमहामोहतिमिरौघनिवारणम्॥

श्रीरामनाम महा अमृत की खान हैं, महाश्रेष्ठ हैं। अनन्त सृष्टि का महामोहतम निवारण करता है।

अनन्तकोटिसूर्येन्दुवह्निदीधितिदीप्तिमत्॥

असंख्य सूर्य चन्द्र अग्नि से अनन्त गुणा प्रकाशमान हैं।

सर्ववेदान्तविद्यानां सारमेतदुदीरितम्।
रामनामाखिलाज्ञानरजनीहरभास्करम्॥

समस्त वेदान्त विद्या का सार हमने कहा है। सावधाान होके धारण करो। श्रीरामनाम अशेष अज्ञान को हरने वाला महाप्रकाशमान सूर्य है।

यावन्ति नामानि रघूत्तमस्य तेषामिदं मुख्यतं प्रदिष्टम।
यज्ज्ञानमात्रेण विमुक्तबन्धः स्वरूपनिष्ठां लभतेऽधमोऽपि॥

श्रीरामचन्द्र महाराज के जितने नाम हैं, उनमें श्रीरामनाम मुख्य है। इनके समान और नाम नहीं हैं। जिन श्रीरामनाम के जानने मात्र से बंधन छूट जाता है और अधम भी यथार्थ स्वरूप निष्ठा को प्राप्त होता है।

जिह्वाग्रे यस्य लिखितं रामेति द्वयक्षरं परम्।
कथं स्पृश्यन्ति तंद्वताः यमस्य क्रोधभीषणाः॥

जिसकी जीभ में श्रीरामनाम दो अक्षर लिखा है उसको यमदूत भयानक दृष्टि से देख न सकेंगे, स्पर्श की कौन कहे।

प्रारब्धकर्मापतिप्रवीणं रामेति नामैव बुधैर्निरुक्तम्।
यज्ज्ञानमात्रादधमा किराती मुनीन्द्रवृन्दैरभवन्नमस्या॥

प्रारब्ध कर्म का नाश नहीं होता है परन्तु श्रीरामनाम उच्चारण से प्रारब्ध शक्ति का नाश हो जाता है। जो श्रीराम स्वरूप बोध से नीच किरात जाति की नारी भी कृतार्थ हो गई और सब मुनि समूह से पूजनीय हुई।

अंशांशैः रामनाम्नश्च त्रयः सिद्धा भवन्ति हि।
बीजकोंकारसोऽहं च सूत्रमुक्तमिति श्रुतिः॥

श्रीरामनाम के अंश से तीनों सिद्ध होते हैं। बीज, ओंकार, सोहं शिव सूत्र से समझना व्याकरण से भी सिद्ध होता है।

शिवजी का कथन है :-

रकारोऽनलबीजं स्याद् ये सर्वे वाडवादयः।
कृत्वा मनोमलं सर्वं भस्म कर्म शुभाशुभम्॥

रकार अग्नि बीज है, सकल बड़वादिक अग्नि का कारण है ऐसा समझकर जो रकार का उच्चारण करते हैं, उनका शुभाशुभ कर्म भस्म हो जाता है।

अकारो भानुबीजं स्याद् वेदशास्त्रप्रकाशकः।
मकारश्चन्द्रबीजं च पीयूषारिपूर्णकम्॥
त्रितापं हरते नियं शीतलत्वं करोति च।
नाशयत्यथ संद्दीप्त्या भिद्यते ह्रदये तमः॥

अकार सूर्य बीज है, वेद शास्त्र चराचर के प्रकाशक हैं। अविद्या तम को नाश कर देते हैं। मकार चन्द्र बीज है, अमृत से पूर्ण हैं। तीनों ताप अर्थात् दैहिक, दैविक, भौतिक का विनाश कर देते हैं, परम शीतलता देते हैं।

रकारोहेतुवैराग्य परमं यच्च कथ्यते।
अकारो ज्ञानहेतुश्च मकारो भक्तिहेतुकः॥

महा वैराग्य का कारण रकार है। इनको सावधानी से स्नेह समेत रटन करे तो ब्रह्मलोकादिक सुख से अरुचि हो जाय। अकार परम ज्ञान का कारण है, मकार पराभक्ति का कारण है।

परमेश्वरनामानि संत्यनेकानि पार्वति!
परन्तु रामनामेदं सर्वेषामुत्तमोत्तमम्॥

परमेश्वर के अनन्त नाम हैं उनमें श्रीरामनाम सबसे श्रेष्ठ उत्तमोत्तम है।

कोटिज्ञानैश्च विज्ञानैः कोटिध्यानसमाधिभिः।
सत्यं वदामि तैस्तुल्यं रामनाम न वर्तते॥

कोटि ज्ञान विज्ञान, समाधि, अनन्त पर्यन्त करके जो पुण्य फल प्राप्त होता है, सो श्रीरामनाम के उच्चारण सदृश नहीं है, हम सत्य सत्य कहते हैं।

राम एव परं ब्रह्म राम एव परं तपः।
राम एव परं तत्त्वं श्रीरामो ब्रह्मातारकम्॥

श्रीराम उपनिषद् में कहा है-श्रीराम परब्रह्म स्वरूप परम तत्त्व स्वरूप हैं, संसार के तारक हैं।

अथर्वणोपनिषद में वर्णन है :–

जपात्तेनैव देवतादर्शनं करोति कलौ नान्येषां भवति।

श्रीरामनाम जप से श्रीराम का दर्शन हो गया। कलियुग में अन्य साधनों से श्रीपरमेश की प्राप्ति दुर्लभ है।

श्रीराम तापनीय उपनिषद के अनुसार :–

यथैव वटबीजस्थः प्राकृतश्च महान्द्रुमः।
तथैव रामबीजस्थं जगदेतच्चराचरम्॥

जैसे वट बीज में महावट वृक्ष समाया रहता है वैसे ही श्रीराम बींज में सब चराचर सृष्टि समायी है।

यथा बीजात्मको मंत्रो मन्त्रिणोऽभिमुखो भवेत।

जैसे वाच्य अपने वाचक शब्द से सन्मुख हो जाता है, वैसे ही श्रीरामनाम से श्रीराम जीव के सन्मुख हो जाते हैं।

संजीवनी बूटी है रामनाम

– महात्मा श्रीजयगौरीशंकरजी सीताराम

1. जो व्यक्ति संकीर्तनजनित पुण्यसञ्चय नहीं करते, वे अनेक जन्मों में भी व्याधियों के आक्रमण से छुटकारा नहीं पाते।
2. जो व्यक्ति क्षुधा, तृष्णा और प्रस्खलनादि में भी निरन्तर राम-नाम रटते रहते हैं, उन पर अधोक्षज भगवान प्रसन्न होते हैं।
3. जिनको सब प्रकार से राम-नाम का ही अवलम्ब है, उनकी गति तीनों काल में निश्चित है।
4. जो मनुष्य श्रद्धा से, अश्रद्धा से, भूल से राम-नाम का स्मरण करते हैं, उनको इस असार संसार में किसी तरह का भय नहीं है।
5. राम-नाम ही सांसारिक मनुष्यों का जीवन-आधार है, रक्षक है, माता-पिता है और राम-नाम ही सब सुखों का परम साधन है। नाम से ही नामी की प्राप्ति होती है।
6. राम-नाम के रटने से नाम के परम गुप्त रहस्यों का पता चलता है और नामी का साक्षात्कार होता है।
7. जो मनुष्य राम-नाम को छोड़कर नाना प्रकार के कर्म करते हैं, वे अभागे पुरुष हैं। उन्हें स्वप्न में भी सुख की प्राप्ति नहीं हो सकती।
8. जो मनुष्य शांत, दांत तथा क्षमाशील होकर नाम में परायण हैं, वे अनन्त कुलों का उद्धार करने में समर्थ हैं और जीवन्मुक्त हैं।
9. जो जन राम-नाम का श्रद्धा से उच्चारण करते हैं, वे सब पर सहज ही विजय प्राप्त करते हैं और सहज ही में उन्हें ईश्वर की प्राप्ति भी हो जाती है।
10. जो जन राम-नाम जपते हुए प्रेम से रुदन करते हैं, आँसू गिराते हैं, उन पर भगवान शीघ्र ही प्रसन्न होकर, दौड़कर प्रेम से गोद में उठाकर उन्हें प्यार करते हैं। उनके वश में हो जाते हैं।